教育部人文社会科学重点研究基地
复旦大学美国研究中心

中美关系战略报告
2021年
Strategic Report on
Sino-U.S. Relations in 2021

吴心伯 主编

| 拜登执政与中美关系走向 | 再调整、新竞争与中美经贸关系发展 | 拜登政府对台政策与美台关系 | 拜登政府"印太战略"态势与走向 |

世界知识出版社

图书在版编目（CIP）数据

中美关系战略报告：2021年 / 吴心伯主编．—北京：世界知识出版社，2022.11
ISBN 978-7-5012-6631-9

Ⅰ．①中… Ⅱ．①吴… Ⅲ．①中美关系—研究报告—2021 Ⅳ．①D822.371.2

中国版本图书馆CIP数据核字（2023）第035694号

书　　名	中美关系战略报告：2021年
	Zhongmei Guanxi Zhanlüe Baogao: 2021 Nian
主　　编	吴心伯
责任编辑	王晓娟　车胜春
责任出版	赵　玥
责任校对	张　琨
出版发行	世界知识出版社
地址邮编	北京市东城区干面胡同51号（100010）
网　　址	www.ishizhi.cn
电　　话	010-65265923（发行）　010-85119023（邮购）
经　　销	新华书店
印　　刷	北京虎彩文化传播有限公司
开本印张	710毫米×1000毫米　1/16　21印张
字　　数	260千字
版次印次	2022年11月第一版　2022年11月第一次印刷
标准书号	ISBN 978-7-5012-6631-9
定　　价	89.00元

版权所有　侵权必究

前　言

2021年是拜登执政的第一年，美国对华政策继承了特朗普政府时期对华政策的诸多内容，又有新的特点，中美关系也面临新的挑战。《中美关系战略报告：2021年》分析了拜登执政首年美国对华政策与中国对美外交，展望了两国关系的总体走向，具体梳理了中美经贸关系的态势与特征，深入剖析了拜登政府的对台政策和"印太战略"。

参加本年度报告编写的人员及分工情况如下：第一章，吴心伯（复旦大学美国研究中心教授、主任）；第二章，宋国友（复旦大学美国研究中心教授、副主任）；第三章，信强（复旦大学美国研究中心教授、副主任）；第四章，韦宗友（复旦大学美国研究中心教授）；大事记，潘亚玲（云南大学国际关系研究院副研究员）。

《中美关系战略报告》是复旦大学美国研究中心的年度研究成果，在写作过程中得到校内外专家的支持，出版后得到学术界同行的肯定，这鼓励我们把这项有意义的工作继续下去，并不断完善。本书的大事记参考了中外相关网站的内容，特此致谢。我们期待着大家对《中美关系战略报告：2021年》的批评与建议。

吴心伯

2022年3月16日

目 录

主题报告

第一章　拜登执政与中美关系走向..................吴心伯
　　一、拜登政府对华政策.............................. 3
　　二、中国对美外交.................................. 9
　　三、中美关系走向.................................. 15
　　四、结语.. 20

第二章　再调整、新竞争与中美经贸关系发展..........宋国友
　　一、疫情中的中美经贸发展.......................... 22
　　二、拜登政府对华寻求经贸政策再调整................ 26
　　三、中美经贸关系新竞争............................ 32
　　四、结语.. 37

第三章　拜登政府对台政策与美台关系................信　强
　　一、拜登政府对台政策新动向........................ 40
　　二、拜登政府台海政策的两面性...................... 53
　　三、结语.. 59

1

第四章　拜登政府"印太战略"态势与走向..............韦宗友
　　一、拜登政府的印太秩序观与战略观....................　61
　　二、拜登政府"印太战略"实施手段与
　　　　资源投入..　67
　　三、拜登政府"印太战略"新特点........................　72
　　四、拜登政府"印太战略"涉华新动向及
　　　　对中国的潜在影响....................................　75
　　五、拜登政府"印太战略"前景............................　81

大 事 记

2021年中美关系大事记........................潘亚玲
　　1月..　89
　　2月..　114
　　3月..　130
　　4月..　152
　　5月..　165
　　6月..　183
　　7月..　198
　　8月..　220
　　9月..　238
　　10月...　270
　　11月...　285
　　12月...　314

主题报告

第一章
拜登执政与中美关系走向

吴心伯

2021年执政的拜登政府在对华问题上既有继承，也有调整。它一方面继承了特朗普政府对华基本定位和对华政策基本思路；另一方面则试图打造对美国更有利、更可持续的对华竞争战略。中国在处理对美关系上展现出战略定力和塑造力，面对美国的遏制、打压和挑衅进行坚决斗争，同时以积极的外交运筹塑造中美互动的环境和进程。在中美战略竞争长期化的趋势下，双方都在加强各自的战略与政策设计，争夺对双边关系的主导权，促进各自的利益目标。如果说特朗普执政时期中美战略竞争具有不确定性和冲突性等特征的话，拜登执政后的对华战略竞争更注重可预测性和可管控性。中方则希望提升竞争的良性状态，扩大合作的空间，管控好分歧。如何塑造中美战略竞争的"新常态"，是当下双方面临的紧迫课题。

一、拜登政府对华政策

拜登政府的对华政策具有以下基本内容。在对华认知上，视中国为"最严峻的竞争对手"，是"唯一具有潜在能力整合其经济、外交、军事和技术力量对稳定与开放的国际秩序发起持久挑战的竞争者"。[①] 基于上述判断，美国对华政策的目标就是应对来自一个更强大更自信的中国的挑战，维护美国的霸权地位和支配性影响力。拜登政府对华政策的内涵以竞争为主，兼顾必要的对抗和可能的合作。作为民主党政府，拜登的对华政策没有回到奥巴马时期的政策轨道，而是继承了特朗普对华政策的基本框架，这反映了过去几年美国对华政策环境的巨大变化。特朗普政府作为非建制派执政，为改变美国对华政策既有框架的强烈愿望所驱动，其对华政策具有颠覆性。拜登政府在对华政策设计中，则受到一系列心理和认知因素的影响，担心中国视其为弱势政府，担心中国认定美国在衰落，担心共和党攻击其对华软弱。为此，拜登政府一再强调美国要从实力地位出发与中国打交道，一再提醒中方不要误判美国在走向衰落，[②] 竭力在话语和行动中表现出对华强势和强硬的姿态，其对华政策具有对抗性。

从一年来的政策实践看，拜登政府以竞争的名义，全方位强化对华遏制、打压与威慑。

在价值观领域，炒作涉疆、涉港等议题。执政伊始，拜登

[①] The White House, "Remarks by President Biden on America's Place in the World," February 4, 2021, accessed January 5, 2022, https://www.whitehouse.gov/briefing-room/speeches-remarks/2021/02/04/remarks-by-president-biden-on-americas-place-in-the-world/; The White House, "Interim National Security Strategic Guidance," March 2021, p.8, accessed January 5, 2022, https://www.whitehouse.gov/wp-content/uploads/2021/03/NSC-1v2.pdf.

[②] 例如，在拜登执政后，2021年2月11日中美两国元首的首次通话中以及2021年3月22日安克雷奇中美高层战略对话上，美方都有这类表态。

政府即指责中国在新疆实施"种族清洗"和"强迫劳动",以所谓在新疆"侵犯人权"为由制裁四名中方官员,拜登签署了国会通过的所谓"防止强迫维吾尔人劳动法",禁止美国进口新疆产品。在涉港问题上,对多名中方官员进行制裁,并在香港特区第七届立法会选举后,纠集盟友对选举结果进行攻击。此外,拜登政府还通过宣布"外交抵制"北京冬奥会、举办"民主峰会"等对中国施加政治压力。

在经贸和科技领域,拜登政府保留了特朗普发动对华"贸易战"所施加的关税,延续了特朗普政府大量制裁中国高科技企业的恶劣做法,将更多的中国实体列入美国商务部的"实体清单",并迫使一些中国企业从美国退市。

在地缘政治领域,拜登政府积极拉拢欧盟,强化跨大西洋伙伴关系的对华协调;提升美日印澳四国在对华问题上的合作;与澳大利亚和英国结成新安全伙伴关系,试图打造"盎格鲁－撒克逊"反华轴心;打拉结合,企图使一些东南亚国家远华近美。

在军事领域,拜登政府除了继续在南海问题上对华施压外,着力加大在台海对华威慑,企图通过增加美国在本地区军事部署和存在、提升台湾地区军事能力、强化与盟国军事合作等措施,慑阻中国大陆"对台动武"。

拜登政府对华政策带有"准冷战"的特征,对华战略竞争既包括价值观与制度层面,又包括实力与国际影响力层面。在中国发展与治理成就凸显体制优势而美国体制运行不畅暴露出种种弊端的背景下,拜登政府要竭力证明美国体制的优越性,要在体制之争中胜过中国。同时,拜登政府更关注抑制中国综合国力的攀升和国际影响力的扩大，维护自身领导地位。在实际运作中，拜登政府对华政策的权力政治逻辑更为显著，无论是打人权、民主牌，还是打国际规则、国际秩序牌，其目的都是贬损中国的国际形象，为美国对华外交制造筹码。

与特朗普政府相比，拜登政府对华政策更加重视同盟和伙伴的作用。拜登政府认为，美国要赢得与中国的战略竞争，就必须内增实力、外联盟友。美国利用七国集团、北约、美国—欧盟"跨大西洋伙伴关系"框架、美日印澳四边合作机制、"五眼联盟"、美英澳安全伙伴关系、美国—东盟伙伴关系等平台，以及诸多双边同盟与伙伴关系安排，积极拉拢盟友伙伴配合、支持美国对华战略。拜登政府重视跨大西洋伙伴关系，在对华问题上也极其重视拉拢欧洲盟友。美欧互动越来越多地围绕中国问题进行，对华协调的机制化（如美欧"对华协调高级别会议"、美欧贸易和技术委员会等）倾向显著增强。"印太"地区是美国对华战略竞争的重点，拜登政府升级了美日印澳四边机制，充实四国对华合作的内容，并通过联合英国为澳大利亚建造核潜艇来打造美英澳安全伙伴关系。此外，拜登政府还积极推动"五眼联盟"扩大在对华问题上的合作范围，从情报分享扩展到外交、安全等领域的协调。拜登政府负责印太事务的官员坦言，由于认识到自身改变中国的能力有限，华盛顿致力于塑造与中国的战略竞争环境。① 拜登政府尤其希望通过推进"印太战略"，重构该地区地缘政治与经济架构，以有利于美国与中国的长期战略竞争。②

与前几届政府相比，拜登在对华政策上更多受制于美国国内政治影响。第一是特朗普政府对华政策遗留的影响。从对华基本定位到对华政策的基本思路，拜登政府都没有走出特朗普政府的阴影。拜登执政后，在内政外交诸多领域都改变了特朗普的政策，唯独在对华问题上表现出显著的延续性。第二是利用"中国话题"推进国内议程。无论是应对新冠肺炎疫情，还是推进基础设施建设法案，抑或是增加科技研发投入，拜登政府都拿中国说事，通过激发朝野对华竞争意识获得国内支持。第三是通过对华强硬争取共和党对其相关政策的支持。总体而言，共和党偏好更加强硬的对华政策，③ 在2020年美国大选中，特朗普阵营不断攻击拜登对华软弱。拜登执政后，共和党担心其偏离特朗普对华政策路线，不断炮制强硬对华议案，而拜登政府为了争取共和党在其重要政策议程上的支持，不得不接受共和党的这些强硬立场。

---

① The White House, "Background Press Call by Senior Administration Officials Previewing the U.S.'s Indo-Pacific Strategy," February 11, 2022, accessed February 14, 2022, https://www.whitehouse.gov/briefing-room/statements-releases/2022/02/11/background-press-call-by-senior-administration-officials-previewing-the-u-s-s-indo-pacific-strategy.

② The White House, "Indo-Pacific Strategy of the United States," February 2022.

③ Craig Kafura and Dina Smeltz, "Cooperation, Competition, or Confrontation? Republicans and Democrats Split on China Policy," The Chicago Council on Global Affairs, December 2021, accessed January 12, 2022, http://www.thechicagocouncil.org/sites/default/files/2021-12/Final%20China%20Brief.pdf.

尽管拜登团队被认为比特朗普团队更专业、更有经验，但其对华政策的实施效果并不尽如人意。首先是相关政策广受批评。例如，在对华贸易政策上，拜登在2020年大选中曾批评特朗普发动对华"关税战"，认为此举伤害美国甚于伤害中国。然而在执政后，拜登政府担心取消对华加征关税会招致共和党指责、引起为其提供政治支持的工会势力的不满，加之拜登团队内部有人主张把关税作为对华施压的杠杆，因此全盘保留了特朗普加征的关税。此举遭到了商界的反对，他们抱怨加征关税提高了从中国进口商品的成本，一些朝野人士也认为这些关税助推了美国居高不下的通货膨胀。[①] 拜登政府执政一年，未能提出新的对华贸易政策，改善中美经贸关系，这令曾在2020年大选中对其提供积极支持并寄予厚望的美国商界大失所望。

其次，虽然拜登政府竭力拉拢盟友和伙伴联合对华，但大多数国家基于自身在对华关系中的利益考虑，都与美国对华政策保持一定距离。美国的盟友和伙伴在对华态度上大致可分为三类：一是紧跟美国，如澳大利亚、英国和日本；二是不愿意选边站，如德国、法国、韩国、新加坡；三是与中国发展密切的合作关系，如菲律宾、泰国。美国对华政策本身缺乏合理性，加之未能充分顾及盟友和伙伴的利益，从而制约了华盛顿对盟友资源的利用。

最后，拜登的对华政策遭到中方坚决抵制。中方反对美方对中国和中美关系的定位，反对美国对华政策的三分法，拒绝

---

① 丁悦：《贸易政策不清晰，美企决定与反华势力"抗争"》，观察者网，2021年9月2日，https://www.guancha.cn/internation/2021_09_02_605540.shtml，访问日期：2022年1月16日。

随美国的节奏起舞，并向美方提出两个清单和三条底线。① 在遭遇挫折后，拜登政府不得不将其对华政策进行战术性调整，在一定程度上回应中方关切。② 在执政的第一年里，拜登政府未能与中方一道建立工作机制，也未能确定共同的议程，显示出美国对华外交推进不顺。

二、中国对美外交

特朗普执政时期对华发动全面战略竞争，中方在应对美方战略打压过程中积累了重要经验。拜登执政后，中国对美外交有了进一步发展，战略定力和塑造力增强，对美博弈呈现出以下三个鲜明特征。

---

① 两个清单：一份是要求美方纠正其错误对华政策和言行的清单共16项，另一份是中方关切的重点个案清单共10项。三条底线：美国不得挑战、诋毁甚至试图颠覆中国特色社会主义道路和制度；不得试图阻挠甚至打断中国的发展进程；不得侵犯中国国家主权，更不能破坏中国领土完整。《外交部副部长谢锋与美国常务副国务卿舍曼举行会谈》，外交部网站，2021年7月26日，https://www.mfa.gov.cn/web/gjhdq_676201/gj_676203/bmz_679954/1206_680528/xgxw_680534/202107/t20210726_9183482.shtml；《王毅：明确中方对中美关系的三条底线》，外交部网站，2021年7月26日，https://www.mfa.gov.cn/web/gjhdq_676201/gj_676203/bmz_679954/1206_680528/xgxw_680534/202107/t20210726_9183479.shtml。访问日期：2022年1月18日。

② 如在解决中方关切的重点个案方面，允许孟晚舟归国；在回应中方提出的三条底线方面，拜登表示，不寻求改变中国的体制，不寻求通过强化同盟关系反对中国，无意同中国发生冲突。美国政府致力于奉行长期一贯的一个中国政策，不支持"台独"。《习近平同美国总统拜登举行视频会晤》，外交部网站，2021年11月16日，https://www.mfa.gov.cn/web/gjhdq_676201/gj_676203/bmz_679954/1206_680528/xgxw_680534/202111/t20211116_10448827.shtml，访问日期：2022年1月18日。

一是加强引导。在拜登就职前后，中方向美方发出一系列积极信号。王毅国务委员兼外长表示，双方可以梳理形成对话、合作、管控分歧三份清单，为从整体上厘清、维护和发展中美关系提供更清晰的脉络；双方应当努力使中美关系重启对话、重回正轨、重建互信，重建中美关系健康稳定发展的战略框架；希望美方尽快调整政策，放弃对中国产品加征不合理关税，放弃对中国企业和科研教育机构实施各种单边制裁，放弃对中国科技进步进行无理打压。[①] 中央政治局委员、中央外事工作委员会办公室主任杨洁篪指出："推动两国关系重新回到可预期、建设性的轨道，构建和平共处、合作共赢的大国相处模式，是中美面临的共同任务，也是各国的普遍期待。"[②] 在2021年2月拜登执政后与中国国家领导人的首次通话中，习近平主席强调："两国应该共同努力、相向而行，秉持不冲突不对抗、相互尊重、合作共赢的精神，聚焦合作，管控分歧，推动中美关系

---

① 《王毅：中美双方可以梳理形成对话、合作、管控分歧三份清单》，外交部网站，2020年12月7日，https://www.mfa.gov.cn/web/gjhdq_676201/gj_676203/bmz_679954/1206_680528/xgxw_680534/202012/t20201207_9361072.shtml；《王毅同美国亚洲协会举行视频交流》，外交部网站，2020年12月18日，https://www.mfa.gov.cn/web/gjhdq_676201/gj_676203/bmz_679954/1206_680528/xgxw_680534/202012/t20201218_9361080.shtml；《王毅敦促美方做到三个"放弃"》，外交部网站，2021年2月22日，https://www.mfa.gov.cn/web/gjhdq_676201/gj_676203/bmz_679954/1206_680528/xgxw_680534/202102/t20210222_10413468.shtml。访问日期：2022年1月18日。

② 《杨洁篪同美中关系全国委员会举行视频对话》，外交部网站，2021年2月2日，https://www.mfa.gov.cn/web/gjhdq_676201/gj_676203/bmz_679954/1206_680528/xgxw_680534/202102/t20210202_9361095.shtml，访问日期：2022年1月18日。

健康稳定发展。"① 在同年7月的中美天津会晤中，中方提出两份清单，要求美方纠正其错误的对华政策和言行，解决中方关切的重点个案，并就如何有效管控分歧、防止中美关系失控提出三点要求，明确三条底线。在2021年9月10日与拜登的通话中，习近平主席敦促拜登拿出战略胆识和政治魄力，推动中美关系尽快回到稳定发展的正确轨道。② 在2021年11月16日举行的中美元首视频会晤中，习近平向拜登介绍了中国的发展道路和战略意图，阐述了发展中美关系的三点原则，即相互尊重、和平共处、合作共赢，并提出了中美应着力推动的四个方面优先事项。③ 中方引领双边关系的种种努力，既显示了改善和发展两国关系的诚意，也体现了处理转型期中美关系的智慧。

二是坚决斗争。面对拜登政府对华采取的种种对抗性、挑衅性举措，中方进行了坚决斗争，坚定维护自身的国家利益。在阿拉斯加安克雷奇中美高层战略对话中，中方与美方激烈交锋，反击美方的虚张声势，揭穿美方动辄以国际社会代言人自居的话语包装，谴责美方对中国内政的干涉和对中国国家利益的损害。这场交锋罕见地呈现于国际社会的视野之中，展示了

---

① 《习近平同美国总统拜登通电话》，外交部网站，2021年2月11日，https://www.fmprc.gov.cn/web/zyxw/202102/t20210211_9604419.shtml，访问日期：2022年1月18日。

② 《习近平同美国总统拜登通电话》，外交部网站，2021年9月10日，https://www.mfa.gov.cn/web/gjhdq_676201/gj_676203/bmz_679954/1206_680528/xgxw_680534/202109/t20210910_10413474.shtml，访问日期：2022年1月18日。

③ 《习近平同美国总统拜登举行视频会晤》，外交部网站，2021年11月16日，https://www.mfa.gov.cn/web/zyxw/202111/t20211116_10448827.shtml，访问日期：2022年1月18日。

中国对美外交的新气象，也使美方感到意外和沮丧。在中美天津会谈中，中方揭露了拜登政府对华政策三分法的实质，批驳了美方一系列涉华话语，正告美方不能"坏事做绝，还想好事占尽"。①天津会谈进一步让美方意识到其自以为是的对华政策设计行不通。当美国遭遇阿富汗撤军乱局而寻求中方合作时，王毅明确表示，美方不能一方面处心积虑遏制打压中国，损害中方正当权益；另一方面又指望中方支持配合，"国际交往中从来不存在这种逻辑"。②

在台湾问题上，习近平主席在与拜登的会晤中郑重指出，台湾当局一再企图"倚美谋独"，而美方一些人有意搞"以台制华"。这一趋势十分危险，是在玩火，而玩火者必自焚。③中方还展示出反对"台独"分裂行径、反对外部势力干涉的决心和能力。2021年，解放军常态环台岛组织轰炸机、侦察机、歼击机等开展巡航，常态抵近台岛周边组织多军兵种力量联合战备警巡，常态在台岛附近海空域组织联合对海突击、联合对陆打

---

① 《外交部副部长谢锋与美国常务副国务卿舍曼举行会谈》，外交部网站，2021年7月26日，https://www.mfa.gov.cn/web/gjhdq_676201/gj_676203/bmz_679954/1206_680528/xgxw_680534/202107/t20210726_9183482.shtml，访问日期：2022年1月19日。

② 《王毅应约同美国国务卿布林肯通电话》，外交部网站，2021年8月17日，https://www.mfa.gov.cn/web/gjhdq_676201/gj_676203/bmz_679954/1206_680528/xgxw_680534/202108/t20210817_9183484.shtml，访问日期：2022年1月19日。

③ 《习近平同美国总统拜登举行视频会晤》，外交部网站，2021年11月16日，https://www.mfa.gov.cn/web/zyxw/202111/t20211116_10448827.shtml，访问日期：2022年1月19日。

击、联合防空作战等实战化演练。[①] 面对美方近年来加大对华制裁、干涉和长臂管辖力度的所作所为，2021年6月，第十三届全国人民代表大会常务委员会第二十九次会议表决通过了《中华人民共和国反外国制裁法》。同年7月和12月，当美方借口涉港、涉疆问题对中国有关人员实施制裁时，中方即依据《反外国制裁法》对美方有关人员进行相应反制。当美方试图将新冠病毒溯源问题政治化、污名化以打压中国时，中方一方面向国际社会揭穿美方对病毒溯源问题进行政治操纵的伎俩；另一方面针锋相对地抓住德特里克堡等美方生物实验室的种种疑点劣迹，要求美方开放这些设施，接受国际社会调查。中方对美国霸权主义和强权政治展开的坚决斗争，捍卫了中国的主权、安全和发展利益，也丰富了中国特色大国外交的内涵。

三是积极调动第三方因素。鉴于美国对华战略竞争越来越借重第三方因素，特别是盟友资源，中国对美博弈也越来越重视加强和发展与第三方关系。

中俄新时代全面战略协作伙伴关系不断增强。2021年，中俄举行了首次海上战略联合巡航，中方首次邀请俄军参加中国的"西部·联合—2021"战略演习。面对拜登政府加大联欧制华力度，中国在针对欧盟损害中国利益的行为进行斗争的同时，谋求改善与欧洲国家关系，保持与德国、法国等欧洲大国关系的稳定。面对美国竭力离间中国与东盟关系，企图让一些东盟国家为美国"印太战略"背书，中国在纪念"中国—东盟建立

---

① 《2021年12月国防部例行记者会文字实录》，国防部网站，2021年12月30日，http://www.mod.gov.cn/jzhzt/2021-12/30/content_4902043.htm，访问日期：2022年1月20日。

对话关系30周年"之际，宣布将中国—东盟关系提升为全面战略伙伴关系，朝着构建更为紧密的中国—东盟命运共同体迈出新的步伐，实现双方关系新的跨越。中国积极推动《区域全面经济伙伴关系协定》（RCEP）落地生效，引导"一带一路"建设同《东盟印太展望》的重点合作领域对接，搭建澜湄立体合作新的架构。与美国的东盟外交缺乏稳定性和有效抓手相比，中国对东盟的外交已然走在美国前面。在中东地区，中国与伊朗签署一项为期25年的全面合作计划，在能源、安全、基础建设和人文交流等领域建立广泛合作关系。随着上海合作组织接收伊朗为正式成员，伊朗与包括中国在内的上合组织成员国之间的合作增添了新的维度。此外，中国与非洲、拉美国家的关系也取得新的重要进展。面对美国积极推进对华战略竞争的外交布局，中国外交纵横捭阖，不断拓展和深化与其他国家及地区的合作关系，这有助于牵制美国对华战略，也有利于中国更广泛的外交目标的实现。

过去一年来，中国对美外交在风格上也有一些重要变化。以往美国新政府上台后，中国对美外交工作往往遵循结构导向，即先谋求与美方就双边关系的定位和互动框架达成共识，再处理具体问题。而拜登执政后，经过一段时间的努力和观察，中方意识到难以与美方就两国关系的认知和互动机制达成共识，于是调整思路，从结构导向转向问题导向，推动美方回应、解决中方关心的具体问题。同时，中国对美外交更加注重对舆论氛围的塑造。在过去中美互动中，美方往往通过向国际社会大量快速地提供信息，掌握更大的话语权。而从中美安克雷奇对话开始，中方发布相关信息的速度明显加快，信息量增大，官方、媒体、专家学者的互动效应增强，中方话语权显著提升。中国对美外交风格的变化，从一个重要方面显示出对美外交运筹能力的提高。未来，中国对美外交应进一步提升能动性和针对性，更加积极地塑造中美互动的环境与进程，更有效地作用于美国的国内政治与对外行为。

三、中美关系走向

未来十年，中美关系走向将受到两大结构性因素影响。

第一，两国的国内政治。在美国方面，霸权思维、地缘政治偏好、意识形态以及种族偏见等塑造美国朝野对华主流认知，对华敌视、仇视情绪或将有增无减。美国政治极化和党争激化也使得对华政策越来越服于国内政治需要，对华示强既是两党各自的政治护身符，又是彼此进行政治交易的筹码。在中国方面，随着对自身发展成就的自豪感和发展道路的自信心进一步增强，中国对美国国内治理能力及其对外行为的观感将更加负面，对美国霸权主义与强权政治行径的抨击与抵制也会更加坚决。

第二，两国力量对比变化和互动态势变化。随着中美力量差距逐渐缩小，中国对美博弈的实力将进一步提升，美国的战略焦虑感将继续增强。美国为维护其霸权地位，对华以攻为守，正在系统性构建打压、遏制中国的战略包围圈。中国则攻守兼备，一方面能动性地推进中国特色大国外交新布局，另一方面实施积极防御的方针，突破、挫败美国对华战略围剿。从两国互动态势看，总体而言美国处于攻势、中国处于守势，但在局部上双方的攻守之势则不断变换。中美战略较量尚未进入相持阶段,这是因为在力量上中美之间还没有达到势均力敌的地步,在态势上美国也没有停止发动对华攻势,中美博弈的战线也尚未固定下来,两国都在不断进行突破与反击、推进与推回,内线与外线交锋并行,接触面变动不居。在此大背景下,中美关系未来一段时期走向将是相互认知的负面化趋势持续增强,对抗性不断上升,博弈更加激烈,冲突风险增大。

从近期来看(2022—2024年),中美关系发展将表现出如下特征。首先,改善的动力不足。拜登虽然在2021年下半年释放了改善对华关系的愿望,但将其转化为政策的能力极为有限,其原因有三。一是美国国内政治的制约,特别是考虑到2022年国会中期选举,拜登政府在对华问题上不会有明显的调整,以免被共和党抓住把柄,而中期选举的可能结果(民主党失去对国会其中一院或两院的控制)会使拜登政府在对华问题上更加保守;二是拜登外交团队总体上持对华强硬立场,对改善中美关系态度消极;[①] 三是拜登本人在对华关系上立意不高、领导力不强。中方基于拜登政府对华政策的现实判断,更不会以让步

---

① 拜登团队在对华政策上大致有四派,即价值观派、地缘政治派、经贸派和全球治理派。目前价值观派和地缘政治派占主导地位。参见吴心伯:《拜登执政与中美战略竞争走向》,《国际问题研究》2021年第2期,第45—46页。

和委曲求全来换取中美关系的改善，①这意味着中美关系仍将处于低位运行状态。

其次，紧张与缓和交替。由于拜登政府对华基本思路、基本战略和执政团队对华强硬姿态均未改变，2022年拜登政府会继续以竞争的名义对华实施打压、围堵，甚至挑起对抗，在某些问题领域（如台海、南海等）加大对华施压和挑衅力度。同时，出于在应对气候变化、伊核、朝核、阿富汗等问题上需要中方合作、在处理两国经贸关系上需要与中方协调等现实需要，以及在美俄围绕乌克兰问题的对抗与冲突激化的背景下，美国企图离间中俄关系，最大限度地孤立和打压俄罗斯，其对华政策存在着显著的两面性：既要对华施压、示强，又不能引发严重冲突。在此情况下，当中美关系的紧张达到一定程度时，美方会谋求缓和一下气氛，然后再制造紧张、再缓和，紧张与缓和交替的小周期会重复出现。

再次，增加接触。美国自克林顿政府时期开始对华奉行接触政策，该政策在目标上着眼于改变中国的政治经济体制和内外政策行为，在手段上谋求通过交往、诱导、融入等方式影响中国。从克林顿政府到奥巴马政府，接触政策曾经催生了中美之间上百个对话机制，两国政府间交往十分频繁，议题广泛，

---

① 例如，2022年1月27日，王毅国务委员兼外长在与布林肯的通话中指出："美方对华政策的基调并没有发生实质性变化，也未将拜登总统的表态真正落到实处。美方仍不断推出涉华错误言行，使两国关系受到新的冲击。"王毅要求美方"必须以实际行动践行承诺，必须扩大两国合作积极面，必须建设性管控分歧"。《王毅应约同美国国务卿布林肯通电话》，外交部网站，2022年1月27日，https://www.mfa.gov.cn/web/gjhdq_676201/gj_676203/bmz_679954/1206_680528/xgxw_680534/202201/t20220127_10634923.shtml，访问日期：2022年2月9日。

尤其是奥巴马政府时期的年度中美战略经济对话，规格高、阵容大、议题多，烘托出中美接触的热度。特朗普政府时期曾宣布以对华战略竞争取代接触政策。拜登入主白宫后，主管"印太"政策设计的坎贝尔等官员也公开表示对华接触政策已经终结。[①] 然而，虽然有特定内涵的美国对华接触政策结束了，但作为国家间互动方式的接触行为不可能停止，无论是美国推进对华合作、协调，还是处理分歧，都需要借助沟通、对话、协调、谈判等交往方式。拜登执政第一年，一方面需要进行对华政策评估；另一方面更需要显示对华强硬。因此，拜登政府在与中国的外交接触上采取冷处理方式，将对华外交互动保持在低水平，两国间也没有在经贸、外交、安全等重要领域建立起高层次的对话机制。2022年，基于美国内政外交的现实需要，拜登政府或将加强对华交往。虽然双方接触会有所增加，但接触的"温度"不会上升，因为双方在新形势下对接触的效果不会抱太高期待，接触的重点将更多聚焦分歧和争端，而非合作与协调。

最后，厘清两国关系的边界线。拜登政府认为对华关系以竞争为主，兼顾对抗与合作，而在中方看来，对美关系既有斗争又有合作。事实上，中美关系本质上包含合作与竞争两大元素，而双方面临的任务之一就是厘清这一关系的边界，即探索合作的上限，竞争与对抗的下限。中美关系中的合作有客观性和主观性，客观性体现为两国社会的客观需求，如经贸往来、

---

① The White House, "National Security Strategy of the United States of America," December 2017;《"接触时期"结束，"主模式"是竞争？美高官搬出对华"新一套"》，https://baijiahao.baidu.com/s?id=1700955515706044228&wfr=spider&for=pc，访问日期：2022年2月9日。

人文交流等，而主观性体现为决策层的认知与偏好。在特朗普执政之前，中美双方都视合作为双边关系的主要内容之一，也都作出积极努力来促进合作。特朗普执政时期，美方强调竞争而排斥合作。拜登政府承认合作是双边关系的内容之一，但不占主要地位。中方则提倡扩大合作，仍然视合作为中美关系的重要内容。由于中美相互认知和各自战略与政策的变化，双方对合作的期待不可能回到特朗普执政之前的状态，而是以更加冷静的态度谋求有限与务实的合作。那么，中美在哪些领域可以合作，又能在多大程度上合作，合作的条件为何？对这些问题的回答将重新界定中美合作的上限。

拜登政府基于"最严峻的竞争对手"这一对华认知而竭力遏制打压中国，中国则面对美国的遏制、打压和挑衅进行坚决斗争，中美走向冲突的风险不断增加。双方都意识到这种风险，也都希望能够避免冲突。中方提出要以建设性方式管控分歧和敏感问题，防止中美关系脱轨失控；美方则表示两国没有理由因为竞争而陷入冲突，要为中美竞争建立"护栏"。中方提出防止中美关系失控的"三条红线"，美方则表示不寻求改变中国的体制，不寻求通过强化同盟关系反对中国，无意同中国发生冲突。美国政府致力于奉行长期一贯的"一个中国"政策，不支持"台独"。[①]尽管中美高层互动越来越关注界定两国关系的下

---

① 《王毅：明确中方对中美关系的三条底线》，外交部网站，2021年7月26日，https://www.mfa.gov.cn/web/gjhdq_676201/gj_676203/bmz_679954/1206_680528/xgxw_680534/202107/t20210726_9183479.shtml；《习近平同美国总统拜登举行视频会晤》，外交部网站，2021年11月16日，https://www.mfa.gov.cn/web/zyxw/202111/t20211116_10448827.shtml。访问日期：2022年2月14日。

限，但如何将一些原则性的表态具体化，并将其落实到政策实践中，从而使得下限不被突破，需要双方进行实质性对话，形成严肃共识。

四、结语

特朗普政府开启的美国对华政策调整导致中美关系发生重大变化。由于特朗普政府的非建制派特征，其团队缺乏经验却又喜好剑走偏锋、行事乖张的风格，其颠覆性的对华政策使得中美关系具有高度的不确定性和冲突性，呈现出不可持续的"非常态"。拜登政府属于建制派，其团队更加专业，也更有经验，其对华政策试图使竞争主导的中美关系具有可预测性和可管控性，以期打造出一种既符合美国利益又可持续的"新常态"。

从中美关系的现实看，塑造中美战略竞争"新常态"是一项紧迫而艰巨的任务。如果说美苏冷战是最危险的大国对抗的话，当下的中美竞争则是最复杂的大国博弈。全球化与全球治理的国际环境，中美经济的高度相互依存，两国关系中的地缘政治、意识形态甚至文化与种族张力等因素，都使得中美竞争具有高度的复杂性。两国关系回不到特朗普执政之前的状态，但又不能滑向"新冷战"，这就需要面对竞争不断加剧的现实打造"新常态"。尽管中方反对美方以竞争定义两国关系，但美方基于维护霸权地位的现实需要，不可能放弃将竞争作为对华政策主旨的做法，因此构建"新常态"的着力点不是避免或减少竞争，而是塑造竞争本身，要给合作留出空间，给避免冲突创造机会。鉴于当下驱动两国关系朝着消极方向演变的动能仍然强劲，双方努力的重点应是确立并守住下限，而非提升上限。

一年来中美关系的发展演变表明，拜登政府尚未能使双边关系得到显著改善，在其任期内使两国关系出现大幅改善的可能性甚低。然而，拜登执政给两国关系一定程度的缓和与调整提供了机遇，如果两国能够共同努力，增加中美关系的稳定性与可预测性，提升竞争的良性，降低冲突的风险，将是一个积极和建设性的尝试，也可望取得有价值的阶段性成果。

第二章
再调整、新竞争与中美经贸关系发展

宋国友

2021年,拜登政府上任后基本继承了特朗普政府的对华经贸政策,但同时也在积极寻求新调整,谋求再挂钩,以更符合中美经贸关系发展的现实,服务于美国国家利益。总体上,2021年的中美经贸关系虽有波折,但以稳为主,并未出现诸如特朗普执政后期的剧烈冲突或者失控状况。由于新冠肺炎疫情仍在继续,加之中国务实履行第一阶段协议,中美经济的结构性互补发挥作用,推动双边经贸关系总体稳步向前发展。但随着中美战略竞争加剧,中美经贸关系又出现了一些新的重大问题。中美经贸关系仍处于重大调整的关口,受到政治关系和安全关系变化的影响,未来走势并不确定。

一、疫情中的中美经贸发展

根据中国海关总署统计,2021年中美双边商品贸易总额为7556亿美元,同比增长28.7%。其中中国对美出口为5761亿美元,增长27.5%。自美进口为1795亿美元,增长32.7%。中国对美贸易顺差3966亿美元。[①] 根据美国数据，2021年中美双边贸易总额6615亿美元，增加1017亿美元。其中，美国对华出口为1511亿美元，增长21.3%，自华进口为5064亿美元，增长16.5%。对华贸易逆差为3553亿美元，增长14.5%。在金融关系上，中国持有美国国债规模较为稳定。2020年底中国持有美国国债为10723亿美元，占外国官方持有美国国债总额比重为25.6%。到2021年年底，中国持有美国国债总额为10687亿美元，绝对额几乎没有变化，占比也稳定在25.7%。如果从月度变动数据看，中国持有美国国债金额也较为平稳，月浮动幅度不超过2%。在投资关系上，2021年中国企业对美国投资热情不减。从并购数量看，增加了18项，但投资总额从129.8亿美元下降至76.5亿美元。在北美投资数量的86%投向美国，全年达115项。[②] 美国企业对华投资较为稳定，未出现大幅撤出从中国投资情况。从经济制裁这一指标看，2021年拜登政府对华经济制裁数量相比特朗普政府对华"贸易战"时期是下降的。2019年和2020年，美国商务部工业与安全局分别把151个和141个中国机构或个人纳入实体清单，而拜登执政第一年共有4批76个中国机构或个人被列入实体清单。

从数据看，中美经贸关系稳中有进，并未出现颠覆性的冲突。原因有三。

[①] 中国海关总署：《进出口商品总值表》，http://www.customs.gov.cn/customs/302249/zfxxgk/2799825/302274/302277/302276/4127483/index.html，访问日期：2022年3月2日。

[②] 安永公司：《2021年中国海外投资概览》，https://assets.ey.com/content/dam/ey-sites/ey-com/en_cn/topics/coin/ey-overview-of-china-outbound-investment-2021-bilingual.pdf，访问日期：2022年2月20日。

一是第一阶段协议的执行保障了中美经贸关系稳定。2021年是第一阶段协议的第二个执行年份，中美双方需要共同执行该协议。中国需要加大协议所确定的商品进口，同时进一步对外开放；美国则需要继续暂停对中国输美产品征收关税，并为对华扩大出口创造必要条件。尽管中国在协议的两年执行期限内未能实现拟定的进口金额，但这与疫情持续等因素高度相关。拜登政府上台后，美国疫情不仅未得到有效控制，反而有所恶化，这也限制了美国对中国出口，尤其是旅游、教育等服务业的对华出口。需要指出，虽然协议所确定的数量指标未能完全实现，但中国对于协定所要求的加大知识产权保护力度、提高金融业开放度等规则性内容，积极完成承诺目标。在知识产权保护方面，中国加大对违反知识产权行为的打击力度，得到国内外广泛认可。[①] 在提高金融业开放方面，贝莱德、富达以及路博迈三家美国独资公募基金公司相继获批在中国成立。因此，第一阶段协定的执行仍然有力维护了两国经贸关系的稳定。

二是疫情之下中美经济增长需要保持经贸关系稳定。拜登政府执政之后，控制疫情不力。特别是奥密克戎病毒导致美国疫情再次恶化。无论是以感染人数还是死亡人数衡量，拜登执政的2021年都要高于特朗普执政的2020年。拜登政府为应对疫情可能带来的经济再度衰退，刺激经济增长，提出并通过了《2021年美国救援计划》和《美国就业计划》等法案，总规模近5万亿美元，导致美元快速超发。同时，疫情恶化还使美国港口

[①] 《2020年中国知识产权保护状况》，国家知识产权局，2021年4月25日，http://www.gov.cn/xinwen/2021-04/25/5602104/files/9cfbfa3fed814e1f9d04e56959ed13fb.pdf，访问日期：2022年4月20日。

运输和国内物流出现中断，造成供应链紊乱。这两大因素共同推高美国通货膨胀率。2021年，美国通胀率逐月走高，从2月的1.7%快速攀升至12月的7%。① 2022年，美国通胀率仍在继续冲高。在这种情况下，拜登政府已经把通胀作为其经济增长的最大威胁来源，并制定各种措施加以控制。维持与中国贸易，扩大自中国商品进口，将有助于平抑美国通胀水平。从中国角度，经济发展继续受到新冠肺炎疫情冲击，2021年四个季度的GDP增速分别为同比增长18.3%、7.9%、4.9%和4.0%，呈明显的逐季度下滑态势。② 在这种情况下，保持对美经贸关系稳定有利于中国出口和就业，进而有利于经济增长。

三是中美经济结构互补的内在动力保障。中美两国经济结构高度互补，双方均能够在中美经贸关系中获益，这是确保中美经贸关系稳定发展的内生因素。即便遭遇中美贸易战与中美战略竞争双重冲击，这一因素目前仍然发挥积极影响。从贸易数据看，美国2021年自中国进口占其全部进口比重为17.9%，大大高于2020年的16%和2019年的15.2%。对美国企业的调查结果也反映了大致情况。美中贸易全国委员会发布的《中国商业环境调查报告2021》显示，有95%的美国企业2021年在华盈利，超过40%企业计划在未来一年扩大投资。③ 上海美国商会

---

① "Inflation Rises 7% over the Past Year, Highest since 1982," accessed July 18, 2022, https://www.cnbc.com/2022/01/12/cpi-december-2021-.html.

② 《2021年国民经济持续恢复 发展预期目标较好完成》，国家统计局网站，2022年1月17日，https://www.stats.gov.cn/xxgk/sjfb/zxfb2020/202201/t20220117_1826436.html，访问日期：2021年12月1日。

③ 美中贸易全国委员会：《中国商业环境调查报告2021》，https://www.uschina.org/sites/default/files/uscbc_member_survey_2021_-_cn.pdf，访问日期：2022年2月26日。

所公布的《2021年中国商业环境调查》也表明，82.2%的受访企业预计其2021年营业收入将较上一年实现增长，59.5%的受访企业预计2021年在华投资量将高于2020年水平，这一比例同比大幅上升30.9%。69.7%的受访企业预计未来三到五年内，其在华营业收入增长将赶超全球其他市场表现。[①] 对中国，美国依然是最为重要的出口国家和关键的技术来源地，现阶段没有美国之外的替代选择，因此，"凡是愿意同我们合作的国家、地区和企业，包括美国的州、地方和企业，我们都要积极开展合作"[②]。

二、拜登政府对华寻求经贸政策再调整

中美经贸关系的总体稳定并不代表拜登政府对华经贸政策没有调整。第一阶段协议结束之后的美国对华经贸如何开展，中美进一步变化的经济发展态势以及中美间日益加剧的战略竞争格局，都促使拜登政府寻求对华经贸政策再调整。

一是理念再调整。在特朗普政府时期，"美国优先"成为美国对外经贸政策的核心理念。这一理念充斥着民粹主义、孤立主义和单边主义，被世界各国所反对。具体到对华经贸政策，特朗普政府也从"美国优先"理念出发，对华发动"贸易战"。

[①] "The American Chamber of Commerce in Shanghai," China Business Report 2021, accessed April 20, 2022, https://www.amcham-shanghai.org/sites/default/files/2021-09/CBR-2021.pdf.

[②] 《习近平：在经济社会领域专家座谈会上的讲话》，中国政府网，2020年8月25日，http://www.gov.cn/xinwen/2020-08/25/content_5537101.htm，访问日期：2021年12月1日。

但从实际操作情况看，这一理念容易诱发与其他国家经贸摩擦，同时损害美国经济利益。拜登本人作为强调多边主义的民主党总统，哪怕内心认同"美国优先"这一理念，但在公开宣示上也必须与其保持距离。因此，如何提出一个既有别于前任，又具有可行性，同时还符合美国自身利益的经贸政策理念成为拜登政府的当务之急。经过一段时间的酝酿，拜登政府正式推出"以工人为中心"的经贸政策理念。[1] 在拜登政府看来，"以工人为中心"经贸政策理念具有三重优势。首先，这一理念从美国工人利益出发，具有强大的国内政治号召力。近年来，美国经济增长乏力，社会问题丛生，政治内向化凸显，美国民众希望美国政府以国内议题为优先。选民对于民主党过于偏向全球化和照顾跨国公司利益颇有微词。拜登政府经贸政策明确聚焦劳工阶层，呼应传统的民主党立场，有助于提升其国内政治支持度，减少政策推行过程中民主党的党内政治阻力。[2] 其次，理念的政策外延性较强，能纳入较多的经济政策。"以工人为中心"的经贸理念既可包括国内经济政策，如改善国内基础设施建设、扩大监管、增加科研投入等，也可包括全球供应链重整、多边经贸组织改革、维护"以规则为基础"的国际经济秩序等。

---

[1] Office of the U.S. Trade Representative, "Fact Sheet: 2021 Trade Agenda and 2020 Annual Report," accessed February 22, 2022, https://ustr.gov/about-us/policy-offices/press-office/fact-sheets/2021/march/fact-sheet-2021-trade-agenda-and-2020-annual-report; https://ustr.gov/about-us/policy-offices/press-office/speeches-and-remarks/2021/june/remarks-ambassador-katherine-tai-outlining-biden-harris-administrations-worker-centered-trade-policy.

[2] 刘洪钟：《拜登政府的中产阶级外交政策：起源、框架与前景》，《美国问题研究》2021年第2期，第1—12页。

拜登政府把其希望推行的政策都通过"以工人为中心"这一理念加以包装阐释。最后，这一理念能够更好地与中国经济竞争。如何与中国竞争是拜登政府所面临的最大外交挑战之一。拜登政府主张，要从"实力地位"出发和中国竞争。"以工人为中心"的理念有利于进行国内动员，增加国内政治共识，扩大国内资源投入，夯实与中国竞争的长期实力基础。此外，这一理念还有助于加强美国与中国竞争的"道德优势"。拜登政府认为中国的"不公平"经济行为损害了美国工人利益，造成美国就业岗位减少，因此，美国所制定的各项打压中国的政策具有了"合理性"。[①]

二是手段再调整。拜登政府认为，单纯以关税作为对华施压手段难以实现美国对华经贸目标，会对美国自身造成严重损害。在关税之外，拜登正在积极努力寻求新的手段。"价值观"手段成为对华经贸政策的新选择。美国极力放大对华经贸关系中的"价值观"因素，实施经贸政策价值观优先，大力推动经贸议题的"价值观"内嵌，宣导经贸政策"价值观"化的"政治正确"。拜登政府把本不属于贸易范畴，而属于意识形态范畴的"人权"等"价值观"问题作为经济政策的内在要求，弱化国际经贸行为的"交换""买卖"天然属性，强化政治制度和意识形态属性，强行对经贸政策进行泛"价值观"审查。拜登

---

① USTR: "Remarks As Prepared for Delivery of Ambassador Katherine Tai Outlining the Biden-Harris Administration's New Approach to the U.S.-China Trade Relationship," accessed March 5, 2022, https://ustr.gov/about-us/policy-offices/press-office/speeches-and-remarks/2021/october/remarks-prepared-delivery-ambassador-katherine-tai-outlining-biden-harris-administrations-new.

政府在贸易、气候变化、投资、数字经济等经贸议题上，力推"民主""自由"等价值观，形成经贸领域的"价值观壁垒"，作为非市场壁垒的升级举措。拜登政府还大幅升级了对中国所谓"违反人权"等行为的贸易执法力度。在中国出口商品的海关检查和许可证发放等具体贸易政策领域，拜登政府对所谓违反"价值观"的行为实施更为严厉的贸易管制措施，给中国相关企业和个人形成压力，增加经济成本和政策风险。其中最为典型的案例是拜登政府以所谓新疆存在"强迫劳动"和"种族灭绝"为名，不仅对产自新疆的棉花及其制品、西红柿以及太阳能多晶硅等多种产品实施进口限制，还把新疆建设兵团等多个机构列入实体制裁清单。[①] 为更好落实经贸政策与"价值观"绑定，拜登政府还强化内部决策协调机制，推进多部门协同。美国贸易谈判代表办公室、商务部和财政部等经贸部门与国务院、国土安全部、劳工部和联邦调查局等非经贸部门在"价值观"议题上的沟通显著增加，交换相关信息，力求贸易政策与"价值观"捆绑的政策更具有覆盖面，可执行度更高。

三是议题再调整。拜登政府不像特朗普政府那样对贸易平衡议题极度关注。在这一点上，拜登更接近美国主流经济学界和商界观点，认识到对华贸易巨额逆差有其市场原因。拜登政府从贸易逆差这一议题跳出，在两个议题上表现出比特朗普政府更为强烈的兴趣。其一，气候变化。拜登政府把气候变化作为其全球议程的重要内容。由于气候变化和经贸关系高度相关，

[①] Federal Register, "Addition of Certain Entities to the Entity List," accessed March 12, 2022, https://www.federalregister.gov/documents/2021/06/24/2021-13395/addition-of-certain-entities-to-the-entity-list.

对华经贸政策中也自然包括该议题。拜登政府气候变化特使克里2021年4月和9月曾两度访问中国，和中国沟通气候变化合作事宜，争取中国支持其诉求。中美两国于2021年11月格拉斯哥全球气候变化峰会后共同发布《中美关于在21世纪20年代强化气候行动的格拉斯哥联合宣言》，宣布在清洁能源、循环经济等方面开展合作。由于气候变化涉及能源政策、产业政策以及贸易政策，也成为中美经贸博弈的新领域，给中美经贸关系带来一定的冲击。其二，数字经济。拜登政府认为，中美未来经贸关系的新"赛道"是数字经济，而且认为，"一带一路"倡议所打造的数字丝绸之路赋予了中国一定的竞争优势。拜登政府力图在全球数字经济领域体现美国优势，制定有别于中国的"普适"标准，包括数据使用规则、贸易便利化和电子海关安排等，因此，在世界贸易组织谈判中大力主张、推进美国版本的数字贸易规则，在"印太"区域提出数字贸易倡议。[1] 拜登政府积极调整对华经济议题，反映了其避免在对华经贸政策中过分聚焦贸易平衡议题的尝试，以使继续维护其在双边和多边经贸领域的议题设置能力。特别是对于一些可能代表未来趋势的新经贸领域，美国需要把国内—国际经济议程相结合，同时发挥美国产业或技术优势，通过新规则设定，赢得未来竞争。

四是区域再调整。如果说特朗普政府对华经贸政策有地理支撑的话，主要是北美地区。特朗普政府借助新修订的《美墨加协定》及其当中所包含的"毒丸条款"，对中国不断拓展的经

---

[1] 季宇绮：《拜登政府时期中美数字经济与网络安全合作展望》，《中国信息安全》2021年第2期，第95—98页。

济影响加以限制。① 拜登政府认为仅仅依靠北美地区显然不够，需要在对华经贸竞争中获得更多地理区域支撑。从其对华经贸政策的地理设计看，拜登政府把重点区域调整为欧洲和印太两大方向。欧洲之所以重要，不仅仅在于其经济总量、金融影响和技术水平，还在于其"价值观"和美国接近以及北约这一军事联盟的存在。特朗普任内，由于认定欧洲占了美国的"大便宜"，特朗普政府于2018年对欧洲钢铁和铝制品加征关税，欧洲对此进行反制，美欧经济关系麻烦不断。拜登为争取欧洲，在钢铝关税问题上对欧洲作出妥协。在拜登政府一系列对欧缓和的举措下，欧洲和美国的对华经贸政策一致性相比特朗普政府时期大为增强。例如，美国和欧洲共同成立美欧贸易和技术委员会，下设十个工作组，加强两者在技术标准、供应链、信息通信、数据治理、技术使用以及投资审查等领域的协调，着重解决所谓"非市场经济体"的"不公平贸易行为"对世界贸易体系的冲击，针对中国意图明显。② 在印太方向，拜登政府动作更多。特朗普提出了"印太战略"框架，拜登接手把这一框架落到实处，并且提升其战略地位，充实其战略内容。拜登政府专门设立"印太事务协调员"一职，推动美日印澳四边机制首次领导人峰会并加以机制化，试图把更多经济合作因素注入四边机制中，借助四边机制提高印度的经济能力，尤其是制造

---

① 孙南翔:《〈美墨加协定〉对非市场经济国的约束及其合法性研判》,《拉丁美洲研究》2019年第1期，第60—77页。

② U.S. Department of Commerce: "U.S.-EU Trade and Technology Council Inaugural Joint Statement," accessed February 10, 2022, https://www.commerce.gov/news/press-releases/2021/09/us-eu-trade-and-technology-council-inaugural-joint-statement.

业能力。拜登政府还公布了其"印太战略报告",在报告中正式提出"印太经济框架",以弥补其在印太地区与中国相比安全能力强但经济能力弱的短板,希望借此拉拢印太各经济体。通过拉拢欧洲,塑造印太,拜登政府相比于特朗普政府,对华竞争所能依靠的地理空间有所突破。

三、中美经贸关系新竞争

首先是供应链自主竞争。拜登执政后把解决供应链问题作为经济议程的优先事项。上任不久,拜登政府就发布第14017号行政令,要求对美国的供应链情况进行审查。[①]2021年6月,拜登政府公布了对半导体、大容量电池、关键矿产以及药物等四类产品供应链的审查结果,并成立"供应链中断工作组",着力推动解决美国供应链困难。[②]第14017号行政令公布一周年之际,美国国防部、国土安全部、商务部、能源部、农业部、交通部和卫生部公布了供应链评估结果。各个部门的评估均认定美国关键产品供应链广泛存在依赖中国情况。例如,在美国商务部和国土安全部共同发布的有关美国信息和通信产业供应链

[①] White House, "Executive Order on America's Supply Chains," accessed April 20, 2022, https://www.whitehouse.gov/briefing-room/presidential-actions/2021/02/24/executive-order-on-americas-supply-chains/.

[②] White House, "FACT SHEET: Biden-Harris Administration Announces Supply Chain Disruptions Task Force to Address Short-Term Supply Chain Discontinuities," accessed April 19, 2022, https://www.whitehouse.gov/briefing-room/statements-releases/2021/06/08/fact-sheet-biden-harris-administration-announces-supply-chain-disruptions-task-force-to-address-short-term-supply-chain-discontinuities/.

评估中，直言美国信息和通信产业中的印刷电路板、显示器和电子组件越来越集中于中国。美国国会参众两院也通过了不同版本但目标相同的法案，以推动美国芯片等高科技产品供应链的自给自足。① 总体上，如何锻造安全、有韧性的关键产品供应链将贯穿拜登政府执政周期。② 考虑到拜登政府减少供应链依赖主要指减少对中国的供应链依赖，这将对中美经贸关系产生重大影响。事实上，不仅是拜登政府重视供应链问题，在经历了贸易战和疫情冲击之后，中国也深刻感受到供应链对于本国经济竞争力和国际地位提升的战略重要性，认为全产业供应链是中国经济的独特优势，需要采取措施推动供应链在国内有序转移和稳定发展，避免陷入发达经济体历史上曾经经历的"去工业化"陷阱。在中国各级政府的共同努力下，2021年第二产业占国内生产比重从37.8%上升至39.4%，改变了最近数年第二产业占比不断下降的趋势。③ "十四五规划"纲要明确强调要坚持经济性和安全性相结合，推动分行业做好供应链战略设计和精准施策，推进制造业补链强链。在很大程度上，供应链的独立性和完整性已经成为中美经济竞争的焦点所在。在发展本国供应链的共同政策取向下，中美两国涉及国家安全的关键产品供应链将逐渐减少双向依赖。问题在于，供应链具有全局性、网

---

① 美国参议院通过的是《2021年美国创新与竞争法案》，美国众议院通过的是《2022年美国竞争法案》。

② 王中美：《欧美供应链韧性战略的悖论与中国应对》，《太平洋学报》2022年第1期，第36—40页。

③ 第二产业占中国国内生产总值比重2017年为39.9%，2018年为39.7%，2019年为38.6%。参见《中华人民共和国2021年国民经济和社会发展统计公报》，http://www.gov.cn/xinwen/2022-02/28/content_5676015.htm，访问日期：2022年3月10日。

络性，围绕若干关键产品的供应链竞争如果控制不当，很可能会蔓延至上下游产品，或者是其他产品，从而诱发新的中美经济摩擦。

其次是经济盟友竞争。在中美战略竞争之下，中美经贸关系必然会面临经济关系盟友化的趋势。[①] 拜登政府高度重视盟友在重塑美国全球经济领导力中的战略作用，把盟友视为对华经贸竞争的特殊资产，协调或者联合盟友对华同步实施经贸政策，试图以此放大美国的对华经济优势。核心是统筹美国与盟友之间的贸易、投资、金融和技术等经济要素，强化与盟友间的经济政策协调，形成美国及盟友经济力量的叠加优势，进一步扩大其在全球经济体系中的规则制定权。[②] 美国国务卿布林肯多次表达对同盟的重视，希望能够与同盟一起应对各种威胁挑战。美国财政部长耶伦也表态美国和欧盟是"全球经济基石"，美国致力于建立更强大的跨大西洋经济关系，要通过自由、一体化的美欧盟友关系支撑更为广泛的同盟体系。在拜登政府的战略调整之下，原有的联盟机制被增添了与中国对抗的成分。例如，七国集团这一机制曾被特朗普政府忽略和边缘化，现在又开始被拜登政府重新倚重。2021年，在英国康沃尔举行的七国集团峰会中，拜登政府与其他盟友公开点名中国，共同推动"重建更美好世界"（Build Back Better World）倡议。该倡议试图和中国"一带一路"竞争，制衡中国在全球基础设施建设领域的影

[①] 宋国友：《从特朗普到拜登：中美经贸关系评估与展望》，《复旦学报（社会科学版）》2021年第5期，第176—182页。

[②] 吴心伯：《美国压力与盟国的对华经贸政策》，《世界经济与政治》2022年第1期，第76—102页。

响。除了原有机制外，一些服务于美国和盟友的新协调机制也被创设。前述美欧贸易和技术委员会是其中典型代表。面对美国政府拉拢盟友打压中国的企图，中国也有针对性地采取了应对措施。在欧洲，中国与德国、法国等国家加强战略沟通，支持欧洲国家扩大战略自主，推动对欧洲在互联互通、数字经济以及气候变化等领域的合作。在亚洲，中国大力支持《区域全面经济伙伴关系协定》（RCEP）谈判成功，推动亚洲内部贸易和投资自由化便利化，深化区域经济一体化。

再次是地区经济机制竞争。中美之间的地区经济机制竞争早已有之。在奥巴马政府时期，美国就推动并达成了《跨太平洋伙伴关系协定》（TPP），但特朗普政府一上台就宣布退出TPP。由于特朗普政府对各种多边经济机制的不信任以及相应的疏远，中美在这一时期尚未出现围绕着地区经济机制的激烈竞争。与特朗普政府不同，拜登政府偏好国际机制的作用。这传导至地区层面，就使得中美地区经济机制竞争再度显现。对美国而言，中国和其他14个成员共同签署、生效了RCEP，进一步扩大了中国在该地区的经济影响力。而且，通过RCEP，中日之间以及中日韩之间客观上形成了自由贸易协定，这对于东亚地区内部垂直产业分工体系的建立以及政治关系的改善起到长期的塑造作用，将削弱美国在该地区经济体系中的影响力。此外，中国还主动提出加入《全面与进步跨太平洋伙伴关系协定》（CPTPP）和《数字经济伙伴关系协定》（DEPA），这些举措充分显示了中国扩大改革开放的决心和自信，也有利于中国和地区经济体系进一步融合。但对于美国，这反映了中国在地区经济机制上的进取态势。拜登政府由于面临国内政治限制，现阶段难以重返CPTPP，但为了与中国抗衡，专门推出了"印太经济框架"。尽管这一框架的最终规则细节尚未公布，但与中国竞争、排除中国参与是明确的。从已经公开的部分内容看，该框架突出劳工权利、环境保护、数据跨境自由流动、政策透明度以及竞争中性等所谓"高标准"规则，这其实又回到了奥巴马时代借助地区机制与中国竞争的模式。倡议新经济机制可以理解，但新机制应该包容、开放和多元，有利于地区各经济体的经济发展，而不是为了刻意推行排他、歧视性的某一套规则。而且，从提出TPP到提出"印太经济框架"已经过去了十余年。在这十余年间，中国对于敏感规则的接受能力和适应能力已经更强，国内法律和规章初步调整也已完成，并不担忧美国所提出的各类地区经济框架对自身的冲击。

最后是经济制裁问题上的竞争。中国近年对个别严重损害中国核心利益的国家采取了包括经济制裁手段在内的反制措施。2021年的一个典型案例是，中国对立陶宛允许设立"台湾代表处"进行了投资和贸易制裁。拜登政府借机发难，制造国际舆论，恶意用"经济胁迫"一词污名化中国的正当经济反制措施。事实上，美国才是全球对外实施经济制裁、胁迫他国最多的国家。无论如何，随着中国越来越倾向把经济制裁作为外交手段的重要补充，以及美国越来越把经济制裁作为对华和对外关系中的政策手段，经济制裁也日益成为中美经贸关系中的一个突出问题。这又延伸出两个相关问题。其一，经济制裁的法律正当性。在中美有关经济制裁问题的交锋中，美国政府主张其对外制裁具有充分的法律基础，如国会通过的《敌对国家法》《国家紧急经济权力法》以及《马格尼茨基人权法》等一整套法律以及美国总统所签署的一系列行政令。美国因此辩称其对外经济制裁"有法可依",但对中国对外经济反制措施,美国则指责"于法无据"。这是试图削弱中国对外经济制裁的法律正当性,并一度也给中国对外经济制裁行为造成被动。为回击美国,继中国商务部于2020年9月和2021年1月分别公布《不可靠实体清单规定》和《阻断外国法律与措施不当域外适用办法》后,2021年6月《中华人民共和国反外国制裁法》也经由全国人大批准后正式实施生效。这为中国通过经济制裁手段合法打击外国损害我国主权、安全和发展利益的行为提供了法律基础。

其二,对经济制裁的应对问题。美国对华实施或威胁实施经济制裁已经构成对中国经济安全的重大威胁,也不断成为中美经贸关系顺利开展的严重消极因素。中国必须未雨绸缪,对美国未来可能的极限经济制裁措施进行应对。这种应对会产生额外的成本,同时必然抑制中美经贸合作潜力,但却必须为之。除了双向制裁之外,当前中美之间还涉及第三方的经济制裁问题。中美各自会对认为损害本国利益的第三方实施经济制裁,但另一方则经常通过对第三方外交支持或者经济援助的方式加以对冲。这在中国对澳大利亚实施制裁以及美国对伊朗实施制裁等案例上均有体现。如果不加以妥善管控,这可能导致中美间因为对第三方制裁冲突而爆发双边的经济对抗。

四、结语

拜登政府执政第一年,得益于第一阶段经贸协议,中美经贸关系依然存在强有力的机制基础。拜登政府想要调整特朗对华经贸政策框架，但尚未真正实现对华经贸政策突破，完全走出特朗普过去四年的政策惯性，也需要一定时间。疫情重压之下，中美两国都必须采取"内向化"的经济政策，把国内经济发展作为各项工作的优先位置。这些因素共同促成了中美经贸关系的相对缓和。缓和当中，也包含着诸多竞争和对抗因素。

一是新阶段协议谈判的不确定性。第一阶段协议执行期限已经结束，但美国国内认为中国远未兑现第一阶段贸易协议所承诺的采购目标，美国必须保留关税手段对华施加必要压力。[①]然而，美国国内日益上升的通货膨胀以及中国对美可能采取的反制措施，又会给拜登政府对华继续保留高关税形成制约。中美目前仍在相互博弈，存在巨大不确定性。

二是中美经济增长的结构性变化。新冠肺炎疫情短期内固然强化了中美经济相互需求，也在快速改变着中美经济实力的长期对比。2021年，中国占美国GDP比重由上一年的70.3%快速增至77%，一年增加近7个百分点。这不仅意味着中美全球经济权力转移加速到来，也意味着中美经贸战略冲突日益迫近。

三是国内政治的影响。2022年，中美两国双双进入政治大年。中国共产党将召开党的二十大，美国也将举行中期选举。国内政治因素对中美经贸关系的影响将突出呈现。

四是地缘政治的冲击。乌克兰危机加剧了中美在地缘经济上的对撞。因此，短期的平稳并不自动带来长期的合作。

回想特朗普执政第一年，中美两国相互接触试探。但仅仅

[①] Peterson Institute for International Economics, "US-China Phase One Tracker: China's Purchases of US Goods," accessed April 20, 2022, https://www.piie.com/research/piie-charts/us-china-phase-one-tracker-chinas-purchases-us-goods.

一年之后，美国就丧失耐心，悍然对华发动贸易战，导致中美经贸关系急剧破裂。随着疫情的直接稳定作用逐渐消逝，中美经贸关系更可能显露其战略竞争的一面。未来拜登政府对华经贸政策究竟何去何从，仍处于十字路口。无论美国如何选择，中国还是要增强战略定力，以不断增长的经济实力来应对不确定的未来。

第三章
拜登政府对台政策与美台关系

信 强

自2021年1月上台执政以来,拜登政府继承了前任特朗普政府的战略判断,即当今世界已然进入"大国竞争时代",并继续将中国视为美国"全球领导地位"最大的挑战和"威胁"。在此基础上,拜登政府不断扬言要"从实力地位出发"与中国展开"激烈的竞争",力保美国全球霸权的长盛不衰。[①] 在中美战略博弈不断升温的背景下,拜登政府加大了打"台湾牌"的力度,持续推行"以台制华"的政策,以实现其打压中国发展、遏制中国崛起的战略图谋。

一、拜登政府对台政策新动向

利用"台湾牌"牵制中国大陆,通过支持台湾当局长期保持台海分裂状态,可谓是美国两党对华政策的基本共识之一,因此,拜登政府上台执政后,虽然在一些涉台政策领域进行了

---

① 吴心伯:《拜登执政与中美战略竞争走向》,《国际问题研究》2021年第2期,第34—48页。

第三章　拜登政府对台政策与美台关系

一定的回调，在一些政策手段、方式、方法上有所收敛，但对台战略基调却并未发生重大改变。尤为值得注意的是，较之于特朗普的莽撞冒失，拜登在对台政策的掌控和操作手法方面更加具有隐蔽性和破坏性，并使得美台关系出现一些新的发展动向。

首先，不断加强美台军事勾连。近年来，随着两岸紧张关系的持续升温，美国日益担心台海会爆发军事冲突，因此极力要通过提升美台军事安全合作，来为"拒统谋独"的民进党当局"保驾护航"。例如，2021年4月，美国总统国家安全顾问杰克·沙利文（Jake Sullivan）便公开声称美国将根据"与台湾关系法"和"六项保证"的要求，落实所谓的对台"安全承诺"。10月7日，在被问及美国是否会采取军事行动"协防台湾"时，沙利文公然表示美国"将会与我们的朋友站在一起"，并"现在就将采取行动以让那一天（大陆对台动武）永远不会到来"。[1] 10月14日，美国白宫新闻发言人珍·普萨基（Jen Psaki）公开宣称："美国对台湾的承诺'坚如磐石'，并且有助于海峡两岸和台湾地区内的和平与稳定"，为此美国将根据"与台湾关系法"的规定，"继续协助台湾，并且提供足够的自卫能力"，同时再度明确表示美国"反对任何对现状单方面的改变"。[2] 10月27日，拜登在出席东亚峰会（East Asia Summit）线上会议时也声

---

[1] BBC, October 7, 2021, accessed January 21, 2022, https://www.bbc.com/news/world-us-canada-58837432.

[2] The White House, "Press Briefing by Press Secretary Jen Psaki," October 14, 2021, accessed January 14, 2022, https://www.whitehouse.gov/briefing-room/press-briefings/2021/10/14/press-briefing-by-press-secretary-jen-psaki-october-14-2021.

称，美国对中国在台湾海峡的"胁迫行为"（coercive actions）深感关切，并宣称"这是对和平与稳定的威胁"，而美国的对台承诺"坚如磐石"。①11月10日，国务卿安东尼·布林肯（Antony Blinken）在涉台问题表态时再度声称，美国"将确保台湾拥有防卫自己的手段，因为目的是从不会走到那一步，亦即任何人试图通过武力破坏现状"。②

时至今日，所谓美对台承诺"坚如磐石"俨然成为美国高层表述对台政策的统一口径。而为了展示对台湾的"安全支持"，2021年8月4日，上台仅半年的拜登政府便宣布一项总额约7.5亿美元的对台军售案，包括40门M109A6自行榴弹炮、20辆M992A2系列野战炮兵弹药补给车、一套先进野战炮兵战术数据系统（AFATDS）等相关设备，并声称该项军售有助于提升台湾安全，维持"区域政治稳定、军事平衡与经济进步"。2022年2月7日，美国又批准向台湾当局出售价值约1亿美元的"爱国者"导弹防御系统设备和服务，用于"爱国者"防空导弹系统升级及"战场监视项目"建设，以维持、改善台湾当局此前购买的"爱国者"防空导弹系统。对于此次军售，美方则表示将有助于台湾当局维持导弹密度、确保空中作战战备能力，以持续协助台湾当局"维持足够的自我防卫能力"，吓阻所谓"区

---

① Eillen Ng and Niniek Karmini, "Biden Calls out China's Taiwan Actions as 'Coercive'," AP News, October 28, 2021, accessed February, 3, 2022, https://apnews.com/article/joe-biden-business-russia-asia-china-f7d0f3aec4e1e0f8e0baa4992e8149c1/.

② "DealBook Online Summit: Antony Blinken Warns on China, Mary Barra Plugs Evs," New York Times, November 10, 2021, accessed February, 1, 2022, https://www.nytimes.com/live/2021/11/10/business/dealbook-summit#antony-blinken-says-us-companies-should-not-provide-technology-for-repression-in-china/.

域威胁"。此外，拜登政府也已经为台湾当局"潜舰自造"项目所需的"红区装备"（包括战斗系统整合、数字声呐系统和辅助装备系统）大开"绿灯"，同意向美国相关设备生产厂商提供出口许可，以协助台湾当局"自行制造"常规动力潜艇。

2021年3月25日，美台在华盛顿签署"设立海巡工作小组备忘录"，据此，美台双方未来将围绕海上救难互助、海上渔业执法、海域水文情报交流和信息分享、美国教官赴台教学培训及台方人员赴美国海警防卫学院受训等方面开展合作。对此，"美国在台协会"宣称，美方"支持台湾有意义参与全球关切议题并作出贡献，包括维护海上安全、建立能促进海上执法信息交换及国际合作网络等"。[①] 这不仅是拜登政府上台后美台签署的第一项正式合作文件，更为重要的是，美国海岸警卫队和台湾当局"海巡署"作为双方的准军事组织，该"备忘录"的签署标志着美台军事与安全合作的进一步升级，也因此被台湾当局视为彰显美台"伙伴关系的又一个里程碑"。

其次，持续提升美台政治互动和"伙伴关系"。为了凸显美台所谓紧密的"伙伴关系"，拜登政府还不断拉高美台互动层级，以"切香肠"的方式挑战一个中国原则，借以显示美国对台湾当局的坚定支持。例如，2021年1月20日，台湾当局"驻美代表"萧美琴受美国"就职典礼国会联合委员会"邀请，参加了拜登总统就职仪式，这是自1979年以来台湾当局高官首次正式受邀。2月10日，美国务院亚太代理助理国务卿金圣（Sung

---

[①]《美台签署海巡工作小组备忘录，或借此名义搞军事勾连》，新浪网，2021年3月26日，https://mil.news.sina.com.cn/2021-03-26/doc-ikkntiam8530941.shtml，访问时间：2022年1月12日。

Kim）与萧美琴在国务院举行会晤，并通过国务院东亚暨太平洋事务局的官方社交媒体予以公布，同时鼓吹"台湾是民主领头羊，也是重要经济、安全伙伴，美国正深化与台湾的关系"，这是拜登上任后萧美琴首次获准进入美国国务院。3月28日，美国驻帕劳大使约翰·亨尼西尼兰（John Hennessey-Niland）随帕劳总统访台，成为自1979年以来首位公开访台的美国驻外大使。4月9日，拜登政府宣布修订对台交往准则，继续松绑美台交往限制，允许美国官员在联邦政府大楼接待台官员，或前往"台北经济文化代表处"、双橡园参加非正式节日的活动。随后又指派拜登密友、前参议员克里斯·多德（Chris Dodd），前常务副国务卿理查德·阿米蒂奇（Richard Armitage）及詹姆斯·斯坦伯格（James Steinberg）等前政要访台，凸显美国对美台关系的"高度重视"。6月6日，参议员泰米·达克沃斯（Tammy Duckworth）、丹·苏利文（Dan Sullivan）及克里斯·昆斯（Chris Coons）等搭乘C-17A"环球霸王"运输机从韩国美军基地直飞台北松山机场，宣布向台湾当局捐赠75万剂新冠疫苗。9月中上旬，台湾当局"海巡署长"周美伍首次受邀赴美参加美台"国安高层"战略对话"蒙特雷会谈"，与美国海岸警卫队司令部高层进行对谈，讨论双方在西太平洋地区的责任分属，以及未来合作支援模式。10月13日，美国国务院官方推特账号发布了主管经济增长、能源和环境事务的副国务卿约瑟夫·费尔南德斯（Joseph Fernandez）与亚太事务助理国务卿康达（Daniel Kritenbrink）在国务院会见萧美琴的照片及推文，并再次宣称美对台承诺"坚如磐石"，期待进一步深化美台关系。11月9日，以参议员约翰·柯宁（John Cornyn）为首的6名国会参众两院议员搭乘美国海军C-40A行政专机,从菲律宾克拉克基地飞抵台北,在访台期间不仅与蔡英文进行会晤,还首次获准进入台湾当局防务部门,听取"军事威胁简报",讨论如何根据"与台湾关系法"帮助台湾提升"自卫能力"。[1] 11月25日,美国众议院退伍军人事务委员会主席高野(Mark Takano)率领一个由两党6名众议员以及10余名幕僚组成的代表团,乘坐美军公务机抵达台湾,并在访台期间前往台湾当局防务部门以及台军"退除役官兵辅导委员会",针对台军军力提升与改革进行意见交流。2022年3月1日,正值乌克兰危机爆发之际,拜登特意派遣一个由美军前参谋长联席会议主席迈克尔·马伦(Michael Mullen)领衔的跨党派代表团访问台湾,其他随行人员包括小布什政府时期的副国家安全顾问梅根·奥沙利文(Meghan O'Sullivan)、奥巴马政府时期的国防部副部长米歇尔·弗卢努瓦(Michele Flournoy)等多名前高级国防和安全官员。在访台期间,该代表团与蔡英文和台湾当局防务部门负责人邱国正会面,讨论美台关系和区域安全,旨在展示美国两党对"美台伙伴关系"的持续坚定支持。[2] 由上述可见,在拜登上台后短短一年多的时间里,美台高层政治互动更趋频密,且呈现出日益公开化的态势。

此外,拜登政府还频频利用"第三地接触"的方式,来迂

---

[1] 《美国参众议员密访台军方,听取军事威胁简报》,中评社,2021年11月10日,http://gb.crntt.com/doc/1062/2/1/4/106221415.html,访问时间:2022年2月10日。

[2] "Peace in Taiwan Strait a Global Concern, Says Mullen," March 2, 2022, accessed March 4, 2022, https://abcnews.go.com/US/wireStory/peace-taiwan-strait-global-concern-mullen-83197341.

回实现美台实质性互动。例如，2021年2月，台湾当局"驻世贸组织代表"在日内瓦办公室与美国驻世贸组织代表会面；3月，台"驻日代表"又应邀赴美国驻日大使官邸与美驻日临时代办会面；4月，台"驻法代表"应邀进入美国驻法大使官邸，与美国临时代办举行了会晤。如此种种，不一而足。

再次，在外交上推动台湾问题"国际化""多边化"。拜登政府上台后开始不遗余力地拉拢盟友在台湾问题上发起挑衅，以加强对华"战略合围"的力度。对此，美国驻华大使尼古拉斯·伯恩斯（Nicholas Burns）曾于2021年10月20日在参议院提名听证会上直言不讳地宣称，美国应该要求和"正在要求"盟友对台湾当局"表现出真正的承诺"。[①] 在美国的推动下，近期以来，法国、立陶宛、捷克、斯洛伐克等欧洲国家以及澳大利亚、加拿大等美国传统盟友纷纷效仿美国，公然介入和干预台海事务，涉台议题也从经济、贸易、社会、文化领域向高度敏感的政治、安全领域扩散。与此同时，其他国家干预台海事务的手段也日趋复合化，可谓"软硬结合、文武并举"，使得台湾问题"国际化"的迹象日益明显，呈现出干涉台湾事务的国家数量多、领域多与手段多的"三多"特征，给中方处理台湾问题带来更棘手的挑战。

第一，介入和干预台湾问题的国家增多，"国际化"的范围日益扩大。多年以来，公然干预台海事务的国家主要为美、日两国，其他国家一般均基于对一个中国原则的遵守以及维系与

[①] 余东晖：《美候任驻华大使大谈"台湾关系法"协防台湾》，中评社，2021年10月21日，accessed February 18, 2022, http://220.194.47.118/doc/1062/0/4/9/106204962.html?coluid=93&kindid=7950&docid=106204962&mdate=1021120708/.

中国外交关系的考虑，很少愿意或者敢于无端涉足和介入台海事务。但是，近期以来，英国、法国、澳大利亚、捷克、斯洛伐克、立陶宛、圭亚那等国以及欧盟开始纷纷加入美国主导的多边涉台阵营，并表现得相当高调和活跃。美国还借助美日峰会、美韩峰会、美欧峰会、北约峰会、七国集团（G7）外长会及元首峰会、美日印澳"四方安全对话"（QUAD）等一系列双边或多边平台，一再主导将针对台湾问题的表态强行塞入相关联合声明之中，强调"维护台海和平的重要性"，试图对中国形成"集体施压"之势。

第二，外国介入和干预台湾问题的领域增多。在美国的鼓动和诱导之下，其盟友在台海政策上纷纷跟随美国的指挥棒，不断扩大涉台领域，从低敏感度的经贸、教育、文化领域向高敏感度的政治、安全、军事领域冒进。例如，2021年10月21日，欧洲议会通过所谓"欧盟—台湾政治关系与合作"报告，这是欧盟首份涉台报告，反映出欧洲议会在涉台政策上转向，进而图谋与拜登政府台海政策相互配合联动的动向。10月26日，台湾当局外事部门负责人吴钊燮窜访中东欧"非邦交国"捷克与斯洛伐克，并受到高规格接待。立陶宛甚至不顾中国的强烈反对，于2021年11月18日执意批准台湾当局在立陶宛设立所谓的"驻立陶宛台湾代表处"，公然对一个中国原则发起挑战。在军事安全领域，包括加拿大、英国、法国在内的多国也纷纷派遣军舰，多次单独或者伴随美国军舰穿越台湾海峡。2021年10月1—4日，日本、英国、荷兰等5国海军还与美国配合，在台海附近举行由美国"卡尔·文森"号（USS Carl Vinson）、"罗纳德·里根"号（USS Ronald Reagan）与英国"伊丽莎白女王"

号（HMS Queen Elizabeth）三艘航空母舰领衔的大规模海上军事演习，以向中国显示和炫耀武力。2021年12月7—8日，根据美国印太司令部确立的"远征前沿基地作战"（Expeditionary Advanced Base Operation, EABO）理念，美国海军陆战队和日本陆上自卫队进行了"离岛防卫作战"联合军事演习，这也是美日基于EABO进行的首次联合军演。在这场所谓"夺回离岛"的演习中，虽然其所设置的场景名义上是"敌方"舰艇攻击日本离岛时美日将如何予以联合应对，但其实质目标就是要演练一旦台海发生冲突，美日应如何展开联合作战。①

第三，外国介入和干预台湾问题的手段增多。近年来，许多国家还不断利用疫情防控、经贸交流、环境保护、产业链和供应链安全等议题大做文章，谋求强化与台湾当局之间的合作，借以迂回实现与台湾当局关系的"实质性突破"。例如，东欧国家捷克、斯洛伐克、波兰、立陶宛等国便通过向台湾捐赠新冠疫苗，以推动与台湾当局的关系。2021年10月20日，由台湾当局"国发会"主任委员龚明鑫率领，"经济部""科技部""财政部"及外事部门共同派员参与的66人经贸投资考察团前往中东欧，先后在斯洛伐克、捷克及立陶宛进行9天访问，并宣称要借此打造台湾当局与中东欧国家互惠联结、坚韧强健的"民主"供应链。此外，部分国家还利用视频会议、推特互动等"线上外交"方式，试图通过这种"打擦边球"的方式实现与台湾当局高层之间的"实质性"交往。例如，2021年10月30日，吴钊

---

① 所谓EABO，是指为了对抗中国，美军将对驻扎在"印太"地区的海军陆战队进行小规模的分散部署。具体到"台湾有事"时，美国海军陆战队将向日本提供的临时攻击用军事据点部署小规模部队，并可通过不断更换岛屿据点持续发起攻击。

燮便以视频方式,在G20领袖峰会期间与意大利"对华政策跨国议会联盟"(IPAC)成员交流互动。此前,蔡英文等人也多次通过视频会议方式参加美国方面包括智库主办的各种会议并发表演讲,或通过推特留言等方式与美国政府高官互动。

究其原因,台湾问题"国际化"倾向日益凸显的原因主要在于以下四点:一是美国拉拢甚至要求多国介入,以构筑"反华挺台"的"国际统一战线"。较之于特朗普,拜登政府积极推行"小圈子"外交,试图通过推动盟友出面担任"反华代理人",以分摊其"以台制华"的成本。审视近来捷克、立陶宛、日本、欧盟等在涉台问题上的表现,不难发现美国正是背后的"推手",甚至是"操盘手"。例如,面对中国政府对立陶宛发起的经济和外交反制措施,国务卿布林肯不仅特意同立陶宛总理希莫尼特通电话,承诺将在"胁迫性外交和经济行为"中给予立陶宛支持,而且还试图联合欧盟为立陶宛"站台",在外交和舆论上对华施压。2021年12月22日,布林肯又在与欧盟外交与安全政策高级代表何塞普·博雷利(Josep Borrell)通话中特意谈及立陶宛问题,并声称美欧双方对中国不断升级对立陶宛的"政治施压"和"经济胁迫"表示关切,称中方行为正影响美欧企业,强调将继续与立方团结一致,加强经济韧性,并妄言要求中方放弃对立陶宛的反制。二是台湾当局积极拉拢他国以拓展"国际空间",为其"抗中"政策路线寻求国际支持。台湾当局意识到在中美战略竞争加剧的大趋势下,美国更加需要利用台湾来对抗大陆。而台湾当局则极力试图利用这一点,妄图依靠美西方的支持来拓展"国际空间"。三是在美国的怂恿和诱使下,部分国家出于对中国崛起的疑惧,并基于中美战略博弈将不断升级的预期，试图通过在台湾问题上的投机行动来"押宝""表态""站队"，以换取美国的外交支持、安全庇护和经济援助。四是美西方国家渲染的"自由民主对抗专制集权"的政治叙事在多国拥有政治、社会和意识形态土壤，"反华挺台"成为许多国家反华政客展示"政治正确"的舞台，借以获取和收割其个人的政治私利。例如，2022年3月10日，欧洲议会便通过了一项名为《外来势力干预欧盟民主程序》的涉华决议，无端指责中国在信息层面"干涉"欧盟的民主进程，"操纵"欧洲舆论，并称"台湾地区处于对抗中国大陆的舆论战、认知战的最前沿"，要求欧盟与台湾当局共同抵制所谓的中国大陆的"信息攻击"。

第四，在经济、科技、文化、拓展"国际空间"等领域全面加强美台合作。为了将台湾当局彻底纳入美国"以台制华"的战略轨道，拜登政府不断推进与台湾当局在经贸、社会、科技、文化以及拓展"国际空间"等诸多议题领域和层面的合作。例如，在金融合作方面，美台签署了"基础建设融资及市场建立合作架构"，谋求与日本、澳大利亚等国联手针对基础设施建设、新能源技术开发等议题，在东南亚地区开展第三方市场合作，助力台湾当局"新南向政策"的推进，合作拓展在亚太区域乃至全球的经贸新布局，并以此对冲中国大陆"一带一路"倡议的影响力。又如，在文化教育交流领域，在"美国在台协会"及"驻美国台北经济文化代表处"（TECRO）的推动下，"美台教育倡议"得以正式启动，意图全面强化美台语言教学合作，巩固台湾当局"为美国及全球提供中文教学的角色"。2021年11月，台湾当局又以帮助美国等国对抗中国大陆"意识形态输出"为名，推出"华语教育2025计划"，声言要为美国学生提供在大陆之外学习中文的机会和环境。①再如，2021年3月，美台共同发表推动防灾救援倡议活动联合声明，宣称要借此提升合作对抗各种自然灾害和开展联合救援的能力。美台推出上述举措的主要目的，就是要在经济、社会、文化、教育等各个领域增强合作，进而构筑美台全面合作的"整体性框架"，为美台关系的持久发展夯实基础。

尤为值得注意的是，面对中美日益加剧的高科技博弈，拜登政府更是将半导体等战略物资的供应链、信息通信基础设施、人工智能、量子技术开发视为国家安全的重要内容，并积极谋求借助产业链、供应链的重组和整合，将台湾当局纳入美国主导的"反华高科技联盟"之中。例如，早在2021年2月，美台便举行了"半导体供应链合作圆桌论坛"，集中讨论如何强化双方在半导体供应链安全及产业方面的合作。6月，美台举行第11届"贸易暨投资框架协议"（Trade and Investment Framework Agreement，TIFA）会谈，主要内容分为"贸易与投资相关议题"和"提升未来贸易及合作议题"两大类，其中重中之重就是讨论如何保障半导体芯片产业链和供应链的"安全"，进而推动双方在网络安全、数字经济、卫生健康、基础设施建设、绿色能源、人工智能等技术领域的精准对接。会谈后，美台双方宣布已就半导体、电动车、疫苗生产与代工等议题领域达成十大共识，并同意就不同项目成立工作小组，就不同议题不间断

---

① 《台当局要全球推广"华语教育"反大陆，美国认为这是个战略》，《环球时报》2021年11月24日。

地展开讨论和沟通。11月23日，美台举行第二届"经济繁荣伙伴对话"（U.S.-Taiwan Economic Prosperity Partnership Dialogue, EPPD）视频会议，美方由副国务卿费尔南德斯出席，台湾当局则由经济部门主管王美花出席，主要讨论议题便是如何在供应链、产业合作、5G技术和数字经济等方面展开密切合作，联手建立以"去中国化"为目标的半导体产业链。

而在帮助台湾当局拓展"国际空间"方面，拜登政府同样是动作频频。例如，2021年5月7日，美国首次推动七国集团发表联合声明，公然支持台湾当局"有意义地参加世界卫生组织和世界卫生大会"。10月21日，正值联合国第2758号决议恢复新中国合法席位50周年纪念日前夕，美国国务院负责中蒙事务的助理国务卿帮办里克·沃特斯（Rick Waters）在德国马歇尔基金会主办的会议上公开宣称：过去几十年来，台湾被排除在几乎所有的联合国活动之外，造成这种局面的原因就是北京"错误"地使用了第2758号决议。对此，沃特斯宣称联合国会员国应支持台湾当局"有意义"地参与联合国体系。[①] 国务卿布林肯更是于10月26日公然发表声明称："我们鼓励所有联合国会员国，加入美国行列，支持台湾强劲、有意义地参与联合国体系及国际社会"，"台湾有意义地参与联合国体系不是政治议题，而是务实议题"。[②] 身为国务卿的布林肯公开挑战联合国第

---

① "Resolution 'Misused' by Beijing to Block Taiwan at U.N.: U.S. Official," Focus Taiwan, October 22, 2021, accessed January 10, 2022, https://focustaiwan.tw/cross-strait/202110220017/.

② Antony J. Blinken, "Supporting Taiwan's Participation in the UN System," U.S. Department of State, October 26, 2021, accessed March 1, 2022, https://www.state.gov/supporting-taiwans-participation-in-the-un-system/.

2758号决议，实属历史罕见。2022年2月25日，美助理国务卿米歇尔·西松（Michele Sison）在国务院与萧美琴会晤，随后又在推特上贴文表示：台湾当局所作的贡献能让国际社会多方受益，联合国会员国应支持台湾"有意义地参与联合国体系"。此后，美国更是不断有前官员和重要学者信口雌黄地指责中国制造了长达50年的"不公正"，诬陷大陆利用该决议系统性地排斥台湾当局参与联合国体系，并威胁如果大陆不展现"更大灵活性"，美国就应该全面推进台湾当局"正式加入联合国"。

二、拜登政府台海政策的两面性

在外交政策领域，拜登上台后虽然对特朗普时期的大量政策进行了调整和修正，但是却总体上沿袭了特朗普对中国的战略定位和政策框架，也始终未停止对中国的全方位打压和围堵。在行政部门诸多反华鹰派人士、国会参众两院亲台议员、亲台利益集团和智库学者的推动下，拜登政府依然将台湾问题视为制衡中国崛起的一张"王牌"，在台海政策领域基本上呈现出"萧规曹随"的态势，也给本已动荡不定的台海局势笼罩了一层始终挥之不去的阴霾。

与此同时，由于拜登政府深知美国正面临着一系列严峻的内外挑战，其诸多政策目标的实现，包括防控新冠肺炎疫情、推动经济复苏、应对气候变化、解决乌克兰危机、维护地区稳定等问题，均离不开中国的配合与支持，因而在其上台后也试图选择性地与中国恢复和开展务实合作。此外，拜登及其决策团队拥有远比特朗普更为丰富的外交经验和更加娴熟的专业能力，对台湾问题的高度危险性更是心知肚明，因而也不敢在台湾问题上肆无忌惮地对中国发起挑衅，以免中美关系遭到严重损害甚至彻底"脱轨"。更为重要的是，美国的种种挑衅举措也遭到了中国一系列针锋相对的军事、政治和外交反制。例如，2021年10月初，正当美国纠集多国在台海附近举行联合军演之际，中国人民解放军在10月1—4日的短短4天时间里，连续派出包括战斗机、预警机、反潜机、轰炸机等多种机型在内的149架次战机，以多机种、多空层方式在台海附近空域展开巡航，其中在10月4日更是创下了单日56架次的历史最高纪录，对美国和台湾当局予以强有力的震慑。

在上述多重因素的影响下，拜登政府的对台政策较之特朗普政府时期也出现了一定的调整，并表现出明显的两面性特征。例如，在发布于2021年3月的《国家安全战略临时指南》中，拜登政府继续将中国明确定义为"唯一具有综合实力挑战美国所建立的国际体制"的竞争对手。[1] 2021年4月28日，拜登在国会发表演讲，再次将中国称为美国"赢得21世纪"的主要竞争对手，将与中国的竞争视为美国外交政策面临的最大挑战，承诺美国为此将在印度—太平洋地区维持强大的军事力量，并声称在其任内绝不允许中国超越美国。[2] 但是，与此同时，为了防

---

[1] The White House, "Interim National Security Strategic Guidance," March, 2021, accessed January 12, 2022, https://www.whitehouse.gov/wp-content/uploads/2021/03/NSC-1v2.pdf/.

[2] The White House, "Remarks by President Biden in Address to a Joint Session of Congress," April 29, 2021, accessed February 21, 2022, https://www.whitehouse.gov/briefing-room/speeches-remarks/2021/04/29/remarks-by-president-biden-in-address-to-a-joint-session-of-congress/.

第三章　拜登政府对台政策与美台关系

止中美战略竞争彻底滑向冲突与对抗，国务卿布林肯则于2021年5月4日表态宣称，中美目前并非处于"冷战"关系，而是竞争与合作并存。中美双方在多个领域都有明显的共同利益，对抗、竞争与合作并存，并希望双方通过对话减少误会。[①] 11月2日，拜登总统也公开表示，美中两国是在竞争，但并不一定是冲突，也没有理由要发生冲突，并希望确保双方没有误解，没有意外。在11月16日中美两国元首视频会议上，拜登又明确重申，美方不寻求改变中国的体制，不寻求通过强化同盟关系反对中国，无意同中国发生冲突。[②] 12月4日，美国国防部长劳埃德·奥斯汀（Lloyd Austin）虽然声称中国凭借过去20年"极速狂奔的现代化"，正在成为美国在军事领域"势均力敌的竞争者"（peer competitor），但同时也特意强调，美国不想与中国展开新冷战，也不认为美中冲突不可避免，希望保持两国国防沟通渠道开放，"建立常识性护栏"以降低冲突风险。[③]

具体就美国台海政策而言，虽然"力挺"台湾当局对抗大

[①] Katrina Manson, "Blinken Rejects Claims of 'Cold War' between US and China," Financial Times, May 5, 2021, accessed March 2, 2022, https://www.ft.com/content/f77604cd-cb6b-45df-a9ec-4f4b63959ad5/.

[②] The White House, "Readout of President Biden's Virtual Meeting with President Xi Jinping of the People's Republic of China," November 16, 2021, accessed March 1, 2022, https://www.whitehouse.gov/briefing-room/statements-releases/2021/11/16/readout-of-president-bidens-virtual-meeting-with-president-xi-jinping-of-the-peoples-republic-of-china/.

[③] U.S. Department of Defense, "Remarks by Secretary of Defense Lloyd J. Austin III at the Reagan National Defense Forum (As Delivered)," December 4, 2021, accessed March 11, 2022, https://www.defense.gov/News/Speeches/Speech/Article/2861931/remarks-by-secretary-of-defense-lloyd-j-austin-iii-at-the-reagan-national-defen/.

陆已然成为美国两党之间以及府会之间的共识,但是,具体审视决策制定和施策力度把握的细微之处,仍然可以发现,拜登政府对台政策同特朗普政府相较存在一些区别和差异。由于特朗普本人缺乏必要的外交知识和行政经验,对台湾问题的危险性和敏感性缺乏清醒的认知,尤其是缺乏"红线意识",因此,其纯粹把台湾问题作为刺激、挑衅和打压中国大陆的工具的做法,使得台海局势陷入波谲云诡的高度紧张之中。面对中国捍卫国家统一的坚定意志和日益增强的军事实力,拜登上台后的对台政策总体上回归了较为慎重、稳健的传统政策轨道,尤其是在"一个中国"原则这一根本性的"红线问题"上,一再对中国表示会遵守"一个中国政策",不支持、不鼓励"台独",而非像特朗普那样毫无顾忌地恣意妄为。

例如,2021年5月4日,美国国务卿布林肯明确宣称美国将始终遵守"一个中国政策"。[①] 7月6日,白宫国家安全委员会印太政策高级协调员库尔特·坎贝尔(Kurt Campbell)在出席卡内基国际和平基金会的线上对话会时表示:"我想强调我们的立场没有改变。它与以前的做法一致。我们致力于维护台海和平稳定。我们确实有一个中国政策。"美方"不支持台湾独立,完全了解其敏感性"。[②] 在2021年11月16日中美元首视频会晤上,习近平主席严正指出,由于台湾当局一再企图"倚美谋独",美

[①] Katrina Manson, "Blinken Rejects Claims of 'Cold War' between US and China," Financial Times, May 5, 2021, accessed February 12, 2022, https://www.ft.com/content/f77604cd-cb6b-45df-a9ec-4f4b63959ad5/.

[②] "A Conversation With Kurt Campbell, White House Coordinator for the Indo-Pacific," Asia Society, July 6, 2021, accessed April 18, 2022, https://www.youtube.com/watch?v=VLeUTBtNouY.

方一些人有意搞"以台制华",导致台海局势面临新一轮紧张,如果美台继续"玩火"必将"自焚"。而面对习主席的警告拜登则明确重申,美国政府"致力于奉行长期一贯的一个中国政策,不支持台独,希望台海地区保持和平稳定"。[①]2022年2月22日,美国国务卿布林肯在与中国国务委员兼外交部长王毅就中美关系和乌克兰问题通话时,为了争取中国在乌克兰问题上的支持,布林肯表示美国"反对台独",这也是拜登政府首次表态"反对"而非仅仅"不支持"台独。[②]

但是在另一方面,拜登政府也并未放松打"台湾牌"的力度,而是大肆玩弄"两面平衡"的策略,持续加强、加快、加深与岛内民进党当局之间的勾连。例如,2021年12月3日,布林肯在接受路透社采访时虽然重申美国将继续坚持"一个中国政策",但同时又声称美国将"确保台湾拥有自卫手段"。在2022年2月11日发布的"美国印太战略"报告中,拜登政府公然将中国在"印太"地区的"胁迫和进攻"以及大陆"对台施压"当作美国实施"印太战略"的背景和理由之一,并明确声称要联合区域内外的伙伴来"维护台海和平稳定"。该报告还扬言要推进和加强在印太地区的"整合威慑",并特别点名要阻

[①] The White House, "Readout of President Biden's Virtual Meeting with President Xi Jinping of the People's Republic of China," November 16, 2021, accessed March 17, 2022, https://www.whitehouse.gov/briefing-room/statements-releases/2021/11/16/readout-of-president-bidens-virtual-meeting-with-president-xi-jinping-of-the-peoples-republic-of-china/.

[②] 中国外交部:"王毅应约同美国国务卿布林肯就中美关系交换意见。"2022年2月20日,https://www.fmprc.gov.cn/wjb_673085/zzjg_673183/xws_674681/xgxw_674683/202202/t20220222_10644342.shtml,访问时间:2022年3月19日。

止"跨越台湾海峡的军事侵略",显然是要将针对台海的军事威慑作为其印太军事战略的重点。① 以拜登上台后美国舰机在台海的活动为例,在其2021年不到一年的执政时间内,美军舰艇累计12次穿越台湾海峡,几乎每个月都会穿行一次,不仅实现了穿越的"常态化",而且手段和花样也在不断翻新升级。2021年8月27日,美海军"基德"号(USS Kidd)导弹驱逐舰、海岸警卫队"门罗"号(USCG Monroe)海警船联合穿越台湾海峡,这是近两年内美海警舰艇首次加入穿越台海行动之中。10月15日,美海军"杜威"号(USS Dewey)驱逐舰又联合加拿大海军"温尼伯"号(HMCS Winnipeg)护卫舰共同穿越台湾海峡。与此同时,美军军机也加强了在台海周边的飞行侦察活动。2021年6月2日、8月12日、11月29日,分别有美海军一架P-8A反潜巡逻机穿越台湾海峡。其中11月29日美军巡逻机穿越台海期间,最近距离中国大陆领海基线仅约15.91海里,刷新了美军机对华抵近侦察的最近纪录。2021年6月6日、7月15日、7月19日、11月9日及11月25日,分别有美空军一架C-17A运输机、美空军一架C-146A"猎狼犬"特种作战运输机、美中情局下属一架C-130J运输机、美海军一架C-40A公务机及美空军一架C-40C公务机降落台湾,创下了6个月内连续5架军机在台湾起降飞行的新纪录。2022年2月24日,随着乌克兰危机的迅速升级,正值台湾当局热炒"今日乌克兰、明日台湾",担心被美国"抛弃"而惶惶不可终日之际,拜登政府特意派遣"阿利·伯克"级导弹驱逐舰"拉尔夫·约翰逊"号(USS

---

① The White House, "Indo-Pacific Strategy of the US," February 11, 2022.

Ralph Johnson）穿越台湾海峡，并故意打开船舶自动辨识系统（Automatic Identification System）"高调"地显示舰艇方位和航迹，以为台湾当局撑腰打气。

三、结语

为了与中国展开战略竞争，拜登政府基本上继承了特朗普的对华强硬政策，并试图通过打"台湾牌"实现其"以台制华"的战略目标。在台湾问题上，拜登政府一方面在政策宣示上频频声称会遵守"一个中国政策"，不支持"台独"，另一方面在实际行动上却采取"切香肠""打擦边球"的方式，变换各种手法提升美台政治、军事和经贸"实质性关系"，为台湾当局拓展"国际空间"摇旗呐喊，为"台独"分裂势力撑腰打气，以此作为美国对华展开"战略竞争"以及推行"印太战略"的重要抓手。与此同时，拜登政府还将特朗普时期的"独狼战术"逐步升级为"群狼战术"，拉拢日本、澳大利亚及欧洲盟国集体对华发难，极力推动台湾问题的"国际化"，令中美围绕台湾问题的博弈更趋复杂化。

随着中美战略竞争和对抗的日渐升温，始终顽固拒绝接受一个中国原则的蔡英文当局势必会进一步强化其"倚美谋独"的策略，把台湾彻底绑定在美国围堵中国大陆的战车上，以此来对抗大陆日益增强的"反独遏独"的压力。在台湾当局的配合与推动下，拜登政府未来将在美台关系层面继续谋求实现更多的、更大的"突破"，在挑战一个中国原则的道路上越走越远，如此一来，无疑会招致中国的强硬反制和严厉回击，使得中美两国围绕台湾问题的斗争不断加剧，也将令中美关系和两岸关系陷入持续的紧张状态。

第四章
拜登政府"印太战略"态势与走向

韦宗友

自2021年入主白宫以来,拜登总统高度重视"印太"地区,将其置于美国全球战略的重心,从外交、经济、军事等多方面推进美国"印太"秩序愿景和战略目标。2022年2月11日,拜登政府公布"印太战略"报告,进一步明确了美国在"印太"地区的战略目标及近期要实施的政策举措。作为一项统筹外交、经济、军事及笼络地区盟友及伙伴的地区战略,拜登政府"印太战略"在实施手段与策略、行动方案,以及涉华方面,都出现了一些新发展和新动向。这一战略的实施与演进,将对亚太地区秩序、中美关系产生重要影响,需要密切关注。

一、拜登政府的印太秩序观与战略观

拜登政府继续沿用了特朗普时期的"自由开放的印太"术语,体现出两届政府印太秩序观的延续性。所谓(国际)秩序观,就是人们对国家间关系运行规则、互动方式及权力分布的根本主张与看法。它不是国际关系的"实然"状态,而是"应然"状态。

2021年3月,拜登在与日本、印度和澳大利亚三国元首联合署名的文章中,初步提出了美国的印太秩序观。文章指出,美日印澳四国致力于"自由、开放、充满韧性和包容性的印太共同愿景","确保印太地区的开放与活力,……每个国家都能不受胁迫地作出自己的政治选择"。① 美国国务卿布林肯在2021年12月访问印度尼西亚时进一步表示,美国将推进"自由开放的印太:问题公开解决,规则透明公正达成,商品、观念和人员自由流动,治理透明,顺应民意"。② 这些言论,诠释了拜登政府印太秩序观的基本内涵。

拜登政府颁布的"印太战略"报告,的确提出要继续推进"自由开放的印太",首次全面阐释了拜登政府的印太秩序观。它重点涉及以下三个方面:

一是鼓吹美式民主价值观。报告声称,美国将支持开放社会,确保印太地区各国政府能够在不受胁迫的情况下作出独立的政治决定。美国将对印太地区的民主制度、自由媒体及市民社会进行投资,促进信息和言论自由,支持独立媒体,共同反对外来干涉和信息操纵。美国还将通过改进印太国家的财政透明度、反腐,并通过外交接触、对外援助及与地区组织共同行

---

① Joe Biden, Narendra Modi, Scott Morrison and Yoshihide Suga, "Our Four Nations Are Committed to A Free, Open, Secure and Prosperous Indo-Pacific Region," The Washington Post, March 13, 2021, accessed February 18, 2022, https://www.washingtonpost.com/opinions/2021/03/13/biden-modi-morrison-suga-quad-nations-indo-pacific/.

② U.S. Department of State, "Secretary Blinken's Remarks on A Free and Open Indo-Pacific," December 13, 2021, accessed February 18, 2022, https://www.state.gov/fact-sheet-secretary-blinkens-remarks-on-a-free-and-open-indo-pacific/.

动，加强印太地区的民主制度、法治和民主治理，反对外来"经济胁迫"。实际上，拜登政府是打着"民主自由"的旗号，在印太地区推行美式民主价值观，扶持亲美政权，维护美国在印太地区的政治影响。

二是以所谓"法治"之名确保美国在印太海洋和天空的"自由行动"，制定美式网络标准规范。拜登在与日印澳三国领导人联署的文章中指出，美国要确保印太地区遵守"国际法及航行自由、和平解决争端等基本原则"。① 布林肯强调，必须确保"陆地、网络空间及公海"的自由开放。② "印太战略"报告进一步指出，美国将与志同道合的伙伴一道确保印太地区的自由开放，确保该地区的海洋、天空的"法治"。报告还声称，美国将与盟友一道"支持东海、南海等印太海域的规则治理"，支持建立"开放、兼容、可靠和安全的网络"，促进"基于共识、符合价值观的技术标准"，推进网络空间"负责任的"行为规范。③

三是维持"有利于"美国的权力格局。维护美国在印太地区的单极霸权，防止在印太地区出现一个"旗鼓相当的竞争对手"，一直是美国心照不宣的战略目标和对该地区权力分布的执着期待。拜登政府"印太战略"报告声称，"中国正在整合经济、外交、军事和技术力量，在印太地区谋求势力范围，寻求成为世界上最具影响力大国"。报告强调，美国要在世界上"建立有

---

① Joe Biden, Narendra Modi, Scott Morrison and Yoshihide Suga, "Our Four Nations Are Committed to A Free, Open, Secure and Prosperous Indo-Pacific Region," *The Washington Post*, March 13, 2021.

② U.S. Department of State, "Secretary Blinken's Remarks on A Free and Open Indo-Pacific," December 13, 2021.

③ The White House, *Indo-Pacific Strategy of the United States*, February 2022, p.8.

利于美国、盟友及伙伴的影响力平衡，建立有利于我们共享利益与价值观的影响力平衡"。① 显然，拜登政府希望与"志同道合"的伙伴一道，继续谋求美国在印太地区的霸权，维持"有利于"美国的权力格局。

一句话，拜登政府的印太秩序观，就是以"自由开放"为旗号，要求印太地区各国在政治制度和价值取向上"向美看齐"，与美国保持一致；在海洋、太空及网络空间领域，以"规则、法治"之名，确保对美国的"开放与自由活动"，继续维护美国在印太地区的霸权和"有利于"美国的权力分布。

拜登政府"印太战略"声称，美国日益重视印太地区，是因为该地区面临"越来越多的挑战，特别是来自中国的挑战"。与特朗普政府"印太战略"报告相比，拜登"印太战略"报告在对华用词上相对温和，少了"自由与专制两种不同世界秩序的地缘政治竞争"等字眼，少了对中国政治制度和执政党的恶毒攻击，甚至强调"美国并不寻求改变中国，而是要改变中国所处的战略环境"，但基调不变。拜登政府依然将中国看作美国全方位战略竞争对手，视为美国在印太地区最严峻的长期战略挑战。报告声称，中国"对印太地区稳定、繁荣构成挑战"。② 显然，拜登政府的"印太战略"，依然是以大国竞争，特别是中美战略竞争为指导思想，从中美战略竞争高度审视中美关系，从中美战略博弈的视角审视中美在印太地区的互动。

不过，相对于特朗普政府将重点放在军事安全领域，拜登

---

① The White House, *Indo-Pacific Strategy of the United States*, p.5.
② Ibid.

第四章 拜登政府"印太战略"态势与走向

政府的"印太战略"在重视与中国的地缘战略竞争的同时,还突出了经济、科技、非传统安全等区域治理议题,"照顾"印太盟友与伙伴的"需求"。报告声称,美国的"印太战略"不仅仅是美国的,还是印太盟友的,与它们的愿景和期待一致。[①] 换言之,拜登政府的"印太战略"观既重视地缘战略竞争,也不忘区域治理议题,通过"两手抓",在高政治和低政治议题领域,与中国展开全面竞争。

在这一战略观下,拜登政府提出了美国在印太地区的四大战略目标,分别是:

第一,维护有利于美国的印太秩序和地区霸权。促进"自由开放的印太",既是拜登政府的印太秩序观,也是其"印太战略"的目标之一。拜登政府希望通过高举"自由、民主、法治、规则"旗号,确保印太地区海洋、天空与网络对美保持开放,确保美国在印太地区海空天网的"行动自由",维护美国的地区霸权。

第二,通过联盟、伙伴及小多边集团确保美国地区影响。拜登政府"印太战略"目标中的域内外联通,重点放在促进美国域内外联盟和伙伴之间的纽带与团结上。拜登政府希望通过强化亚太五组双边军事同盟,密切与印度、印度尼西亚、新加坡、马来西亚、越南、太平洋岛国等地区伙伴关系,提升美日印澳四边机制,拉拢东盟,鼓励欧盟、北约等域外集团关注印太地区,构建多层次、立体式对华竞争网络,维护美国地区

---

① The White House, *Indo-Pacific Strategy of the United States*, p.7.

影响。①

第三，促进美国在印太地区经济利益。拜登政府认识到，对于印太地区绝大多数国家而言，发展本国经济，促进地区经贸联通，是当务之急。因此，拜登政府提出"印太经济框架"，作为维护美国在印太地区经济利益、抗衡中国"一带一路"倡议的经济举措。拜登政府的"印太经济框架"，主要涉及如下内容：一是制定新的符合劳工、环境标准的贸易策略；二是建立新的数字经济框架，根据开放原则管理数字经济和跨境数据流动；三是与盟友、伙伴一道，推动供应链安全和弹性；四是推进"去碳化"和清洁能源；五是与七国集团一道，在印太地区建设高标准基础设施，重视通信基础设施安全，重点关注5G供应商多样化和开放式无线接入网。②拜登政府希望通过"印太经济框架"，一方面抗衡中国"一带一路"倡议，抵消中国经济影响；另一方面将印太盟友与伙伴编织在自己的经济网络中，维护美国在印太地区的经济影响。

第四，确保美国在西太平洋地区军事优势。拜登政府"印太战略"，希望通过增加本国在印太地区的前沿军事存在，加强与"印太"盟友及伙伴的防务合作，确保美国在西太平洋地区的军事优势。拜登政府提出"一体化威慑"军事理念，强调通过提升和整合美国与盟友及伙伴应对"全域作战"和"各类冲突"军事能力，"震慑或挫败"任何形式、领域的"侵略"行为，强化"威慑和反胁迫"能力建设。这一军事理念，高度重视军

---

① The White House, *Indo-Pacific Strategy of the United States*, pp.9-10.

② Ibid., pp.11-12.

事技术创新和新作战理念，强调联合演习和作战兼容能力。通过加强与盟友及伙伴的国防工业联系，整合国防供应链，共同生产关键技术和产品，强化集体军事优势。通过创新方式应对民事安全挑战，扩大美国海岸警卫队在印太地区存在，加强盟友、伙伴应对民事安全挑战能力。① 拜登政府希望通过"一体化威慑"和前沿军事部署，以"提升印太安全"为名，加大对华"军事威慑"，维护美国在第二乃至第一岛链的军事优势和军事生存能力。

二、拜登政府"印太战略"实施手段与资源投入

任何大战略的制定与实施，都要重视目标与手段的匹配，以及资源的投入及限度。作为一项推进美国印太秩序愿景、维护美国印太霸权的地区战略，拜登政府的"印太战略"，较为注重统摄外交、经济、安全等多种手段，也注重联合盟友与伙伴，通过小多边、小集团方式，推进战略目标。不仅如此，拜登政府还制定了较为详细的近期战略实施重点和路线图，并大幅增加了国防开支，体现出拜登政府实施"印太战略"的意愿与决心。

第一，"三位一体"实施手段。拜登政府"印太战略"在实施手段上，重视外交、经济和军事多手段齐抓共管，立体式推进，而非单纯依赖军事手段。外交方面，拜登政府重拾奥巴

---

① The White House, *Indo-Pacific Strategy of the United States*, pp.12-13.

时期的前沿外交理念，加大美国在印太地区前沿外交，提升美国在该地区的"存在感"。拜登政府"印太战略"报告声称，美国决心强化美国在印太地区的"长期地位"和承诺，关注印太地区每一个角落，无论是东北亚、东南亚，还是南亚和大洋洲（包括太平洋岛国）。拜登政府"印太战略"报告强调，美国要在印太地区开设新的使领馆，特别是在东南亚和太平洋岛国。[①]拜登执政一年多来，对印太地区展开了密集的外交攻势，不仅本人多次与日韩澳等国领导人进行双边会晤，召集美日印澳四国首脑峰会，还频繁派遣副总统、国务卿、国防部长等内阁高官奔赴印太地区，进行访问或参加地区论坛。

拜登政府"印太战略"注重补齐经济短板，提出"印太经济框架"，作为美国提升地区经济影响，对抗中国"一带一路"倡议的重要经济举措。如前所述，拜登政府"印太经济框架"，不是要缔结或加入新的地区多边自由贸易协定，而是试图通过制定新的贸易规则，特别是数字贸易规则，强化所谓供应链安全和弹性，加强与印太盟友及伙伴在新兴科技领域的合作，抑制、对冲中国经济影响，维护美国经济利益。同时，拜登政府希望通过"重建美好世界"（B3W）计划，与西方盟友一道在印太地区推进基础设施项目，与中国基建项目抗衡。一句话，拜登政府的"印太经济框架"，既注重硬基建，更注重软基建，与中国"一带一路"倡议展开全方位竞争，对冲中国经济影响。

在军事方面，拜登政府提出"一体化威慑"概念，既强调增加美国在印太地区的前沿军事存在，又重视与盟友及伙伴的

---

① The White House, *Indo-Pacific Strategy of the United States*, pp.5, 15.

防务安全合作与作战兼容；既重视陆海空天网等全域内的军事准备，又重视"灰色地带"的非军事手段应对，确保美国在西太平洋地区的军事优势和威慑能力。在2022财年国防授权法中，拜登政府还通过了总额为71亿美元的"太平洋威慑倡议"，增加美国在西太平洋第一、第二岛链的军事存在，强化与盟友及伙伴的军事合作与防务协作，增加对东南亚国家的海上军事援助，强化美国及其盟友的军事"威慑"能力。

第二，"二三四五"实施策略。拜登政府高度重视联盟与伙伴，认为这些是美国独特的战略资产。拜登政府"印太战略"强调，美国的印太秩序观与印太盟友和伙伴紧密相连，美国要与联盟及伙伴一道，共同推进美国在印太地区的四大战略目标。"只有我们建立适应新时代的集体能力，才能实现自由开放的印太。现在，共同行动是战略需要。"特别是，拜登政府希望通过双边军事同盟、美英澳和美日韩三边伙伴、美日印澳四边机制以及五眼联盟，共同应对"我们时代的决定性问题"，促进"自由开放的印太"。[①]

美国在亚太地区的五组双边军事同盟，是美国"印太战略"的基石，也是拜登政府推进"印太战略"的第一组"小圈子"。2021年成立的美英澳三边伙伴关系以及美日韩三边安全伙伴则是第二组"小圈子"：前者通过向澳大利亚提供核动力潜艇技术，加强三国防务安全合作，将防务触角延伸到南太乃至南海海域；后者通过加强防务磋商与情报共享，密切关注朝鲜半岛局势发展，对朝鲜进行军事威慑。

---

① The White House, *Indo-Pacific Strategy of the United States*, pp.7-9.

拜登政府还有意将美日印澳四边安全对话机制打造成美国在印太地区的首要区域集团，在"重要印太议题上言出必行"。① 拜登入主白宫后，不仅将四边机制升级为首脑级对话平台，还极大拓展了磋商协调的议题领域，并分别成立气候变化、疫苗、关键和新兴技术工作组，加强四国在海上安全、气候变化、疫苗生产与分配、科技和供应链安全、基础设施等领域的磋商与合作。这是拜登政府推进"印太战略"的第三组"小圈子"。

第四组"小圈子"则是"老牌"的五眼联盟，成立于二战和冷战时期。拜登政府高度重视这一由美国、英国、加拿大、澳大利亚和新西兰五个"盎格鲁-撒克逊"文化圈组成的情报联盟，希望在与中国的"大国竞争"中发挥更积极作用。美国国会情报和特别行动小组委员会在2021年的一份报告中提出，"我还认为，为了应对（中国和俄国）大国竞争，五眼联盟国家必须更紧密合作，并拓展信任圈，吸收到其他志同道合的民主国家"。报告提议将日本、印度和德国吸收进五眼联盟。② 尽管五眼联盟扩容计划未被国会采纳，但是，拜登政府希望加强五眼联盟合作，应对"中国挑战"，却是不争事实。

第三，"十大行动计划"。拜登政府此次颁布的"印太战略"报告，不仅提出美国的印太秩序观和战略目标，还制订了较为

---

① The White House, *Indo-Pacific Strategy of the United States*, p.16.

② Raghav Bikhchandani, "What is 'Five Eyes', the Intelligence Alliance US Wants South Korea, India, Japan to Be Part of," The Print, September 9, 2021, accessed February 18, 2022, https://theprint.in/world/what-is-five-eyes-the-intelligence-alliance-us-wants-south-korea-india-japan-to-be-part-of/730475/.

详细的近期实施计划，特别是未来12—24个月的"十大行动计划"，凸显拜登政府对印太地区的重视和推进"印太战略"的决心。这十大计划涵盖外交、经济、军事、治理和联盟关系等方方面面。外交方面，主要是拓展在印太地区的外交存在，包括在东南亚和太平洋岛国增设使领馆。经济方面，于2022年启动"印太经济框架"，重点关注高标准贸易、数字经济管理、供应链安全与弹性、基础设施投资、数字通信等领域。军事方面，重点"关注"台海局势，实施"太平洋威慑倡议"和"海上安全倡议"，通过美英澳三国伙伴关系尽快向澳大利亚提供核动力潜艇。治理方面，支持印太国家的良治与反腐，帮助太平洋岛国提升海洋态势感知能力和基础设施建设。联盟关系方面，加强美国与东盟关系，扶持印度地区领导地位，做深做实四边机制，扩大美日韩三方合作。[①]

第四，资源投入。拜登政府在财政上也进行了较大投入。2022财年，美国军事预算高达7777亿美元，比上一年增加5%，也比拜登政府原先提出的7150亿美元高出600多亿。根据拜登政府原先提出的预算方案，面向印太地区的军事预算为660亿美元，包括51亿美元的"太平洋威慑倡议"。考虑到国会将"太平洋威慑倡议"预算增加到71亿美元，同时向太平洋司令部额外拨款5亿美元，[②] 美国对印太地区的军事投入至少达到685亿美元。据美国媒体报道，拜登政府正在考虑向国会提交总额超

---

① The White House, *Indo-Pacific Strategy of the United States*, pp.15-17.

② *Summary of the Fiscal Year 2022 National Defense Authorization Act*, pp.1, 5.

过7700亿美元的2023财年国防预算，进一步提升美国军力。①

相对于军事投入上的"大手大脚"，拜登政府对印太地区的经济投入十分吝啬。拜登政府高调宣布的"印太经济框架"，并没有关于美国可能向印太地区投入经济资源的任何信息或细节。战略报告公布的近期十大行动计划，也没有涉及资金投入的只言片语。目前，有据可查的仅仅是2021年10月份，拜登在与东盟领导人举行视频峰会时，承诺向东盟提供1亿美元资金，用于应对新冠肺炎疫情、气候变化及教育等领域。②

三、拜登政府"印太战略"新特点

相对于特朗普政府的"印太战略"，拜登政府"印太战略"至少有五方面的新特点。

第一，高度重视前沿外交，加大对印太地区的外交刷屏力度。拜登执政后，高度重视对印太地区的前沿外交，频繁派遣内阁官员奔赴印太地区，进行访问或参加会谈。除了拜登本人与日本首相菅义伟（2021年4月）、韩国总统文在寅（2021年5月）在白宫举行会谈、举行美日印澳四国首脑会晤（2021年3月线上会和9月线下会）、参加美国东盟峰会及东亚峰会线上

---

① Mike Stone, "Exclusive: Biden to Seek More than 770$ Billion in 2023 Defense Budget, Sources Say," Reuters, February 17, 2022, accessed February 18, 2022, https://www.reuters.com/world/us/exclusive-biden-seek-more-than-770-billion-2023-defense-budget-sources-say-2022-02-16/.

② "Biden to Announce up to $102 mln in Funding for U.S.-ASEAN Partnership," Reuters, October 26, 2021, accessed February 18, 2022, https://www.reuters.com/world/biden-announce-up-102-mln-funding-us-asean-partnership-2021-10-26/.

会（2021年10月）、亚太经合组织领导人线上会（2021年11月）外，副总统哈里斯（2021年8月访问新加坡、越南），国务卿布林肯（2021年3月访问日本、韩国；5月参加5场与东盟有关的部长视频会；7月访问印度；12月访问印度尼西亚、马来西亚和泰国，泰国之行因故取消；2022年2月访问澳大利亚、斐济），国防部长奥斯汀（2021年3月访问日本、韩国和印度；7月访问新加坡、越南和菲律宾），总统国家安全事务助理沙利文（2021年3月访问日本、韩国），商务部长雷蒙多（2021年11月访问日本、新加坡和马来西亚），贸易代表戴琦（2021年11月访问日本、韩国和印度），常务副国务卿舍曼（2021年6月访问印度尼西亚、柬埔寨、泰国）等内阁班子成员和高官纷纷前往印太地区进行访问，凸显美国对印太地区的重视。拜登政府这样做，一是纠正特朗普时期对东盟等国的忽视和"怠慢"，二是表明美国对该地区的高度重视，三是与中国争夺地区影响力。

第二，更加重视地区盟友和伙伴作用，强调维护"自由开放的印太秩序"是集体责任。拜登"印太战略"报告特别强调，印太域内国家已经成为影响国际秩序的重要力量，美国的"印太战略"必须与印太盟友及伙伴的秩序观相契合，不能将亚洲仅仅视为地缘政治竞争的棋盘。为此，拜登"印太战略"高度重视强化与联盟、伙伴之间的合作，共同应对挑战，实现美国在印太地区的战略目标。

第三，除强调地缘政治竞争外，重视区域治理内容。特朗普政府的"印太战略"，聚焦中美在印太地区的战略竞争，强调军事安全防范。拜登政府"印太战略"，除了强调对印太地区的安全保障和军事"威慑"外，还提出促进地区经济繁荣、反腐败和良治、基础设施建设与互联互通、气候变化和新冠肺炎疫情等区域治理内容，将美国塑造成地区"公共产品"的提供者和安全秩序的"维护者"，希望通过增加"区域治理"内容，淡化军事竞争色彩，笼络印太国家人心，与中国竞争地区影响力。

第四，重视经济维度。特朗普政府的"印太战略"，虽然也提出了印太经济展望，改组成立了美国国际开发金融公司，组建"蓝点网络"计划，但基本上都是零敲碎打，缺乏统筹性和连贯性，其"印太战略"总体上聚焦军事安全，缺乏经济支撑。拜登政府"印太战略"，注重补齐经济短板，提出了覆盖贸易、数字经济、供应链安全、清洁能源、基础设施和通信技术等内容广泛的经济框架，并注重贸易规则和技术标准的制定。拜登政府十分清楚，印太地区大多数国家希望中美等国加大对该地区经贸投入而非军事对峙，提出"印太经济框架"一方面迎合域内国家需求；另一方面也可以对中国的"一带一路"倡议进行牵制。

第五，拜登政府"印太战略"更强调操作性。特朗普的"印太战略"在实施举措方面比较笼统，只是说通过前沿军事部署和军事威慑，强化与联盟及伙伴的军事安全纽带，以及构建网络化地区安全架构，应对安全挑战，维护美国地区秩序愿景。拜登政府的"印太战略"，既强调十年规划，也重视未来1—2年内的行动计划，具有较强的针对性和实操性。

四、拜登政府"印太战略"涉华新动向及对中国的潜在影响

拜登政府高级官员强调,美国的"印太战略"不是"一项中国战略","中国只是该地区面临的挑战之一"。[①] 但毫无疑问,中国依然占据拜登"印太战略"的核心位置。拜登政府"印太战略"报告声称,美国之所以关注印太地区,是因为该地区面临"中国正综合其经济、外交、军事、技术力量,在印太地区谋求建立势力范围,寻求成为全球最具影响力大国"。[②] 拜登政府"印太战略"在涉华方面出现的新动向及其政策推进,可能会对中国在印太地区的外交、经济和安全利益产生不利影响,值得关注。

第一,继续将中国视为美国的首要战略挑战,但提出要负责任管控与中国的竞争。与特朗普政府一样,拜登政府也将中国视为美国在印太乃至全球的首要安全挑战。但是,相对于特朗普在对华关系上的极限施压和一味对抗做法,拜登政府更强调要以"竞争、对抗和合作"三分法来处理中美关系,在与中国展开"激烈竞争"的同时,要给两国关系加装"护栏",进行风险管控,防止中美关系滑向新冷战或冲突对抗边缘。特别是

---

① Jacqueline Feldscher, "Biden's Indo-Pacific Strategy Will Rely on Partnerships to Counter China," *Defense One*, February 11, 2022, accessed February 18, 2022, https://www.defenseone.com/threats/2022/02/bidens-indo-pac-strategy-will-rely-partnerships-counter-china/361909/.

② The White House, *Indo-Pacific Strategy of the United States*, p.5.

从2021年下半年开始，拜登政府更重视管控中美竞争的风险，强调增加中美接触、避免滑向对抗。①2021年11月，拜登在与习近平举行视频会晤时表示，两国需要保持沟通，负责任管控竞争，谋求在气候变化、健康卫生及地区热点领域的合作。②美方领导人和高官相继表示，美方不寻求"新冷战"，不寻求改变中国的体制，不寻求强化同盟关系以反对中国，不支持"台独"，无意同中国发生冲突对抗。③拜登政府"印太战略"报告也提出，美国"不是要改变中国"，要负责任管控与中国的竞争。④

第二，与盟友及伙伴一道，强化外交、经济、科技、军事领域对华竞争。尽管拜登政府强调要负责任管控与中国的战略竞争，防止发生误判和冲突对抗，但这并不"妨碍"美国纠结

---

① "The U.S. and China Must Manage 'Intense Competition,' Top Biden Advisor Says," CNBC, October 8, 2021, accessed February 18, 2022, https://www.cnbc.com/2021/10/08/us-china-must-manage-intense-competition-top-biden-advisor-says.html.

② The White House, "Readout of President Biden's Virtual Meeting with President Xi Jinping of the People's Republic of China," November 16, 2021, accessed February 28, 2022, https://www.whitehouse.gov/briefing-room/statements-releases/2021/11/16/readout-of-president-bidens-virtual-meeting-with-president-xi-jinping-of-the-peoples-republic-of-china/.

③ The White House, "Remarks by President Biden Before the 76th Session of the United Nations General Assembly," September 21, 2021, https://www.whitehouse.gov/briefing-room/speeches-remarks/2021/09/21/remarks-by-president-biden-before-the-76th-session-of-the-united-nations-general-assembly/; Paul Haenle and Sam Bresnick, "Why U.S.-China Relations Are Locked in A Stalemate," Carnegie Endowment for International Peace, February 21, 2022, https://carnegieendowment.org/2022/02/21/why-u.s.-china-relations-are-locked-in-stalemate-pub-86478. accessed February 28, 2022.

④ The White House, *Indo-Pacific Strategy of the United States*, p.5.

域内外盟友与伙伴，在印太地区与中国展开全方位竞争。相对于特朗普的"单打独斗"，拜登政府更重视"抱团取暖"和组建形形色色的"小圈子"。相对于特朗普更重视军事安全领域，拜登政府更强调从外交、经济、科技、军事等全领域，与中国展开竞争。执政一年多来，拜登政府不仅通过《基础设施建设法案》和《美国竞争法案》，提升美国的经济与科技竞争力，还通过增加军费开支、扩大在印太地区前沿军事部署、整合印太盟友及伙伴军事力量等方式，维护美国对华军事优势；此外，通过与西方七国集团一道提出"重建更美好世界"（B3W）、提出"印太经济框架"以及加大对东南亚和太平洋岛国的外交投入和经济援助，在外交、经济、科技领域与中国展开全面竞争。

第三，高度重视台湾问题，"以台制华"。拜登政府强烈关注台海安全，渲染大陆对台武统"威胁"。美国前印太司令戴维森在2021年3月国会听证会上声称，大陆有可能在6年或10年里武力攻台。[1] 现任印太司令阿奎利诺则在同年3月提名听证会上称，印太地区最担忧的事情，就是"中国大陆武力接管台湾"。[2] 拜登执政后，不仅全盘接受特朗普政府执政后期在台湾问题上的过激做法，抛弃美国政府长期以来在对台交往中的一些限制，更声称"要与域内外伙伴一道，维护台湾海峡的和平与稳定，包括支持台湾的自卫能力，确保根据台湾人民的意愿

---

[1] Mallory Shelbourne, "Davidson: China Could Try to Take Control of Taiwan in 'Next Six Years'," USNI News, March 9, 2021, accessed February 18, 2022, https://news.usni.org/2021/03/09/davidson-china-could-try-to-take-control-of-taiwan-in-next-six-years.

[2] The Guardian, March 23, 2021, accessed February 28, 2022, https://www.theguardian.com/world/2021/mar/23/taiwan-china-threat-admiral-john-aquilino.

和最大利益，和平决定台湾未来的环境"。① 在拜登政府发布的"印太战略"报告中，不仅将台湾列为美国在印太地区的"安全伙伴"，还公然提出通过开发新军事能力和实施"太平洋威慑"等措施，强化美国及盟友、伙伴的军事威慑能力，"慑止"大陆对台武统。② 拜登政府渲染台海风险、增加对台售武，凸显其制造两岸分裂、"以台制华"的战略野心。

第四，在南海问题上的新动向。南海问题是拜登政府"印太战略"关注的另一个重点安全议题。2021年7月，美国国务院发布的针对南海问题的政策声明，炒作2016年的所谓南海仲裁决议，要求中国履行仲裁决定。③ 2022年1月，美国国务院发布的针对中国南海主张的《海洋界限》政策文件。该文件不承认中国对曾母暗沙、万安滩、中沙群礁、美济礁、仁爱礁等海洋地貌的主权声索；不承认中国在西沙群岛的领海基线划分，不承认中沙、东沙和南沙群岛未来可能的领海基线划分；不承认中国将南海诸岛作为一个整体，主张的内水、领海和专属经济区与大陆架权益；不接受中国要求外国军舰在其领海内无害通过前获得许可，以及对外国舰机在其专属经济区内军事活动进行限制的做法。美国国务院出台的这份文件，实际上怂恿越南、马来西亚等南海声索方与中国打法律战，挑战中国南海部分岛礁主权和相关海洋权益的法律基础。此外，拜登政府还多

---

① The White House, *Indo-Pacific Strategy of the United States*, p.13.

② Ibid., pp.9, 13, 15.

③ U.S. Department of State, "Fifth Anniversary of the Arbitral Tribunal Ruling on the South China Sea," July 11, 2021, accessed February 28, 2022, https://www.state.gov/fifth-anniversary-of-the-arbitral-tribunal-ruling-on-the-south-china-sea/.

第四章 拜登政府"印太战略"态势与走向

次派遣双航母在南海地区游弋或举行军事演习，挑唆域内外非南海声索方到南海地区进行所谓"航行自由行动"或与美方在南海地区举行联合军事演习，向中国展示肌肉，挑动南海局势。

拜登政府"印太战略"新举措及涉华新动向，将至少对我国在亚太地区的利益产生如下不利影响：

第一，外交影响。如前所述，执政以来，拜登政府对印太地区展开密集外交攻势，内阁高官足迹遍布印太地区各个角落。"印太战略"报告也强调听取印太盟友和伙伴的声音，将美国"印太战略"与盟友及伙伴的印太愿景进行对接。报告提出的近期行动计划中，强调要加大对东南亚、南太的外交攻势，增设使领馆，同时极力拉拢印度、东盟和韩国，关照它们的关切与需求，以集体力量和统一声音，共同应对"中国挑战"。

当前，韩国对美国"印太战略"的态度已经发生较大变化，在2022年2月12日发表的美日韩三边外长会谈联合声明中，不仅强调"三国对自由开放的印太持有共同看法"，欢迎美国新颁布的"印太战略"，加强三国在气候变化、新冠肺炎疫情、基础设施、供应链安全、关键和新兴技术领域合作，还首次提及台海"和平与稳定"。[①] 新任韩国总统尹锡悦，在外交上可能会进一步倒向美国，并在半导体芯片、新兴技术和供应链安全及"印太战略"上，全面加强与美日等国的合作。美国加大对东盟及太平洋岛国的外交攻势，也可能会对我国在该地区构成一定

---

① U.S. Department of State, "Joint Statement on the U.S.-Japan-Republic of Korea Trilateral Ministerial Meeting," February 12, 2022, accessed February 28, 2022, https://www.state.gov/joint-statement-on-the-u-s-japan-republic-of-korea-trilateral-ministerial-meeting/.

程度的外交压力。

第二，经济影响。拜登政府推出的"印太经济框架"，特别强调与印太盟友与伙伴一道，强化贸易促进、数字贸易、网络通信及基础设施领域规则制定，加强在关键和新兴技术领域出口管制合作，重视半导体芯片、关键原材料与矿产资源、医药产品与设备等供应链弹性合作。这一经济框架的出台与实施，对我国在东南亚地区数字贸易开展，能源、电力和数字基础设施建设，科技合作，供应链安全，都可能产生消极影响，甚至会对我国加入《全面与进步跨太平洋伙伴关系协定》（CPTPP）及《数字经济伙伴关系协定》（DEPA）的谈判造成新阻力。

第三，安全影响。拜登政府"印太战略"高度关注台湾问题，甚至可以说台湾问题是拜登政府"印太战略"的核心安全议题。拜登政府强调提升美台官员交流层级，加大对台售武，提升台湾所谓"不对称自卫能力"，是在向台湾岛内的"台独"势力发出错误信号，不利于台海局势稳定。通过"一体化威慑"战略，强化美国在印太地区的前沿军事存在和新军事技术投入，频繁派遣军舰"穿越"台湾海峡，纠结日本、澳大利亚等印太盟友"关切"台海局势，加剧台海紧张局势，将台海变成中美军事斗争的前沿。

拜登政府"印太战略"在南海问题上的举措，也不利于南海局势的和平与稳定。具体体现在：一是拜登政府通过"太平洋威慑倡议"和"海上安全倡议"向东南亚国家提供军事援助和海上援助，提升他们的海上能力和海洋态势感知能力，实际上是在鼓励部分南海争议方的南海军事冒险，制造新的对立与对抗。二是强调所谓海上国际规则,要求中国遵守联合国海洋法公约和接受2016年海牙仲裁庭的所谓南海仲裁,发布新的《海洋界限》,怂恿越南、马来西亚等国将南海争端诉诸国际仲裁,是希望通过"法律战""规则战"和"舆论战",挑战中国在南海部分岛礁的主权与海洋权益,搅动南海局势。三是通过美日印澳、美英澳、美日韩等地区盟友及伙伴的小多边机制,加大对南海问题的关注和立场协调,加大其他南海声索方的海洋能力和海洋态势感知能力建设,与中国"打群架",施压中国。四是派遣美国海岸警卫队进入南海地区与东南亚国家联合"执法",帮助他们"保护"渔业等海洋资源,在南海地区搞美版"灰色地带行动",侵蚀我南海海洋权益。

五、拜登政府"印太战略"前景

拜登政府"印太战略"强调,印太地区已经上升为美国全球战略的首要关注地区,美国要集中外交、经济和军事力量,全面应对中国挑战,维护美国在印太地区的霸权。拜登政府不顾国内外反对,于2021年8月从阿富汗仓皇撤军,目的也是为了彻底完成美国战略重心转移,集中力量对付中国。但是,2022年2月发生的乌克兰危机表明,美国将中国视为最主要安全与战略挑战的战略定位与战略判断,存在根本性错误,其"印太战略"转向,也面临巨大挑战。随着乌克兰危机后大国关系与国际秩序的新一轮调整、动荡与变化,拜登政府实施"印太战略"的决心、能力和资源投入,都将受到新的影响。

第一,乌克兰危机导致的战略平衡困境。拜登政府"印太战略"报告发布不久，就爆发了乌克兰危机。美国、欧盟和西方七国集团对俄罗斯实施了包括金融、科技、能源、贸易和核心决策圈在内的多轮史无前例的严厉制裁，拜登政府向乌克兰政府提供了总额超过14亿美元在内的军事和人道主义紧急援助，并计划再向乌克兰提供136亿美元的军事和人道主义救助。① 一些学者分析，乌克兰危机可能是二战结束以来国际政治最突出事件，可能会改变大国关系和国际政治走向。尽管拜登政府内一些官员声称，乌克兰危机不会改变拜登政府对印太地区的战略重视和全球战略排序，但毫无疑问，乌克兰危机的发酵及其后续影响，将会极大牵扯拜登政府本已捉襟见肘的经济与外交资源，让其无法全神贯注于印太地区。很多专家和学者都认为，在可见的未来，乌克兰危机"将成为几乎所有美国外交决策的观察棱镜"。一些人警告，"对欧洲的重新聚焦，将不可避免地转移对亚洲的关注"。②

第二，"印太经济框架"无法弥补美国的经济短板。拜登政府深知，如果美国"印太战略"仅仅关注军事安全，忽视经济维度，既无法与中国在印太地区展开竞争，又无法有效笼络印太盟友与伙伴。毕竟，对于印太绝大多数国家来说，发展经济，增加就业，提高生活水平，才是当务之急。然而，对于拜登政府来说，由于国内的贸易保护主义和民粹主义思潮，美国

---

① Ed O'Keefe and Melissa Quinn, "Biden Administration Asks Congress for \$32.5 Billion for Covid and Ukraine," CBS News, March 4, 2022, accessed March 10, 2022, https://www.cbsnews.com/news/ukraine-aid-biden-administration-congress-covid/.

② Michael Crowley and Edward Wong, "Ukraine War Ushers in 'New Era' for U.S. Abroad," The New York Times, March 12, 2022, accessed March 14, 2022, https://www.nytimes.com/2022/03/12/us/politics/biden-ukraine-diplomacy.html.

既不能加入或缔结新的多边自由贸易协议,又无法向印太地区投入足够的真金白银以推进其经济议程。因此,拜登政府提出的"印太经济框架",更多强调贸易促进、数字经济规则和基础设施及通信标准的制定,而非资金的投入。然而,这些看起来"高大上"的规则和标准,可能更多符合美国等西方发达国家的标准和经济发展水平,而与东南亚、太平洋岛国等发展中国家的需求严重脱节。后者更需要真金白银的投入和投资少、见效快的项目和工程。正如一位印度尼西亚外交官所担心的,他对华盛顿能否兑现其为亚洲带来更多私人投资和基础设施建设资金的承诺表示质疑。他认为,美国的商业外交是出了名的薄弱,把希望寄托在美国官僚机构自我改革以取得更好的结果上,是不现实的。[①]

第三,美国与印太盟友及伙伴内部的分歧与矛盾。拜登政府强调,美国"印太战略"不仅仅是美国的战略,而是充分考虑印太盟友与伙伴的利益与需求,是各方共同的愿景。但这样的说辞,印太地区国家可能并不接受。东盟对美国构建的美日印澳四边机制,就心存疑虑,担心对东盟中心地位构成挑战。拜登"印太战略"强调要把四边机制打造成地区首要集团,显然会冲击东盟中心地位,会进一步加剧东盟疑虑。东盟对美国突出中美战略竞争,把东南亚视为中美博弈的主战场,也极为忧虑,不愿意在中美之间选边站。柬埔寨民间社会组织联盟论坛项目计划部主任、柬中关系发展学会会长谢莫尼勒表示,

---

① 《"美式商业外交出了名的薄弱",直接接入东南亚基本上不太可行了》,《环球时报》,2022年1月7日,https://baijiahao.baidu.com/s?id=1721262711395898114&wfr=spider&for=pc,访问时间:2022年3月10日。

2021年11月，中国东盟正式宣布建立全面战略合作伙伴关系，"这说明东盟国家不愿意在中美之间站队，我们希望美国继续保持军事存在，也希望继续同中国发展经贸"。谢莫尼勒说，平衡路线或者现实主义立场也是东南亚国家的一贯外交策略，美国不太可能像拉拢欧盟那样拉拢东盟去对抗中国——一个在东南亚地区各方面影响力都巨大的大国，美国的"印太战略"在东盟也很难"掀起浪花"。①

此外，作为美日印澳四边机制的重要成员之一的印度，一向具有大国抱负和不结盟传统，也不会心甘情愿作为美国"印太战略"的二传手和小伙伴。乌克兰危机爆发后，印度在拜登政府匆忙召集的美日印澳四国外长会和四国首脑会上，并没有跟随美日澳三国，批评或反对俄罗斯，只是强调关切人道主义危机和要求通过谈判解决问题。② 在联合国关于乌克兰危机的多次表决中，印度也并未追随美国。③ 这让美国极为不满，甚至扬言要对印度此前购买俄罗斯S-400反导系统进行制裁，以儆效

---

① 《"美式商业外交出了名的薄弱，直接接入东南亚基本上不太可行了"》，《环球时报》，2022年1月7日，https://baijiahao.baidu.com/s?id=1721262711395898114&wfr=spider&for=pc，访问时间：2022年3月10日。

② "U.S. Hopes India will Distance Itself from Russia After Ukraine Invasion," Reuters, March 3, 2022, accessed March 10, 2022, https://www.reuters.com/world/us-hopes-india-will-distance-itself-russia-after-ukraine-invasion-2022-03-03/.

③ Nirupama Subramanian, "Friends and Partners on Both Sides: Why India Abstained on UN Vote Against Russia," The Indian Express, March 3, 2022, accessed March 10, 2022, https://indianexpress.com/article/explained/explained-why-india-abstained-un-vote-against-russia-7791879/.

尤。① 这一插曲表明，美国希望借助东盟、印度等印太盟友与伙伴牵制中国，实现美国战略目标，恐怕更多是一厢情愿。

第四，资源投入瓶颈。作为一项覆盖整个印太地区，涵盖外交、经济、军事、科技和非传统安全的地区战略，拜登政府的"印太战略"需要巨大的资源投入，特别是经费投入。然而，当前美国联邦债务已经逼近30万亿美元，国内的基础设施投资、疫情救济及医疗保健、教育等社会福利改革又亟须巨额资金投入，拜登政府根本拿不出多少真金白银用于实际推进"印太战略"中除了军事之外的政策议程。加之乌克兰危机冲击，拜登政府无疑要向乌克兰及北约投入更多的军事和人道主义资源，这进一步严重削弱其向印太地区投入资金的能力。缺乏"真金白银"投入，拜登政府的"印太战略"规划和行动计划能落实多少，值得怀疑。

第五，对华矛盾心态影响"印太战略"实施。拜登政府"印太战略"对于如何处理、发展中美关系，存在诸多前后矛盾之处。一方面，将中国视为美国在印太地区的首要战略挑战，要从外交、经济、科技、军事等各个领域与中国展开全方位竞争；另一方面，又希望与中国在气候变化、核不扩散及地区热点问题上加强与中国合作。一方面，声称不寻求"新冷战"，不寻求改变中国的体制，不寻求强化同盟关系反对中国，不支持"台独"，无意同中国发生冲突对抗；另一方面，却在拼凑组建"二三四五"阵型的反华"小圈子"、小集团，搞集团式对抗。

---

① Laura Kelly, "Biden Weighing Sanctions on India over Russian Military Stockpiles," The Hill, March 3, 2022, accessed March 10, 2022, https://thehill.com/policy/international/596693-biden-weighing-sanctions-on-india-over-russian-military-stockpiles.

这种既要围堵中国，又要与中国合作的做法，显然无助于中美关系的健康稳定发展，更不利于印太地区的和平、稳定与繁荣，并可能成为制约美国与印太盟友及伙伴深化合作的瓶颈。

第六，政策连贯性挑战。美国当前党争极化严重，民主共和两党斗得你死我活，形同水火。尽管两党对中国态度及对印太地区重要性的看法，存在不少共识，但绝非一致。在政策重点和实施手段上，存在相当大差异。一旦共和党在2022年国会中期选举中重新夺回一院或两院控制权，甚至赢得2024年总统大选胜利，美国"印太战略"实施的节奏，乃至实施手段与政策重点都可能发生变化。届时，不要说拜登"印太战略"的十年规划，即便是近期1—2年的行动计划都可能受到影响。更不用说乌克兰危机及其后果对拜登政府"印太战略"实施造成的巨大挑战。

大事记

2021年
中美关系大事记

潘亚玲

1月

2021年1月2日 中国国务委员兼外交部长王毅接受新华社和中央广播电视总台联合采访，谈及中美关系。王毅表示，近年来，中美关系陷入前所未有的困境，其根本原因在于美国当政者对中国的认知出现了严重偏差，把中国视为所谓最大威胁，并由此采取了完全错误的对华政策。事实证明，美方全面打压遏制中国、企图挑起新"冷战"的做法不仅严重损害两国人民利益，也给世界带来了极大危害，注定不得人心，也注定会走向失败。当前，中美关系已经来到新的十字路口，也有望打开新的希望之窗。希望美国新政府重拾理性，重开对话，两国关系重回正轨，重启合作。就中方而言，我们的对美政策保持着连续性和稳定性，愿同美方发展以协调、合作、稳定为基调的中美关系。中国从不干涉美国内政，愿意同美国和平相处，合作共赢。同样，美方也应当尊重中国人民选择的社会制度和发展道路，尊重中国人民追求更美好生活的正当权利。我们知道，美方一些人对中国快速发展心存焦虑，但最可持续的领先是不断提升自我，而不是阻挡别国的发展。未来的世界不应当也不可能让中国变成美国，而应是美国使自己成为更好的美国，中国则必将成为更好的中国。我们相信，只要美方及时汲取教训，真正同中方相向而行，中美完全可以通过对话化解矛盾分歧，通过合作扩大共同利益，找到既有利两国、又造福世界的大国相处模式，开辟出顺应历史前进方向的发展前景。

2021年1月2日 针对美国纽约证券交易所2020年12月31日宣布将中国电信股份有限公司、中国移动有限公司、中国联通（香港）有限公司等三家中国企业从纽交所摘牌一事，中国商务部新闻发言人发表谈话指出，美国纽约证券交易所12月31日发布声明，称为遵守特朗普政府禁止美国人投资"有军方背景的中国企业"的行政令，将对中国联通（香港）、中国移动和中国电信等三家中国公司进行退市处理。这种滥用国家安全、动用国家力量打压中国企业的做法不符合市场规则，违背市场逻辑，不仅损害中国企业的合法权益，也损害包括美国在内各国投资者的利益，将严重削弱各方对美国资本市场的信心。中方反对美方滥用国家安全将中国企业列入所谓"共产党中国军队公司"清单的做法，将采取必要措施，坚决维护中国企业合法权益。同时，我们希望美方与中方相向而行，共同致力于为两国企业和投资者创造公平、稳定、可预期的营商环境，推动双边经贸关系早日重回正轨。

2021年1月4日 针对美国国务院3日发推特称，"中国共产党破坏国际法治"一事，中国外交部新闻发言人华春莹表示，显然，美方一些人仍然热衷于玩弄"谎言重复千遍就能成为真理"的游戏。对于谁在这个世界上破坏全球和平与安全，想大家都看得非常清楚。近年来，正是美方在大搞单边主义，破坏多边合作，肆意毁约退群，动辄制裁威胁。美国迄今已经退出十多个国际条约和国际组织。在气候变化领域，美方拒绝批准《京都议定书》并退出《巴黎协定》。在军控和防扩散领域，美方先后退出伊朗核问题全面协议、《中导条约》，撤销签署《武器贸易条约》，宣布退出《开放天空条约》，消极对待《新削减战略武器条约》延期。在国际社会团结抗疫的关键时刻，美方宣布退出世卫组织。美方还持续阻挠世贸组织上诉机构遴选，导致上诉机构停摆，严重损害多边贸易体制的权威性和有效性。为阻止国际刑事法院调查美军在阿富汗战争中犯下的战争罪行，美方威胁对国际刑事法院相关人员实施制裁。美方还肆意干涉别国内政，挑起多场战争。事实一再证明，美国才是威胁全球和平与安全的最大不稳定因素。希望美方停止自欺欺人，停止制假贩假，早日回归理性和理智。

2021年1月4日 针对美方1月1日审议通过包含多项涉华条款的"2021财年国防授权法案"，美总统特朗普近日还签署"2021财年综合拨款法案"，要求美政府常态化对台军售，进一步支持台湾参加国际组织等情况，中国国防部新闻发言人任国强表示，上述法案涉华内容固守冷战思维，炒作所谓"中国军事威胁"，鼓噪中美战略竞争，公然背离国际关系基本准则，粗暴干涉中国内政，严重违反一个中国原则和中美三个联合公报规定，严重破坏中美两国两军关系发展，严重损害中国主权、安全、发展利益，中方对此坚决反对，并向美方提出严正交涉。中国始终坚持走和平发展道路，秉持共同、综合、合作、可持续的安全观，坚定奉行防御性国防政策和积极防御的军事战略，坚持做世界和平的建设者、全球发展的贡献者、国际秩序的维护者。近年来，中国军队在国际维和、远海护航、人道主义救援减灾等领域提供了越来越多的公共安全产品。特别是新冠肺炎疫情发生以来，中国军队积极开展抗疫国际合作。中国军队始终是维护世界和平的坚定力量。美方鼓吹实施"太平洋威慑倡议"，不断加强在亚太地区军事存在，推动军事对抗，暴露了其一贯的霸权主义本质。台湾、香港、新疆等问题事关中国主权和领土完整，纯属中国内政，不容任何外部势力干涉。中方维护国家主权、安全、发展利益的决心坚定不移。台湾是祖国神圣不可分割的领土。美方无论以何种方式"以台制华"，注定是痴心妄想。我们坚决反对任何国家与台湾开展任何形式的官方往来和军事联系，决不允许任何人、任何组织、任何政党在任何时候、以任何形式、把任何一块中国领土从中国分裂出去。中国人民解放军将采取一切必要措施，坚决捍卫国家主权和领土完整。我们敦促美方顺应和平与发展的时代潮流，摒弃冷战思维与零和博弈观念，客观看待中国和中国军队建设发展，立即停止干涉中国内政，不得实施法案中有关涉华条款。我们也期待美方与中方相向而行，共同维护中美两国两军关系大局，维护世界和平与稳定。

2021年1月5日 针对美国务院4日发表了题为《中国的核疯狂》一文，中国外交部发言人华春莹表示，美方应该认识到，蓬佩奥国务卿和美国国务院的"谎言外交"已经对美国国家形象和国家信誉造成了巨大而可怕的影响和后果。美国是拥有最庞大、最先进核武库的国家。美政府不仅违背国际共识，拒不履行核裁军特殊、优先责任，而且肆意毁约退群，斥资数万亿美元升级核武库，降低核武器使用门槛，扩大核打击范围，严重损害全球战略安全与稳定。中国一贯坚持防御性国防政策，始终把核力量维持在国家安全需要的最低水平，恪守任何时候和任何情况下不首先使用核武器的政策，也无条件承诺不对无核武器国家和无核武器区使用或威胁使用核武器。在五个核国家中，中国是唯一奉行不首先使用核武器政策的国家。这一政策不会改变。希望美方也能尽快作出和中方相同的承诺。我们同时敦促美方积极回应俄方的呼吁，尽快同意延长《新削减战略武器条约》，并在此基础上进一步大幅削减核武器。

此外，针对美国国务卿蓬佩奥近日发推特称北极地区要发展，必须首先关注俄中两国的威胁一事，对此，华春莹反问蓬佩奥，是否量过美国本土距离南海有多远，美国为何还常年派军舰战机在南海开展频繁密集活动，大搞各类军事演习和抵近侦察。华春莹说，北极的跨区域和全球性问题与中国密切相关。中国重视北极国家在北极地区的主权、主权权利和管辖权，愿为北极和平、稳定、可持续发展作出积极贡献。

2021年1月6日 中国国家主席习近平复信美国星巴克公司董事会名誉主席霍华德·舒尔茨，鼓励其与星巴克公司为推动中美经贸合作和两国关系发展继续发挥积极作用。习近平在复信中强调，在中国共产党领导下，14亿中国人民为全面建成小康社会、建设社会主义现代化进行长期艰苦努力。中国开启全面建设社会主义现代化国家新征程，将为包括星巴克等美国企业在内的世界各国企业在华发展提供更加广阔的空间。希望星巴克公司为推动中美经贸合作和两国关系发展作出积极努力。此前，舒尔茨致信习近平主席，祝贺中国在习近平主席领导下即将全面建成小康社会，表达其对中国人民和中华文化的敬意。

2021年1月6日 针对美国务院负责政治军事事务的助理国务卿库珀将于6日晚通过视频方式出席"美台政治军事对话"并致辞一事，中国外交部发言人华春莹表示，美方行径将严重违反一个中国原则和中美三个联合公报规定。中方对此坚决反对，予以强烈谴责。台湾问题事关中国主权和领土完整，涉及中国核心利益，是中美关系中最重要最敏感的问题。中方敦促美方切实恪守一个中国原则和中美三个联合公报规定，立即停止与台湾进行任何形式的官方往来和军事联系，以免进一步损害台海和平稳定和中美关系。中方将根据形势发展作出必要反应，坚决捍卫国家主权安全利益。

2021年1月6日 中国国务院台湾事务办公室新闻发言人朱凤莲就台美将举办所谓"政治军事对话"应询指出，我们一贯坚决反对台美之间进行任何形式的官方往来和军事联系。我们敦促美方恪守一个中国原则和中美三个联合公报规定，停止向"台独"分裂势力发出错误信号。民进党当局"倚美谋独"、甘当棋子，只会给岛内带来深重灾难。

2021年1月6日 针对美国总统特朗普1月5日签署行政令，要求禁止美国人与支付宝、腾讯QQ、微信支付和WPS办公软件等8款中国软件的开发者或控制者进行交易一事，中国商务部新闻发言人表示，美方此次以保护隐私和国家安全为由，宣布将禁止美国人与8款中国应用程序相关企业进行交易。这一做法背离公平竞争原则，违反国际经贸规则，破坏正常的市场秩序，损害中国企业合法权益，也伤害了包括美国用户在内的广大消费者利益，将削弱全球投资者对美国营商环境的信心。

美方行政令涉及的8款应用程序，受到市场和消费者的广泛欢迎。新冠肺炎疫情期间，这些应用程序为人们提供非接触式支付选择，便利人们相互交流，提高居家办公效率，降低社会经济成本。美方针对这8款应用程序采取限制措施，不利于疫情防控，不利于经济复苏，是不明智的。中方坚决反对美方的错误行为，敦促美方停止对中国应用程序的无理打压，停止限制中国产品和服务在美国的正常使用。我们将坚决支持企业依法维护自身权益，也保留采取必要措施的权利。

2021年1月7日 针对美国和台湾方面当天举行"政治军事对话"一事，中国外交部发言人华春莹表示，中方在美台交往问题上的立场是一贯和明确的。我们敦促美方切实恪守一个中国原则和中美三个联合公报规定，避免做进一步损害台海和平稳定和中美关系的事情。中方已经向美方提出了严正交涉。此外，针对纽约证券交易所周三再次表示将对三家中国电信企业摘牌一事，华春莹表示，在这个问题上，中方的立场非常清楚。美方此举最终损害的将是美国自身的国家利益、信誉和形象，以及美国资本市场的全球地位和信心。中方将采取必要措施维护中国企业的正当合法权益。

2021年1月7日 针对美国与台湾当局1月7日通过视频形式进行所谓"政治军事对话"一事，中国国防部新闻发言人谭克非表示，我们对美方这一严重违反一个中国原则和中美三个联合公报规定的行径予以强烈谴责并已向美方提出严正交涉。台湾问题是中国内政，事关中国主权和领土完整，涉及中国核心利益，不容任何外来干涉。我们要求美方立即停止与台湾进行任何形式的官方往来和军事联系。中国人民解放军将以坚定的意志、强大的能力，挫败任何形式的外部势力干涉和"台独"分裂图谋，坚决捍卫国家主权和领土完整，坚定维护台海地区和平稳定。

2021年1月7日 针对蓬佩奥1月7日通过美国务院网站发表声明，宣布美国驻联合国代表即将访台之事，中国国务院台湾事务办公室发言人朱凤莲应询表示，我们坚决反对美国与中国台湾地区之间进行任何形式的官方往来，坚决反对美方违反一个中国原则和中美三个联合公报规定，在台湾问题上采取严重错误行动。民进党当局出卖民族利益和台湾民众利益，顽固"倚美谋独"，一条道走到黑，必将自食恶果。

2021年1月7日 针对美国国务卿蓬佩奥称美国常驻联合国代表克拉夫特将访问台湾一事，中国常驻联合国代表团发言人发表声明指出，中方对此坚决反对。发言人说，世界上只有一个中国，中华人民共和国政府是代表全中国的唯一合法政府，台湾是中国领土不可分割的一部分。美方在中美建交公报等三个联合公报中也就此作出明确承诺。中方坚决反对任何形式的美台官方往来，这一立场是一贯和明确的。台湾问题事关中国主权和领土完整，涉及中国核心利益。一个中国原则是国际社会的广泛共识，也是联合国大会第2758号决议确认的国际关系准则。美方在台湾问题上进行政治操弄，损害中方核心利益的行径不会得逞。我们要提醒美方，"玩火者必自焚"。美方必将为其错误行径付出沉重代价。中方强烈敦促美方停止疯狂挑衅，停止为中美关系和双方在联合国的合作制造新的困难，停止在错误的道路上越走越远。

2021年1月7日 中央广播电视总台国际交流局发言人发

表声明，呼吁美方采取必要措施保障媒体记者的安全。声明全文如下：我们惊悉，华盛顿时间6日下午，包括中国国际电视台北美分台（CGTN America）在内的多家媒体在华盛顿国会山的常用连线点，遭到示威者袭击，现场一片狼藉。好在各家媒体记者目前均安然无恙。我们向前方记者表示慰问，并与CGTN America保持着联系，对前方记者采取必要的安全防护措施。我们同时吁请美方采取必要措施保障媒体记者的安全。

2021年1月8日 针对美国常驻联合国代表团日前宣布，美常驻联合国代表克拉夫特将于1月13—15日访问台湾一事，中国外交部发言人华春莹表示，美方行为严重违反"一个中国"原则和中美三个联合公报，中方坚决反对。世界上只有一个中国，台湾是中国领土不可分割的一部分，中华人民共和国政府是代表中国的唯一合法政府，这是国际社会公认的事实。美方在《中美建交公报》中就此作出明确的承诺。中方坚决反对任何形式的美台官方往来，这一立场是一贯和明确的。我们注意到一段时间以来，特朗普政府内少数反华政客，就是蓬佩奥之流在不断上演"最后疯狂"，不择手段利用所剩任期蓄意破坏中美关系，服务其个人政治私利。我们敦促美方回归理性理智，停止破坏中美关系的言行。中方将采取一切必要措施坚决维护自身主权、安全利益。美方如果执意妄为，必将为其错误行为付出沉重代价。

2021年1月11日 针对美国国务卿蓬佩奥称将解除美台交往限制一事，中国外交部发言人赵立坚表示，中方对美方上述举动坚决反对，予以强烈谴责。世界上只有一个中国，台湾是中国领土不可分割的一部分，中华人民共和国政府是代表全中国的唯一合法政府，这是国际社会公认的基本事实，也是国际关系基本准则。美国政府在台湾问题上是向中方作出过严肃承诺的。1978年12月16日发表的《中美建交公报》明确指出，美国承认中华人民共和国政府是中国的唯一合法政府，在此范围内美国人民将同台湾人民保持文化、商务和其他非官方关系。美方应该言而有信，不得以任何借口曲解和背离。美方所谓"与台湾关系法"严重违反一个中国原则和中美三个联合公报规定，中方从一开始就坚决反对。在台湾问题上，美方应该遵守的是一个中国原则和中美三个联合公报规定，而不是美方单方面搞的什么"与台湾关系法"。中国人民捍卫主权和领土完整的决心坚定不移。我们绝不允许任何人任何势力阻挡中国统一进程，利用台湾问题干涉中国内政。任何损害中国核心利益的行径都将遭到中方坚决回击，也不可能得逞。台湾问题始终是中美关系中最重要、最敏感的核心问题。一个中国原则是中美关系的政治基础，也是双方建立和发展外交关系的前提。我们敦促美方恪守一个中国原则和中美三个联合公报规定，停止任何提升美台关系、加强与台军事联系的言行。我们奉劝蓬佩奥之流认清历史潮流，停止操弄涉台议题，停止倒行逆施，不要在错误和危险的道路上越走越远，否则必将遭到历史严厉惩罚。我们敦促美方恪守一个中国原则和中美三个联合公报规定，停止任何形式的美台官方往来，停止美台军事联系，慎重妥善处理涉台问题。

2021年1月11日 针对蓬佩奥发表声明称解除美台官方交往限制一事，中国国务院台湾事务办公室发言人朱凤莲11日应询表示，我们将采取坚决有力措施反制任何台美勾连行径。我们多次重申坚决反对美国和中国台湾地区进行官方往来。一个中国原则是中美建交的政治基础和根本前提。恪守一个中国原则和中美三个联合公报规定，是美国政府作出的承诺。任何违反这一承诺的做法，都严重违背国际关系基本准则，非法无效。民进党当局给外部势力当棋子、"倚美谋独"只会给岛内民众带来严重灾难。

2021年1月12日 复旦大学和弗吉尼亚大学共同举办了"重启中美关系的时刻到了？——拜登政府时期的中美关系"研讨会。会议采用线下线上相结合的方式。复旦大学国际问题研究院院长、美国研究中心主任吴心伯教授，弗吉尼亚大学全球事务副教务长斯蒂芬·马尔大使，弗吉尼亚大学政治中心创始人、主任拉里·萨巴托，弗吉尼亚大学米勒中心高级研究员卢沛宁、凯瑟琳·滕帕斯、林夏如、何汉理、方艾文等出席了此次活动，探讨了当前中美关系遇到的挑战以及未来中美关系的走向。

2021年1月12日 针对美国国务卿蓬佩奥宣布美国取消与台湾交往限制后，美国驻荷兰大使近日会见了台"驻荷兰代表"，美国助理国务卿库珀会见台"驻美代表"萧美琴之事，中国外交部新闻发言人赵立坚表示，一个中国原则是中美建交的政治基础和根本前提。《中美建交公报》明确指出，美国承认中华人民共和国政府是中国的唯一合法政府，在此范围内美国人民将同台湾人民保持文化、商务和其他非官方关系。不与中国台湾地区进行官方往来，是美方自己作出的严肃承诺。美方应该言而有信，不得以任何借口曲解和背离。我们敦促美方恪守一个中国原则和中美三个联合公报规定，停止操弄涉台议题，不要在错误和危险的道路上越走越远。

2021年1月13日 针对美政府提前30年解密了一份美"印太战略"文件一事，中国外交部发言人赵立坚表示，美方一些政客企图通过解密有关文件留下所谓"遗产"，但这份文件的内容恰恰暴露了美国借"印太战略"遏制打压中国、破坏地区和平稳定的险恶用心，这实质上是一份"维霸战略"。这份文件至少犯了三大错误：

第一，冷战思维突出，军事对抗色彩浓厚，违背了地区合作中的互利共赢精神，不符合地区国家求和平、促稳定、谋发展的民心所向，严重威胁地区和平与发展前景，理应被扫进历史的垃圾堆。

第二，严重违反美国政府在台湾问题上向中方作出的严肃承诺。世界上只有一个中国，台湾是中国领土不可分割的一部分。中国有决心、有信心、有能力挫败任何形式的外部势力干涉和"台独"分裂图谋，坚决捍卫国家主权和领土完整。美方任何以台制华图谋都是徒劳的。我们敦促美方充分认清台湾问题的高度敏感性，切实恪守一个中国原则和中美三个联合公报规定，慎重妥善处理台湾问题，不向"台独"势力发出错误信号，不要在错误和危险的道路上越走越远，以免严重损害台海和平稳定和中美关系。

第三，恶意歪曲中国周边政策，渲染"中国威胁"。亚太地区是中美利益交织最密集、互动最频繁的地区。美方应该摒弃冷战零和思维，切实尊重中国核心利益和重大关切，同中方加强沟通对话，妥善管控分歧，推动亚太地区成为中美互利合作的"大舞台"，而不是大国零和博弈的"竞技场"。

此外，针对美国国务院证实已取消美常驻联合国代表克拉夫特对台湾的访问一事，赵立坚指出，近来我和我的同事已多次就美国常驻联合国代表克拉夫特拟访台表明中方严正立场。中方坚决反对任何形式的美台官方往来，这一立场是一贯的、明确的。中方敦促美方恪守一个中国原则和中美三个联合公报规定，停止一切美台官方往来和军事联系，不要在错误和危险的道路上越走越远。中方将继续采取一切必要措施坚定捍卫自身主权、安全利益。2021年1月14日针对美国副国务卿克拉奇1月13日发推特称，蓬佩奥国务卿宣布放开自我设置的美政府与台湾交往限制，给予台湾"自由国家"地位一事，中国外交部发言人赵立坚表示，克拉奇上述言论严重违背国际关系基本准则，严重违反一个中国原则和中美三个联合公报规定，严重违背美方在台湾问题上的政治承诺，中方对此坚决反对、予以强烈谴责。中方敦促美方恪守一个中国原则和中美三个联合公报规定，立即停止借台湾问题进行政治操弄，停止美台官方交往和提升实质关系。此外，针对美国常驻联合国代表凯莉·克拉夫特13日与台湾地区领导人蔡英文通话一事，赵立坚表示，中方坚决反对任何形式的美台官方往来。克拉夫特上述言行严重干涉中国内政，严重违反一个中国原则和中美三个联合公报规定，严重违背美方在台湾问题上的政治承诺，中方对此坚决反对。中方将继续采取一切必要措施坚决维护自身主权、安全利益。美方一些政客必将为其错误言行付出沉重代价。针对美方妄称台湾地区与有关方面交流抗疫经验"受阻"，赵立坚重申，疫情发生以来，中国中央政府多次、及时向台湾地区通报疫情防控最新消息，对台湾地区参与全球卫生事务作出妥善安排。台湾地区设有《国际卫生条例》联络点，同世卫组织和各国的信息交流是畅通的。

2021年1月15日 针对美国国土安全部13日公布了一份战略行动计划，宣称国土安全部将从边境安全和移民、贸易和经济安全、网络安全和关键基础设施、海上安全四个方面应对中国对美构成的威胁之事，中国外交部发言人赵立坚表示，美国国土安全部出台的这个文件大肆渲染所谓"中国威胁"，是美国本届政府炮制的又一篇不光彩的"谎言大杂烩"，是又一份典型的基于谎言的行动计划，充分暴露了美国国内反华势力对中国发展的极度恐惧、焦虑的不健康心态。中国坚定不移走和平发展道路，奉行互利共赢的开放战略，始终是世界和平的建设者、全球发展的贡献者、国际秩序的维护者。美方应该停止制假贩假，停止炮制和散布政治病毒和政治谎言，停止采取任何损害中国利益的行动。中方将继续针对美方错误言行作出正当、必要反应，坚定维护自身主权、安全、发展利益。

2021年1月15日 针对美国商务部1月14日将中国海洋石油集团有限公司列入出口管制"实体清单"，将北京天骄航空产业投资有限公司列入"军事最终用户清单"之事，中国商务部新闻发言人表示，中方已多次就美国特朗普政府无端打压中国企业问题表明严正立场。美方泛化国家安全，罗织各种理由借口，滥用出口管制等措施对中国企业持续进行打压，严重违背公平竞争原则和国际经贸规则，干扰中美两国企业，甚至第三国企业开展正常国际经贸合作，破坏全球产业链供应链稳定和安全。我们敦促美方纠正此前一系列错误做法，多做有利于中美两国经贸合作、促进全球经济复苏发展的事。

此外，针对美国政府将9家中国企业列入所谓"共产党中国军队公司清单"一事，商务部新闻发言人表示，中方注意到，美国政府宣布将小米、中国商飞等9家中国公司列入所谓"共产党中国军队公司清单"，并将限制美国投资者交易这些公司的证券。众所周知，小米、中国商飞等中国知名企业，从事家用电子和电器、民用飞机相关业务。美方指称上述企业支持中国军队现代化建设，对其实施限制措施，没有任何规则基础，没有任何程序公正，违背市场经济基本规则，扰乱国际金融市场秩序。美方这些做法损人害己，殃及各方。在全球各国努力抗疫、世界经济艰难前行的时刻，美方大行保护主义、单边主义、霸凌主义之道，是极不负责任的，必将遭到各方反对。中方坚决反对美方滥用国家安全、对中国企业进行无理打压的错误行径，将坚定维护中国企业的合法权益。我们敦促美方撤销上述决定，为两国企业开展正常经贸合作创造良好环境。

2021年1月18日 针对美方近日在涉台问题上采取了放松美台交往限制等行动，中国外交部发言人华春莹表示，鉴于美方错误行径，中方已经决定对在台湾问题上表现恶劣的美负责官员实施制裁。此外，针对美国常驻联合国代表团官方网站1月14日公布了一段美国常驻联合国代表克拉夫特面向台湾学生的视频致辞一事，华春莹指出，世界上只有一个中国，台湾是中国领土不可分割的一部分。事实已经并将继续表明，任何挑战一个中国原则、分裂中国的图谋都不会得到联合国广大会员国支持，注定会遭到失败。经向联合国方面核实，联合国大会厅1月14日没有举行任何会议，秘书处也没有批准任何国家当天在大会厅举办任何活动。克拉夫特是滥用自己作为会员国常驻联合国代表的权利，潜入大会厅"摆拍"了这段视频。克拉夫特自编自导自演的这出闹剧实在是令人不齿。

2021年1月19日 针对美国总统军控事务特使15日发文称，尽管面临新冠肺炎疫情，中国在2020年仍试射了250多枚弹道导弹一事，中国外交部发言人华春莹表示，美方一些人向来对中国的军力发展信口开河、指手画脚。中方对此坚决反对。作为世界上唯一的超级大国，美国长期以来奉行实力至上，毫无节制地发展包括导弹在内的各类先进武器，并不惜为此不断毁约退群，严重破坏全球和地区的和平稳定。事实证明，美方有关说法不过是为自己无节制地扩张军力制造借口、掩人耳目而已。中国坚定奉行防御性国防政策，军力发展仅维持在正当国家安全需要的最低水平，根本目的是维护国家安全，遏止战争发生，不针对任何国家，是无可非议的。

2021年1月21日 中国外交部发言人华春莹就拜登20日正式就任美国总统一事在例行记者会上表示，中方对拜登总统宣誓就职表示祝贺。中美两国人民都值得拥有一个更加美好的未来。我们也希望拜登总统在国家治理当中能够取得成功。拜登总统在就职演说中多次强调"团结"这个词，这也恰恰是当前中美关系所需要的。过去4年来，美国少数反华政客出于一己私利，撒了太多的谎，煽动了太多仇恨和分裂，中国和美国人民都深受其害。中美两国以及国际社会的很多有识之士都期待着中美关系能够早日重回正轨，为携手解决当今世界面临的重大、紧迫挑战作出应有贡献。中美两国由于社会制度、发展阶段和历史文化不同，存在一些分歧，这很正常。拜登总统在就职演说中说，民主应该允许不同，分歧不应该导致分裂。这也应该体现在国际关系当中。不同社会制度、文化背景和意识形态的国家，应当可以也完全能够和谐共存、对话合作，共同为实现世界和平、稳定、发展作出努力。拜登总统还提到美国有太多需要治愈、太多需要恢复。对于中美关系也是如此。过去几年，特朗普政府特别是蓬佩奥在中美关系中埋了太多的雷，需要排除；烧了太多的桥，需要重建；毁了太多的路，需要修复。中美双方需要拿出勇气，展现智慧，彼此倾听、正视，相互尊重，对话合作。这是中美两个大国应有的担当，也是国际社会的期待。只要下定决心，一切都有可能。在双方的共同努力下，中美关系中善良的天使能够战胜邪恶的力量。

2021年1月21日 中国外交部发言人华春莹在例行记者会上宣布，中方将对蓬佩奥等人实施制裁。华春莹指出，过去几年，美国一些反华政客出于一己政治私利和对华偏见仇恨，罔顾中美两国人民的利益，策划、推动实施了一系列疯狂的行径，严重干涉中国内政、损害了中国的利益、伤害了中国人民的感情，也严重破坏了中美关系。中国政府捍卫国家主权安全发展利益的决心坚定不移。中方决定对在涉华问题上严重侵犯中国主权、负有主要责任的28名人员实施制裁，包括特朗普政府中的蓬佩奥、纳瓦罗、奥布莱恩、史达伟、波廷杰、阿扎、克拉奇、克拉夫特以及博尔顿、班农等。这些人及其家属被禁止入境中国内地和香港、澳门，他们及其关联企业、机构也已被限制与中国打交道、做生意。此外，针对台"驻美代表"出席了美国总统拜登的就职典礼一事，华春莹表示，中方立场非常清楚。中国坚决反对任何形式的美台官方往来，这一立场是一贯的、明确的。我们敦促美方切实恪守一个中国原则和中美三个联合公报规定，慎重、妥善处理涉台问题，以免损害中美关系和台海和平稳定。

2021年1月22日 针对美国国会众议院外交事务委员会共和党首席成员麦考尔声称，中方宣布对蓬佩奥等人实施制裁是毫无根据之事，中国外交部发言人华春莹表示，中方决定对美方有关人员实施制裁，是对这些人在涉华问题上严重侵犯中国主权安全发展利益的错误行径作出的回应，是完全正当和必要的，充分展示了中国政府捍卫国家利益的坚定决心。根据美国相关机构统计，特朗普政府执政期间，一共实施了3900多项不同的制裁措施，频率相当于每天3次。这些行径严重违反国际法和国际关系基本准则，严重损害相关国家主权安全发展利益，不得人心，受到了国际社会的一致反对和谴责。我们早就说过，单边制裁损人害己，就像"飞去来器"或者"回旋镖"，迟早都会飞回去的。麦考尔的言论充分暴露了美方一些政客只许美方蛮横打压、不许别人正当防卫的霸凌霸道霸权逻辑。

2021年1月25—26日 中国国务院参事室同美国伍德罗·威尔逊国际学者中心基辛格中美关系研究所通过网络视频共同举办"中美关系研讨会"。国务院参事时殷弘、王辉耀、朱光耀出席会议并作发言，美国前驻华大使芮效俭和国务院参事室参事业务二司司长孙维佳分别致辞。

2021年1月25日 针对美国国务院1月23日发表声明，敦促中国停止对台施压，应与台进行有意义的对话一事，中国外交部发言人赵立坚表示，中方在台湾问题上的立场是一贯的、明确的。世界上只有一个中国，台湾是中国领土不可分割的一部分。中方捍卫国家主权和领土完整、坚决反对"台独"和外部势力干扰的决心坚定不移。造成当前两岸关系紧张动荡的根源，是民进党当局拒不承认体现一个中国原则的"九二共识"，加紧与外部势力勾连，不断进行谋"独"挑衅。我们愿意同台湾各党派、团体和人士在坚持"九二共识"、反对"台独"的政治基础上，就两岸政治问题和推进祖国和平统一进程有关问题开展对话协商，聚同化异，积累共识。我们敦促美方切实恪守一个中国原则和中美三个联合公报规定，慎重妥善处理涉台问题，不向"台独"势力发出任何错误信号，以免损害中美关系和台海和平稳定。此外，针对美国海军"罗斯福"号航母经由巴士海峡进入南海，美国侦察机和舰载预警机也抵台湾周边空域活动之事，赵立坚表示，美国频繁派舰机进入南海活动，炫耀武力，不利于地区局势的和平与稳定。

2021年1月26日 "当前的中美关系：方向与路径"网络研讨会开幕。该研讨会由中美交流基金会与中国国际经济交流中心联合举办。中国国际经济交流中心理事长曾培炎在北京会场，全国政协副主席、中美交流基金会主席董建华在香港会场先后作主题演讲，香港特区行政长官林郑月娥通过视频致辞。美国前商务部长卡洛斯·古铁雷斯、加拿大前总理让·克雷蒂安、日本前首相福田康夫等多位外国前政要通过网络参加会议并发言。

2021年1月26日 针对美国国务院发言人目前表示，拜登总统致力于确保中国企业不能滥用和盗用美国数据，确保美技术不被用来支持中方的"恶意活动"之事，中国外交部发言人赵立坚表示，中方一贯高度重视和积极致力于保护知识产权，所作努力和成效有目共睹。同时，中方认为，科技成果应该造福全人类，而不应成为限制、遏制其他国家发展的手段。我们希望美方不要将科技问题政治化、武器化，停止对中国的无端指责抹黑，同国际社会一道打造开放、公平、公正、非歧视的科技发展环境。

2021年1月27日 中国人民争取和平与裁军协会与美国卡特中心联合主办"中美接触42年：过去的成就，未来的调整"线上对话。参加这次线上对话的美国和中国嘉宾分别为中国驻美大使崔天凯，美国前驻华大使、联邦参议员鲍卡斯，前美中关系全国关系委员会总裁、霍金斯大学外交政策研究院高级研究员兰普顿，美中贸易全国委员会总裁艾伦，美国绿点咨询公司创始人和总裁唐心，福特基金会中国代表高倩倩，中国前驻美大使周文重，中国对外贸易部前副部长龙永图，南京大学国际关系研究院副院长朱锋教授和中国国际问题研究院美国所副所长苏晓晖。

2021年1月27日 中国人民外交学会与美国美亚学会合作举办2021年首场美国会议员助于虚拟访华活动，邀请中国农业农村部官员与16名美国国会议员助手进行了视频座谈。外交学会副会长赵卫平主持会议，农业农村部国际合作司副司长韦正林和相关官员就中美农业合作和中国农业发展等问题向美方介绍情况并回答提问。

2021年1月27日 针对美国商务部长提名人雷蒙多在出席国会参议院听证会时称，美方须采取咄咄逼人的措施，应对中国的不公平贸易行为之事，中国外交部发言人赵立坚表示，美方口口声声要追求公平竞争环境和公平贸易，但事实恰恰相反。过去几年，美国上届政府大搞单边保护主义和霸凌行径，恶意挑起贸易战，泛化国家安全概念，滥用各种借口和清单，不择手段、毫无底线地打压中国企业，胁迫其他国家放弃与中国企业合作。这些做法严重违反国际经贸规则，背离公平竞争原则，破坏正常市场秩序，损害中国企业合法权益，最终也损害了美国企业和工人利益。当然，我们也看到，美国上届政府不仅把矛头对准中国，对其他国家也是动辄威胁或制裁，这套"美国唯一"的行径遭到了国际社会普遍反对。我们希望美方吸取教训、纠正错误，切实尊重市场经济和公平竞争原则，为各国企业在美投资经营提供开放、公平、公正、非歧视的营商环境。中方将继续采取必要举措维护中国企业的正当合法权益。

2021年1月27日 针对近日美国国务院就涉台问题发表声明之事，中国国务院台湾事务办公室发言人朱凤莲应询表示，台湾是中国的一部分。坚持一个中国原则是两岸关系发展的政治基础。过去4年多来，民进党当局拒不承认体现一个中国原则的"九二共识"，干扰阻挠两岸交流合作，勾连外部势力进行谋"独"挑衅，这是造成当前两岸关系复杂严峻的根源。2008—2016年两岸双方保持沟通对话，推动两岸关系和平发展的关键，就是双方均坚持"九二共识"、反对"台独"。民进党当局只有承认"九二共识"，停止谋"独"挑衅，两岸关系才能改善发展，台海才有和平稳定。舍此别无他路。朱凤莲指出，台湾问题事关中国核心利益和中国人民民族感情，是中美关系中最重要、最敏感的核心问题。我们希望美国政府恪守一个中国原则和中美三个联合公报的规定，慎重妥善处理台湾问题。此外，针对在美国总统选举期间，民进党当局纵容岛内绿营政客、媒体公开发表挺特朗普言论，攻击诋毁拜登；默许岛内"挺特"势力在美国佛罗里达州买下高速公路广告牌并标注"台湾人支持特朗普",甚至参与1月6日暴力冲击美国国会事件等情况,朱凤莲表示,"刚刚您列举了民进党当局为一党私利,一心贴靠美国前政府中的反华势力的种种行径。事实正是如此。"过去一段时间,民进党当局与蓬佩奥等反华势力勾连,"倚美谋独"无所不用其极,手段卑劣,遭人唾弃。他们对美国总统选举"押错宝"后仍不甘心,又使出种种招数,企图固化与蓬佩奥之流合谋的台美勾连"成果",甚至不惜以开放进口含有莱克多巴胺的美猪损害台湾民众生命健康福祉。这些倒行逆施已经引发台湾民众的强烈不满。民进党当局与蓬佩奥之流为伍,只能说明他们是臭味相投,一定会受到历史的审判和严惩。

2021年1月28日 中国外交部副部长乐玉成出席中国日报社举行的以"新时代的中美关系"为主题的线上"新时代大讲堂"活动并发表致辞。乐玉成表示,新的一年已经开启,美国新政府也刚刚就职,此时探讨中美关系走向可谓适逢其时,也十分有意义。刚刚过去的2020年是极不平凡的一年,突如其来的新冠病毒给人类带来了前所未有的冲击,中美关系也经历了建交40多年来最严峻的局面。走进2021年,由衷希望世界"万象更新",中美关系也要"辞旧迎新"。乐玉成说,今年是基辛格博士秘密访华50周年,也是小球推动大球的"乒乓外交"50周年。当年两国的先辈推动中美关系破冰,展现非凡的智慧和勇气。如今推动中美关系再破冰,同样需要非凡的境界和胆识。拜登总统曾先后四次访华,对中国并不陌生。1979年,他作为年轻的联邦参议员首次访华,受到邓小平同志亲切接见,中美关系就是在那一年实现了正常化。拜登总统在就职演说中反复呼吁美国人民"要团结不要分裂"令人印象深刻,这也正是处理中美关系所需要的精神和态度。乐玉成表示,美国的真正敌人是新冠病毒而不是中国。过去四年特朗普政府错误的对华政策从反面告诉我们:面对像新冠疫情这样的人类共同挑战,中美作为世界主要大国,要把彼此视为队友而非对手;要相互照亮,而不是相互较量;要互做榜样,而不是互比力量。乐玉成强调,习近平主席在给拜登当选总统的贺电中指出:"希望双方秉持不冲突不对抗、相互尊重、合作共赢的精神,聚焦合作,管控分歧,推动中美关系健康稳定向前发展,同各国和国际社会携手推进世界和平与发展的崇高事业。"这是中方对中美关系的主张和期许,也为下阶段中美关系发展指明了方向。乐玉成用英语四个"R"阐述了对中美关系发展的四点期待:一是Respect(相互尊重),二是Reversal(拨乱反正),三是Renewal(重开合作),四是Responsibility(责任担当)。乐玉成表示,中美关系是否会掉入所谓的"修昔底德陷阱",绝不是什么命中注定,而是取决于我们的视野和选择。

2021年1月28日 针对美国国务卿布林肯和美国总统气候变化特使克里1月27日在不同场合均表示,美国希望在气候变化领域与中国合作之事,中国外交部发言人赵立坚表示,气候变化是人类面临的共同挑战,关系着人类前途和未来,任何一国都无法独自解决,必须开展全球行动、全球应对、全球合作。中美在气候变化领域拥有广泛共同利益和合作空间。两国曾为应对气候变化开展了富有成效的合作,为推动《巴黎协定》达成、签署和生效发挥了积极建设性作用。中方愿同美方及国际社会一道,合作应对气候变化问题。同时,中美在具体领域的合作不是"温室里的花朵",必然与整体的中美关系息息相关。中方已经一再强调,任何一方都不应指望一方面肆意干涉中国内政、损害中国利益;另一方面又要求中国在双边和全球事务中给予理解和支持。我们希望美方能够为中美在重要领域的协调与合作创造有利条件。此外,针对美国总统拜登同日本首相菅义伟通话时称,《美日安保条约》适用于包括"尖阁列岛"在内的日本领土一事,赵立坚表示,钓鱼岛及其附属岛屿是中国固有领土。《美日安保条约》是冷战产物,不应损及第三方利益,更不应危害地区和平稳定。

2021年1月29日 中国国家副主席王岐山在北京以视频方式会见出席第十二轮中美工商领袖和前高官对话的美方代表。王岐山表示,中美关系事关世界的繁荣稳定。建交40多年来,双边经贸发展展现了优势互补、互利共赢的客观事实。基辛格博士访华50年来,中美两个社会制度、发展阶段、价值体系、文化习俗如此不同的大国之间,虽然有过摩擦冲突、矛盾分歧的低潮,也享受到了相向而行、携手合作的红利,证明中美合作多于冲突,共同利益大于彼此分歧。长期来看,中美仍存在多领域的复杂博弈,双方存在矛盾也存在共同利益。秉持不冲突不对抗、相互尊重、合作共赢的精神,聚焦合作,管控分歧,是推动中美关系健康稳定发展的关键。美方代表表示,下阶段美中应相向而行,寻找双方合作的"最大公约数",保证美中关系健康稳定发展。美国工商界将继续积极推动美国新政府与中国加强对话交流。

2021年1月29日 中国外交部发言人赵立坚在例行记者会上表示,42年前的今天,在中美两国正式建交刚刚28天后,应卡特总统邀请，邓小平副总理对美国进行正式访问，这是新中国成立后中国领导人首次访美。访问留下了很多精彩瞬间，深深定格在中美关系的历史中。之后的历史告诉世人，双方共同作出建立外交关系的这一重大抉择是完全正确的。建交40多年来，经过双方几代人的共同努力，两国关系取得了历史性发展。中美合作从来都是互利共赢的，两国和世界各国都是中美关系发展的受益者。我给大家举几组数字：中美两国经济总量超过世界三分之一，对世界经济增长贡献率超过50%。双边贸易额较建交之初增长了250多倍，达世界五分之一。双向投资从几乎为零攀升到近2400亿美元。每年人员往来达500万人次。两国在涉及世界和平与发展的几乎所有全球性问题上都肩负着重要责任。事实证明，中美合作可以办成很多有利于两国和世界的大事。过去几年，中美关系陷入前所未有的困境。其根本原因在于特朗普政府采取了完全错误的对华政策，无视中美建交40多年来取得的合作成果，无视包括中美老一辈领导人和政治家在内的两国有识之士为发展中美关系付出的多年心血，无视国际社会期待中美两国和平共处的强烈愿望。这是不可持续的，也是不得人心的。做正确的事情，永远不晚。当前，中美关系正处在新的十字路口，也有望打开新的希望之窗。我们希望美方顺应时代潮流，倾听两国人民和国际社会呼声，客观理性看待中国和中美关系，与中方相向而行，秉持不冲突不对抗、相互尊重、合作共赢的精神，加强对话，聚焦合作，管控分歧，推动中美关系早日回到健康稳定发展的正确轨道。

2月

2021年2月1日 针对美国大西洋理事会日前发表一份匿名涉华报告，策动对华冷战一事，中国外交部发言人汪文斌表示，这个所谓的报告以匿名方式发表，充分暴露了一些人的阴暗心理和懦弱心态。当今世界，搞"新冷战"和意识形态对抗是逆时代潮流而动，不得人心。叫嚣对中国搞政权更迭，企图遏制中国，更是痴心妄想！无论是大西洋理事会的匿名报告，还是蓬佩奥之流对中国共产党的诋毁攻击，都是撒谎造谣的"谎言集""阴谋论"。中国共产党为人民谋幸福，为民族谋复兴，为世界谋大同，光明磊落，得道多助。造谣抹黑阻挡不了中国前进的步伐。干涉中国内政、改变中国政治制度的企图必将遭到中国人民迎头痛击。一切在中美两国人民之间散布敌意、试图将中美关系推向对抗冲突的势力，必将成为历史的罪人，注定一败涂地。

2021年2月2日 中共中央政治局委员、中央外事工作委员会办公室主任杨洁篪在北京同美国美中关系全国委员会举行视频对话。杨洁篪表示，中美作为世界前两大经济体和联合国安理会常任理事国，双方能否有效开展合作，直接关系到各国人民福祉和世界和平、发展与繁荣。当前，中美关系正处于关键时刻。推动两国关系重新回到可预期、建设性的轨道，构建和平共处、合作共赢的大国相处模式，是中美面临的共同任务，也是各国的普遍期待。中方愿同美方共同努力，推动两国关系沿着不冲突不对抗、相互尊重、合作共赢的轨道向前发展。杨洁篪表示可以从以下几方面作出努力：一是正确认识看待中国；二是恢复正常交往；三是妥善处理矛盾分歧；四是开展互利合作。两国在抗击疫情、经济复苏、气候变化等领域合作空间广阔。要推进两军、执法、禁毒、网络安全等领域的交流合作，加强在发展减贫、反恐、防扩散等重大全球性挑战和地区热点问题上的沟通协调，为世界提供更多公共产品。杨洁篪强调，中美关系的未来是光明的。只要双方从两国人民和世界人民根本利益出发，坚持相互尊重，求同存异，坚持有效管控分歧，扩大共同利益，中美关系就一定能够走上改善和发展之道，造福于两国和世界各国人民。美中关系全国委员会成员雅各布·卢、基辛格、欧伦斯、兰普顿、布莱尔、麦艾文、董云裳、格林伯格等参加对话。与会美方代表表示，美中关系是世界上最重要的双边关系，美中加强合作对两国和世界具有重要意义。美中关系全国委员会支持美中加强对话，期待两国政府相向而行，推动双边关系重建互信、重回正轨，朝着正确方向发展。我们愿为此继续发挥积极作用。

2021年2月2日 中国人民外交学会与美国美亚学会合作举办2021年第二场美国国会议员助手虚拟访华活动，邀请中国农业问题专家与12名美国国会议员助手进行了视频座谈。

2021年2月2日 针对美国国务卿布林肯谈到涉港问题时声称美国会效仿英国，向逃离"镇压"的香港人敞开大门一事，中国外交部发言人汪文斌表示，中方在涉港问题上的立场是一贯的、明确的。香港是中国的香港，香港事务纯属中国内政，任何外国无权干涉。一切违法行为都必然要受到法律制裁。这在任何坚持法治的国家和地区都是一样的。如果美方不反对这些基本原则同样适用于美国国会山发生的事情的话，就应该认真反思并纠正公开为香港违法者撑腰打气、借涉港问题干涉中国内政的错误言行，避免对中美互信与合作造成损害。

2021年2月3日 针对由美国马里兰州参议院多数党参议员苏珊·李和马里兰大学人类病毒学研究所特里·利尔曼共同牵头的科学家和民权联盟致信美国众议院公民权利与自由委员会主席杰米·拉斯金，要求其对近年来美国司法部对华人科学家的调查举行听证会，并呼吁结束"中国行动计划"一事，中国外交部发言人汪文斌表示，美国上届政府司法部门2018年启动的所谓"中国行动计划"大搞有罪推定、人为设置年度办案指标，纯属政治操弄，违背美国自身倡导的法治精神，必将继续遭到美国各界有识之士的谴责和抵制。我们敦促美方有关行政部门认真倾听美国各界的客观理性声音，摒弃冷战思维和意识形态偏见，纠正错误做法，停止滥用司法力量滋扰打压中国在美留学生和研究人员，为中美在科技、人文等领域的正常交流合作提供有利条件。

2021年2月4日 安徽省与美国马里兰州以视频连线方式举行结好40周年纪念活动。安徽省委书记李锦斌、中国驻美大使崔天凯、中国人民对外友好协会会长林松添、马里兰州州长霍根在启动仪式上致辞。双方相关领域人士100余人出席了此次活动。

2021年2月4日 针对美国"麦凯恩"号驱逐舰当天穿越了台湾海峡一事，中国外交部发言人汪文斌表示，中方密切关注并全程掌握美国军舰过航台湾海峡的情况。中方将继续时刻保持高度戒备，随时应对一切威胁挑衅，坚决捍卫国家主权和领土完整。希望美方为地区和平与稳定发挥建设性作用，而不是相反。此外，针对当天是2022年北京冬奥会倒计时一周年，日前，有7名美国共和党议员提交决议称，中国政府在新疆实施"种族灭绝"政策，要求国际奥委会重新考虑2022年冬奥会的举办地一事，汪文斌表示，美方个别反华政客将体育运动政治化，有违奥林匹克宪章精神，中方对此坚决反对。我们注意到，包括美国奥委会在内的国际上有关各方都反对将体育运动政治化的错误做法。中方一定能够如期完成各项筹办任务，作好全面准备，确保北京冬奥会取得圆满成功。北京作为国际上唯一举办过夏季和冬季奥运会的"双奥之城"，将为国际奥林匹克运动作出独特贡献。涉疆问题不是人权问题，也不是民族问题或宗教问题，而是反暴恐、反分裂问题。所谓新疆"种族灭绝"是极端反华势力蓄意炮制的世纪谎言，是污蔑抹黑中国的荒唐闹剧。无论反华势力如何处心积虑、蒙蔽世人，都阻挡不了中国发展壮大的步伐，也逃脱不了历史的清算和正义的制裁。

2021年2月4日 针对美国国务卿布林肯2月3日发表声明称，美国将美俄《新削减战略武器条约》延长5年，还将寻求推进军控以减少中国不断扩大的现代化核武库所带来的危险一事，中国外交部发言人汪文斌表示，中方欢迎美俄将《新削减战略武器条约》延期5年。这有助于维护全球战略稳定，促进国际和平与安全，符合国际社会的共同期待。同时，作为拥有最大核武库的国家，美俄核武器数量仍占全世界的90%以上。双方应按照国际共识，切实履行核裁军特殊和优先责任，以可核查、不可逆和有法律约束力的方式，进一步大幅、实质削减其核武库，为最终实现全面彻底核裁军创造条件。中国的核武器数量与美俄完全不在一个量级，我们坚决反对美方对中方的无端指责和抹黑。中国坚定奉行自卫防御的核战略，始终将核力量维持在国家安全需要的最低水平，始终恪守任何时候、任何情况下不首先使用核武器，明确承诺无条件不对无核武器国家和无核武器区使用或威胁使用核武器。中国是唯一作出上述承诺的核武器国家，这本身就是对国际核裁军进程的重大贡献。中方将继续在五核国合作、裁谈会、联大一委等框架内，与有关各方就事关战略稳定的广泛议题进行讨论，也愿通过双边渠道与各方就核军控相关问题保持沟通。

2021年2月6日 中共中央政治局委员、中央外事工作委员会办公室主任杨洁篪应约同美国国务卿布林肯通电话。杨洁篪表示，中美关系发展给两国人民带来巨大利益，也促进了世界和平和繁荣。当前中美关系正处在关键时刻。中国政府对美政策始终保持高度稳定性和连续性。中方敦促美方纠正一段时期以来的错误，同中方一道，秉持不冲突不对抗、相互尊重、合作共赢的精神，聚焦合作，管控分歧，推动中美关系健康稳定向前发展。杨洁篪强调，中美双方应该相互尊重彼此核心利益和各自选择的政治制度与发展道路，各自办好自己国家的事，中国将坚定不移沿着中国特色社会主义道路走下去，中华民族实现伟大复兴是任何人都阻挡不了的。杨洁篪表示，台湾问题是中美关系中最重要最敏感的核心问题，事关中国主权和领土完整。美方应当严格恪守一个中国原则和中美三个联合公报。涉港、涉疆、涉藏等事务均为中国内政，不容任何外部势力干涉。任何污蔑抹黑中国的图谋都不可能得逞，中方将继续坚定维护国家主权、安全和发展利益。杨洁篪指出，世界各国应当维护的是以联合国为核心的国际体系，以国际法为基础的国际秩序，以《联合国宪章》宗旨和原则为核心的国际关系基本准则，这是国际社会的共识，而不是少数国家所谓的以规则为基础的国际秩序。杨洁篪敦促美方为亚太地区和平稳定发挥建设性作用，重申中方对当前缅甸局势的立场，强调国际社会应当为缅甸问题妥善解决营造良好外部环境。布林肯表示，美中关系对两国和世界都非常重要。美方愿同中方发展稳定、建设性的双边关系。布林肯重申，美方将继续奉行一个中国政策，遵守中美三个联合公报，这一政策立场没有变化。双方同意就双边关系和共同关心的国际地区问题保持联系和沟通。

2021年2月6日 中国驻美大使崔天凯接受了美国有线电视新闻网（CNN）GPS栏目主持人法里德·扎卡里亚连线采访，就中美关系、新冠肺炎疫情、香港国安法、涉疆问题等回答了提问。

2021年2月6日 中国驻美使领馆邀请国内知名艺术院校与其美国合作院校共同举办了"2021春之声——中美青年云端音乐会"。中国驻美大使崔天凯为音乐会致开幕辞。中央音乐学院院长俞峰、上海音乐学院院长廖昌永、天津音乐学院院长徐昌俊等中方代表与来自美国巴德音乐学院、伯克利音乐学院、伊斯曼音乐学院等院校的美方代表共同参加了此次活动。

2021年2月8日 中国外交部发言人汪文斌就美国总统拜登近日谈及了习近平主席，并表示美国并不想同中国发生冲突等言论表示，习近平主席同拜登总统有过多次交往。中美保持各层级的沟通，有助于相互了解和双边关系的发展。中方致力于同美方发展不冲突不对抗、相互尊重、合作共赢的关系，同时将继续坚定维护国家主权安全发展利益。双方应相向而行，聚焦合作，管控分歧，推动中美关系健康稳定向前发展，更好造福两国人民和世界各国人民。此外，就美国前国务卿舒尔茨于2月6日去世一事，汪文斌表示，舒尔茨前国务卿是美国资深的政治家和外交家，任内为促进中美关系发展作出了积极努力和有益贡献，离任后继续长期致力于增进两国了解与互信，推动中美友好合作。我们对他的逝世深表哀悼，对他的家人表示诚挚慰问。

2021年2月9日　针对美国海军称，两个航母战斗群9日在南海开展了联合演习一事，中国外交部发言人汪文斌表示，美国频繁派舰机进入南海活动，炫耀武力，不利于地区的和平与稳定。中方将继续采取必要措施，坚定捍卫国家主权和安全，同地区国家一道，坚定维护南海和平稳定。

2021年2月10日　针对美国国务院声称，美方会就中国—世卫组织新冠病毒溯源研究联合专家组在华期间的有关发现进行独立研究，并在美情报机构分析后才会得出自己的判断一事，中国外交部发言人汪文斌表示，中国—世卫组织新冠病毒溯源研究联合专家组昨天举行新闻发布会。双方专家在发布会上详细介绍了此次合作溯源的成果，对我们进一步认识新冠病毒、更好抗击疫情、防范未来风险提供了重要线索，也为下一步全球科学溯源奠定了重要基础。正如中方专家组组长梁万年教授在会上指出的，这次溯源合作是世卫组织召集的新冠病毒全球溯源研究中国部分。中方将继续坚持开放、透明的态度，同世卫组织就全球病毒溯源保持密切沟通合作。我们希望有关国家同样秉持科学态度，积极开展全球病毒溯源，分享交流研究成果，共同为保护各国人民的生命安全和健康作出积极努力。有不少线索、报道和研究表明，疫情早在2019年下半年就已在世界多地多点出现，其中就有关于新冠病毒在美国出现的时间可能早于美国官方报告首例新冠肺炎确诊病例时间的报道。希望美方也像中方一样秉持开放、透明态度，能够邀请世卫组织专家去美国开展溯源研究。

2021年2月11日 中国国家主席习近平同美国总统拜登通电话。两国元首就中国牛年春节相互拜年，并就双边关系和重大国际及地区问题深入交换意见。拜登向中国人民拜年，祝愿中国人民春节快乐、繁荣发展。习近平再次祝贺拜登正式就任美国总统，并祝中美两国人民新春愉快、牛年吉祥。习近平指出，过去半个多世纪，国际关系中一个最重要的事件就是中美关系恢复和发展。虽然期间也经历了不少曲折和困难，但总体不断向前，而且取得了丰硕成果，造福了两国人民，也促进了世界和平、稳定、繁荣。中美合则两利、斗则俱伤，合作是双方唯一正确选择。中美合作可以办成许多有利于两国和世界的大事，中美对抗对两国和世界肯定是一场灾难。习近平强调，当前，中美关系正处于重要关口。推动中美关系健康稳定发展，是两国人民和国际社会的共同期盼。你说过，美国最大的特点是可能性。希望现在这种可能性朝着有利于两国关系改善的方向发展。两国应该共同努力、相向而行，秉持不冲突不对抗、相互尊重、合作共赢的精神，聚焦合作，管控分歧，推动中美关系健康稳定发展，给两国人民带来更多实实在在的利益，为抗击新冠肺炎疫情、促进世界经济复苏和维护地区和平稳定作出应有贡献。习近平强调，中美在一些问题上会有不同看法，关键是要相互尊重、平等相待，以建设性方式妥善管控和处理。两国外交部门可就双边关系中的广泛问题以及重大国际和地区问题深入沟通，两国经济、金融、执法、军队等部门也可以多开展一些接触。中美双方应该重新建立各种对话机制，准确了解彼此的政策意图，避免误解误判。要分清哪些是分歧，要很好管控；哪些有合作意义，共同推动走上合作轨道。台湾、涉港、涉疆等问题是中国内政，事关中国主权和领土完整，美方应该尊重中国的核心利益，慎重行事。习近平强调，面对当前充满不确定性的国际形势，中美作为联合国安理会常任理事国，承担着特殊国际责任和义务。双方应该顺应世界潮流，共同维护亚太地区和平稳定，为促进世界和平与发展作出历史性贡献。拜登表示，中国是具有悠久历史和伟大文明的国家，中国人民是伟大的人民。美中两国应该避免冲突，可以在气候变化等广泛领域开展合作。美方愿同中方本着相互尊重的精神，开展坦诚和建设性对话，增进相互理解，避免误解误判。两国元首都认为，今天的通话将向世界释放积极信号，双方同意就中美关系和共同关心的问题保持密切联系。

  2021年2月11日 中国驻美大使馆隆重举办2021"欢乐春节"云端交响音乐招待会。崔天凯大使在招待会上致开幕辞。应邀出席音乐招待会的美中关系全国委员会会长史蒂夫·欧伦斯、美中贸易全国委员会会长克雷格·艾伦也发表了致辞。

  2021年2月11日 美国纽约纳斯达克证券交易所举行特别收市"云敲钟"仪式，庆祝中国农历牛年的到来。纳斯达克证交所高级副总裁罗伯特·麦柯奕、中国驻纽约总领事黄屏出席并致辞。纽约地区中国媒体、中资机构、学界代表及侨界人士也通过视频的方式参加了当天的敲钟仪式。

2021年2月12日 由中国对外文化集团有限公司主办，美中文化艺术联合会、中华文化促进会音乐家协会等组织协办的"欢乐春节"中美新春音乐会在美国俄亥俄州辛辛那提纪念剧场官网播出。中国中央民族乐团与美国芝加哥交响乐团、圣地亚哥交响乐团一道为观众献上精美的文化盛宴。

2021年2月13日 位于美国首都华盛顿的美国艺术博物馆在中国驻美大使馆的支持、协助下，通过在线视频互动方式举办2021年"欢乐春节·中国新年家庭日"。中国驻美大使馆李克新公使和博物馆馆长斯蒂碧施女士先后发表致辞，并与1400个美国家庭在云端同庆春节。

2021年2月14日 美国鹰龙传媒举行2021年"鹰飞龙腾"新年新春线上音乐会。中国驻洛杉矶总领事张平出席并发表致辞。

2021年2月16日 中国驻芝加哥总领事赵建线上出席美国西密歇根世界事务委员会举行的视频对话会并发表演讲。演讲后，赵建总领事还就中美关系、中国抗疫举措、新冠病毒溯源、涉港问题、涉疆问题、气候变化、朝核问题等在线回答了提问。该对话会由西密歇根世界事务委员会执行主任范德兰德主持，委员会会员及各界人士100多人在线参加了此次会议。

2021年2月18日 针对美国宣布将强化美日印澳四边机制联盟一事，中国外交部发言人华春莹表示，和平与发展是时代潮流。我们希望有关国家之间的合作是开放、包容、共赢的，能够有利于世界和地区的和平与稳定，成为积极向善的力量，而不是有所企图、针对特定国家。这才能得到支持。

此外，针对据美联社报道，该社与大西洋理事会共同开展的一项调查结果显示，中国发起了可能是其首次全球虚假数字信息运动，制作并传播关于美国制造新冠病毒作为生物武器的故事之事，华春莹表示，我注意到这里有个"可能"。我不知道这个调查是怎么做的。我们看到疫情发生以来，美西方社交媒体上充斥着大量的疫情阴谋论，美国有些官员、议员、媒体、机构在拿不出任何证据的情况下，炮制和散布了大量针对中国的虚假信息，对中国进行"有罪推定"式的抹黑和攻击。说到推特账号数量，为什么外国人可以使用中国的社交媒体平台，而中国人就不可以使用推特和脸书呢？这只是增加一种同外国民众分享信息、沟通交流的渠道而已。之所以出现这样的炒作，根本原因就在于，在溯源等问题上，美西方一些人不愿意听到中方客观真实的声音，害怕更多人了解事实真相，以致于他们不能再肆无忌惮地散布虚假信息，为所欲为地误导和垄断国际舆论。

2021年2月19日 中国山西省—美国犹他州合作会议在太原举行。山西省发改委外资处、省外事办，省教育厅等有关单位代表参加了会议。美国犹他州驻中国代表胡向前出席了会议。

2021年2月19日 针对美国财长耶伦18日在接受采访时称，现阶段将维持特朗普政府对华加征关税，希望中国继续履行承诺，美将评估如何以合适的方式向前走一事，中国外交部发言人华春莹表示，我们注意到有关报道。对于美国上届政府发动对华贸易战，美国国内一直有不少反对的声音，认为这种做法不但解决不了美国国内自身的问题，反而会让美国自己的企业和消费者买单。中美经贸关系的本质是互利共赢，贸易战没有赢家，这已为大量事实所证明。美国商会的这份报告也再次印证了这一点。同中国脱钩就是同机遇脱钩、同未来脱钩、同世界脱钩。我们希望美方倾听工商企业界和国内外有识之士的呼声，纠正有关错误做法，同中方一道加强对话沟通，在相互尊重、平等互利基础上扩大经贸合作、妥善处理经贸摩擦，推动中美经贸关系健康稳定发展。此外，华春莹就熊猫外交表示，大熊猫呆萌可爱、憨态可掬，不仅是中国的"国宝"，也深受世界各国人民的欢迎和喜爱，是中国和外国友谊的使者和桥梁，推动了中外文化交融和人文交流。同时，大熊猫作为野生动植物保护领域的旗舰物种，在推进全球生物多样性保护方面也发挥了积极作用。目前，中国与日本、美国、奥地利等18个国家的22个动物园开展大熊猫保护合作研究，这些保护合作研究促进了中外在濒危物种保护领域的学术交流，提升了保护科研水平，强化了物种保护。

2021年2月22日 由中国公共外交协会、北京大学和中国人民大学共同在北京举办了"对话合作，管控分歧——推动中美关系重回正轨"蓝厅论坛。中国国务委员兼外交部长王毅出席并发表主旨演讲，美国前财政部长鲍尔森，美国亚洲协会会长、澳大利亚前总理陆克文，美国史带集团董事长、国际集团前首席执行官格林伯格，中国驻美大使崔天凯和北京大学校长郝平出席论坛开幕式并致辞。中美双方50多位前政要、专家学者、卫生、文化、体育等各界代表以"线上+线下"的方式共同参加了此次论坛。

2021年2月22日 针对美国总统拜登在慕尼黑安全会议上称应抵制中国政府的"经济侵犯和胁迫"一事，中国外交部发言人汪文斌表示，世界上绝大多数国家都认为中国的发展是世界经济的机遇，而不是威胁。中国作为世界第二大经济体，通过全面深化改革、不断扩大开放，积极促进互利合作，为世界经济增长提供了信心和动力，连续多年对世界经济增长贡献率超过30%，国际社会对此有目共睹。中美欧都是维护世界和平稳定与发展繁荣的重要力量，应当共同践行和维护多边主义。多边主义的要义是国际上的事情由大家商量着办，而不是以意识形态划线搞集团政治，搞针对特定国家的"小圈子"。中方愿继续同各方一道，秉持开放包容的理念，坚持协商合作，推动构建新型国际关系，构建人类命运共同体。

2021年2月23日 针对美国务院发言人普莱斯就王毅国务委员昨日蓝厅论坛开幕式致辞内容回应声称，中方表态反映出中国政府仍倾向于避免因"掠夺性"经济行为等而受到指责之事，中国外交部发言人汪文斌表示，正如王毅国务委员昨天在外交部蓝厅论坛开幕式致辞中所指出的，过去几年，中美关系脱离了正常轨道，陷入建交以来最为困难的局面，根源在于美国前政府出于自身政治需要，对中国的走向和政策作出了严重误判和歪曲解释，出台各种遏制打压行径，给两国关系造成了难以估量的伤害。至于美方指责中方的有关具体问题，我们已多次阐明立场、列举了事实和数据。任何不抱有偏见的人士都能得出客观、公正的结论。希望美方能够从中美两国人民和世界各国人民的利益出发，采取积极、建设性的对华政策，同中方相向而行，聚焦合作，管控分歧，推动中美关系重回健康稳定发展轨道。此外，就美国约翰斯·霍普金斯大学中非研究中心负责人称，该中心在查阅中国在非洲开展项目有关对外贷款文件后发现，没有任何证据表明，如果有关国家出现无法还债问题，中方会没收其资产一事，汪文斌表示，我注意到有关报道。不久之前，美国《大西洋月刊》也刊发了题为《中国的"债务陷阱"是虚构的》文章，援引大量证据表明有关"中国制造'债务陷阱'"的说法是一些西方国家政客精心编造的谎言。关于债务问题，中方也多次表明立场。在非洲国家整体外债构成中，多边金融机构和商业债权人所持债务占比超过四分之三，在帮助非洲国家减轻债务负担上负有更大责任，没有哪个非洲国家是因为同中国开展合作而陷入债务困境的。当非洲国家出现经济困难时，中方始终愿通过友好协商寻求妥善解决办法，我们从不逼债，更不会要求签订什么"霸王条款"。同时，中方高度重视非洲减缓债问题，我们正遵照中非领导人共识和二十国集团缓债倡议，积极回应非方关切，已同16个非洲国家签署缓债协议或达成缓债共识。中方还在中非合作论坛框架下免除了15个非洲国家2020年底到期的无息贷款债务。所谓"中国制造'债务陷阱'"是假，一些国家别有用心之人挑拨离间中非关系是真。在这个问题上，凡是抱着公正的态度，都会得出客观的结论。中国对非合作一贯坚持真实亲诚理念和正确义利观，秉持公开透明、平等互利和共商共建共享原则，有力促进了非洲经济社会发展和民生改善。中国迄今已帮助非洲修建超过6000公里铁路、6000公里公路，建设近20个港口和80多个大型电力设施。中方参与投资建设的尼日利亚莱基深水港、肯尼亚内罗毕机场快速路项目，丰富了中非投融资合作方式，助力非洲实现自主可持续发展。中非合作坦坦荡荡，合作成果实实在在。发展中国家债务问题由来已久，成因复杂，根本解决之道在于帮助和支持这些国家增强自主发展能力，实现更大发展。中国一直致力于为发展中国家的发展创造一个有利的国际环境，一直致力于通过各种方式开展合作实现共同发展。中方愿继续同国际社会一道为非洲国家减债缓债作出努力。希望发达国家和主要国际金融机构重视非洲国家关切，加大力度减免非洲国家债务。

2021年2月24日 在国务院新闻办公室召开的"加快商务高质量发展、服务构建新发展格局"发布会上，就媒体提出下一阶段中美经贸走势如何的问题，中国商务部部长王文涛表示，中方愿与美方在相互尊重、平等互利的基础上开展合作。下一阶段，按照两国元首通话精神，加强沟通，管控分歧，推动双边经贸关系重回合作轨道。中方始终认为，中美经贸关系的本质是互利共赢，双方利益深度融合，合则两利、斗则俱伤，合作是唯一正确的选择。据介绍，2020年尽管受新冠肺炎疫情影响，全球贸易表现低迷，但中美之间贸易却在困境中逆势上行，以美元计同比增长8.3%。中国是美国第一大贸易伙伴，双方双边贸易投资合作为各自经济恢复作出积极贡献，这充分说明，经贸合作是积极推动两国关系的力量，为双方也带来实实在在的好处。中方愿加强两国在经贸领域的交往，在相互尊重、平等互利的基础上开展合作，造福两国人民，这样也惠及世界。下一阶段期待与美方共同努力。

2021年2月24日 针对美国参议院跨党派议员将重提一项旨在抵制中国在美国境内进行言论审查的立法，要求对北京扼杀美境内对华批评声音的做法进行追责，并称中国政府迫使美国公司，包括连锁酒店、航空公司以及好莱坞电影厂等支持亲华立场之事，中国外交部发言人汪文斌表示，你提到的所谓中国在美进行言论审查的说法没有事实依据。我们多次介绍，中美经贸关系本质上是互利共赢的。我们希望美方有关人士倾听工商企业界、美国国内和国际有识之士的呼声，客观看待中国和中美经贸关系，同中方一道，加强对话沟通，在相互尊重、平等互利的基础上推进合作，妥处分歧，推动中美经贸等领域关系健康发展。此外，针对《华尔街日报》刊发一篇署名为蓬佩奥和余茂春的文章，再炒武汉病毒研究所泄漏病毒的阴谋论一事，汪文斌表示，蓬佩奥散布的所谓武汉实验室制造病毒或泄漏病毒的说法，早已被世界上几乎所有顶级科学家和疾控专家公开否定。世卫组织新冠病毒溯源研究国际专家组多次明确指出，新冠病毒"极不可能"来自实验室泄漏。蓬佩奥早已信誉破产，成为谎言的代名词。蓬佩奥之流仍妄想卸任后依靠反华来谋求个人私利，继续绑架中美关系，这注定是竹篮打水一场空。

2021年2月25日 针对美国总统拜登24日签署行政命令，对半导体在内的4项关键产品的全球供应链进行审查，以摆脱对海外供应商尤其是中国供应商的依赖之事，中国外交部发言人赵立坚表示，在全球化时代，各国利益深度交融，你中有我、我中有你。全球产业链供应链的形成和发展，是市场规律和企业选择共同作用的结果。中方认为，人为推动产业"转移""脱钩"，以政治力量强行改变经济规律，是不现实的，无法解决本国自身面临的问题，也会损害全球产业链供应链。我们希望美方切实尊重市场经济规律和自由贸易规则，维护全球产业链供应链的安全、可靠和稳定。

2021年2月26日 江苏省省长吴政隆在南京会见美国霍尼韦尔公司全球高增长地区总裁沈达理一行。

3月

2021年3月1日 清华大学与布鲁金斯学会共同举办"快速复苏的正轨：中美新冠疫情防控与治疗合作"论坛，清华大学校长邱勇、中国国家卫健委高级别专家组组长钟南山、中国疾病预防控制中心主任高福、中国疾病预防控制中心流行病首席专家吴尊友、上海市新冠肺炎医疗救治专家组组长张文宏、美国哥伦比亚大学梅尔曼公共卫生学院感染与免疫中心主任维尔特·伊恩·利普金等出席并致辞。

2021年3月1日 针对美国国务卿发推特称，美方呼吁中方立即释放此前被拘捕的香港"民主"人士一事，中国外交部发言人汪文斌表示，中国是法治国家，香港是法治社会，任何人都不能凌驾于法律之上。香港警方依法拘捕并起诉涉嫌违反香港国安法颠覆国家政权罪的犯罪嫌疑人是正当执法行动。我们坚定支持香港警方依法履职，维护国家安全和香港的安全和稳定。我们敦促美方尊重事实，尊重法治，停止以任何方式干预香港事务，停止干涉中国内政。

2021年3月1日 针对美国政要在多个场合渲染"中国威胁论"，宣称要与盟国密切合作，"在竞争中战胜中国"一事，中国国防部新闻发言人表示，当今世界已经进入和平、发展、合作、共赢的新时代，那种强化针对第三方的军事同盟体系，完全是冷战思维的产物，早已不合时宜，早该被扫进历史的垃圾堆。我们积极践行人类命运共同体理念，反对你输我赢、赢者通吃的零和博弈观念；我们推动构建相互尊重、公平正义、合作共赢的新型国际关系，反对封闭的、以对抗为目的的军事同盟关系；我们坚持共同、综合、合作、可持续的新安全观，反对单方面排他性的绝对安全。

2021年3月2日 中国人民对外友好协会与美国州立法领袖基金会共同举办以"合作共赢、再谱新篇"为主题的第五届中美省州立法机关合作论坛视频会。本届论坛是美国新政府就任后中美之间恢复的首个两国交流合作机制性活动，旨在贯彻中美两国元首新春通话达成的重要共识，具有特殊意义。中国人民对外友好协会会长林松添、美国州立法领袖基金会主席雷吉斯发表致辞。中国驻美大使崔天凯向论坛发来视频致辞。北京、河北、山西、江苏、湖北、广东、云南七省（市）人大常委会负责人和美国亚拉巴马、加利福尼亚、特拉华、夏威夷、艾奥瓦、密歇根、田纳西七州议会领袖出席并先后发言。

2021年3月2日 中国工程院院士钟南山在广州出席由爱丁堡大学组织举办的国际疫情防控专家研讨会，与美国著名传染病学专家福奇博士进行连线对话，探讨了全球抗疫合作等话题。

2021年3月2日 针对美国国会众议院议长佩洛西日前会见了"维吾尔族维权人士"一事，中国外交部发言人汪文斌表示，当前新疆社会安全稳定，发展持续向好，人民安居乐业。所谓"维吾尔族维权者"实质上是"东突"反华分裂分子。我们坚决反对美方无视中方为保障人权、促进新疆人民就业所作出的巨大努力，以所谓人权问题为借口，攻击中国治疆政策、干涉中国内政。美方应该做的是直面美国国内长期无法解决的种族歧视、暴力执法等顽疾，切实采取措施改善本国人权状况。

2021年3月4日 十三届全国人大四次会议在人民大会堂新闻发布厅举行新闻发布会，由大会发言人张业遂就大会议程和人大工作相关问题回答中外记者提问。张业遂说，中美两国在一些问题上存在分歧是正常的，断供、脱钩损人害己，冲突、对抗不符合任何一方的利益。双方共同努力，以两国元首通话为契机，加强对话、聚焦合作、管控分歧，推动中美关系稳定发展，符合两国和两国人民的根本利益，也是国际社会的普遍期待。

2021年3月4日 针对美国国务卿布林肯3日发表外交政策演讲时称，中美关系是本世纪最大的地缘政治考验，并称美方将维护香港和新疆维吾尔族人的权利之事，中国外交部发言人汪文斌表示，中国一直是世界和平的建设者、全球发展的贡献者、国际秩序的维护者。中国的发展是世界和平力量的增长，是世界的机遇而非挑战。中方始终坚定维护的是以联合国为核心的国际体系和以国际法为基础的国际秩序，而不是个别国家为维护自身霸权所定义的国际秩序。在全球化时代，以意识形态划线，拉帮结派搞针对特定国家的"小圈子"不得人心、没有出路。中美两国历史、文化、制度不尽相同，在一些问题上难免存在分歧，关键是要相互尊重、平等相待，以建设性的方式妥善加以管控和处理。对话总比对立好，合作总比对抗强。历史和现实表明，只要双方坚持相互尊重、平等相待，中美总可以找到化解和管控分歧的办法，实现双赢、共赢。中方在涉疆、涉港、经贸问题上的立场是一贯的、明确的。中方致力于同美方发展不冲突不对抗、相互尊重、合作共赢的关系，同时将继续坚定维护国家主权安全发展利益。希望美方客观理性看待中国和中美关系，采取理性务实的对华政策，推动中美关系重回正轨。

2021年3月5日 针对美国智库布鲁金斯学会日前发表文章，呼吁美中合作应对疫情一事，中国外交部发言人汪文斌表示，中美两国疫情防控领域的专家前几天进行了对话交流，一致认为抗击疫情要全球合力应对，需要团结合作的精神。可以说，团结抗疫是国际社会的普遍呼声，加强中美抗疫合作也是两国有识之士的共同愿望。疫情发生以来，中国率先有效控制住疫情，同时积极推进国际抗疫合作，有力保障全球抗疫物资的生产和供应。据我了解，2020年3月1日至2021年2月28日，中国向美国出口口罩约438.5亿只，外科手套约11.9亿双，防护服约9.5亿套，护目镜约5403万副，呼吸机17585台。中国很多省市、企业和团体也向美方积极提供了医疗物资捐助。中方专家、医务工作者、非政府组织等与美国同行们分享防控和诊疗经验。中美双方制药企业和科技界人士也就疫苗及药物研发保持着沟通与合作。当前，疫情仍在蔓延。中美作为两个大国，应该而且能够携手应对人类共同挑战。中方愿继续同包括美方在内的世界各国共同努力，支持世卫组织进一步发挥作用，推动国际抗疫合作深入发展，争取早日战胜疫情。

2021年3月7日 十三届全国人大四次会议解放军和武警部队代表团新闻发言人吴谦接受媒体采访。针对美国国务院发表声明，敦促大陆停止对台军事施压一事，吴谦表示，台湾是中国不可分割的一部分。台湾问题纯属中国内政，不容任何外来干涉。我们愿以最大诚意、尽最大努力争取两岸和平统一的前景，但绝不容忍"台独"分裂势力分裂祖国。我们不承诺放弃使用武力，保留采取一切必要措施的选项，针对的是外部势力干涉和极少数"台独"分裂分子及其分裂活动，绝非针对台湾同胞。当前，两岸关系形势复杂严峻，民进党当局挟洋自重，妄图"以武谋独"。这种行径有悖民族大义，严重损害两岸同胞共同利益，严重危害台海和平稳定，是十分危险的，也是没有出路的。历史证明，那些妄图分裂祖国的坏分子，绝不会有好下场。中国必定实现完全统一，中华民族必定实现伟大复兴。这一历史大势是任何人任何势力都无法阻挡的！我们愿意为和平统一创造广阔空间，但绝不为各种形式的"台独"分裂活动留下任何空间。维护国家主权和领土完整是中国人民解放军的神圣职责，我们的能力始终都在、意志坚如磐石。

2021年3月9日 近日，中国驻旧金山总领馆向美国华盛顿州塔科马市林肯中学校长埃尔文转达国家主席习近平致该校师生的新春祝福，希望他们继续加强交流，做中美人民友好的桥梁和纽带。农历春节前夕，埃尔文校长向习近平主席致信，汇报了该校近年来对华交流情况并致以新春祝福。

2021年3月11日 十三届全国人大四次会议在北京人民大会堂举行记者会，中国国务院总理李克强应大会发言人张业遂的邀请出席记者会，并回答了中外记者提问。在谈及中美关系时，李克强总理表示，过去几年中美关系的确遭遇了严重的困难，给两国和世界都带来了不利的影响。中美作为世界上最大的发展中国家和最大的发达国家，合则两利、斗则俱伤。中美建交40多年了，风风雨雨，能越过坎坷向前走，还是因为符合世界发展趋势，符合两国的根本利益。我们希望双方按照习近平主席最近和拜登总统通话的精神，尊重彼此的核心利益和重大关切，互不干涉内政和内部事务，秉持不冲突不对抗、相互尊重、合作共赢的原则，推动两国关系向着健康稳定的方向发展。这既符合两国人民的利益，也是国际社会的期待。中美两国历史文化、发展阶段、社会制度不同，彼此相处难免会有矛盾、有分歧，有的时候甚至比较尖锐，关键是如何对待。中美两国人民是有智慧、有能力的，双方还是要相互尊重、平等相待地进行对话沟通。我们希望中美有多领域、多层次的对话，即便一时达不成共识，也可以交换意见、增信释疑，这有利于管控和化解分歧。中美两国有着广泛的共同利益，有许多可以合作的领域。在去年多重冲击的背景下，中美两国的贸易规模仍然达到4.1万亿元，增长8.8%。我们还是应当把更多精力放在共同点上，去扩大共同利益。中美两国作为联合国安理会常任理事国，对于维护世界和平稳定、促进世界繁荣发展，都有重要责任。应该推动中美关系越过坎坷往前看，向着总体稳定的方向走。

2021年3月11日 中国外交部发言人赵立坚在例行记者会上宣布，应美方邀请，中共中央政治局委员、中央外事工作委员会办公室主任杨洁篪、国务委员兼外交部长王毅将同美国国务卿布林肯、总统国家安全事务助理沙利文于3月18日至19日在安克雷奇举行中美高层战略对话。

2021年3月15日 针对美国国防部长奥斯汀声称，美国及其盟友的目标是确保拥有能力同行动计划，来对中国或其他任何希望与美国较量的国家构成可信的威慑一事，中国外交部发言人赵立坚表示，中国一直是世界和平的建设者、全球发展的贡献者、国际秩序的维护者。中国的发展是世界和平力量的增长，是世界的机遇，而非挑战。中方始终坚定维护的是以联合国为核心的国际体系和以国际法为基础的国际秩序，而不是个别国家为维护自身霸权所定义的国际秩序，在全球化时代，以意识形态划线，拉帮结派，搞针对特定国家的"小圈子"，才是对国际秩序的破坏，终究不得人心，也没有出路。美方应该端正心态，客观理性地看待中国和中美关系，停止干涉中国内政，同中方相向而行，聚焦合作，管控分歧，推动中美关系重回健康稳定发展的轨道。

此外，针对美国总统国家安全事务助理沙利文称美日印澳四边机制领导人讨论了中国带来的挑战并相信民主可以超越威权之事，赵立坚表示，一段时间以来，个别国家热衷于渲染煽动所谓的中国挑战，挑拨地区国家间，特别是他们同中国的关系，但他们的所作所为逆转和平发展合作的时代潮流，违背地区国家和人民的共同心愿，既不受欢迎，也不会得逞。国家间的交往合作应有助于增进地区国家间的相互理解与信任，而不应针对第三方或损害第三方利益。有关国家应该摒弃陈旧过时的冷战思维和意识形态偏见，不搞封闭排他的"小圈子"，多做有利于地区国家团结合作和地区和平稳定的事。

2021年3月16日 中国外交部副部长马朝旭应约与美国总统伊朗事务特使马利通电话，双方就伊朗核问题交换了意见。

2021年3月17日 应圣地亚哥州立大学（SDSU）校长德拉托雷和该校富勒商学院代理院长瑞宁的邀请，中国驻洛杉矶总领事张平出席了由该校校长论坛和富勒商学院霍斯勒世界事务研究所共同举办的视频会议并发表题为《中美关系：新年新愿景》的主旨演讲。全校师生等200余人出席了视频会。

2021年3月17日 针对美日16日举行外长防长"2+2"会晤并发表联合声明，声称中方行为与现行国际秩序不符，还就台湾、涉海、涉疆等问题表示关切之事，中国外交部发言人赵立坚表示，美日联合声明恶意攻击中方对外政策、严重干涉中国内政、妄图损害中方利益，中方对此强烈不满、坚决反对。我们已分别向美日双方提出严正交涉。他强调指出：

第一，世界上只有一个体系，就是以联合国为核心的国际体系；只有一套规则，就是以《联合国宪章》宗旨为基础的国际关系基本准则。美日没有资格单方面定义国际体系，更没有资格将自己的标准强加于人。

第二，中国始终是维护世界和平、促进共同发展的重要力量。

第三，中国在台湾、涉港、涉疆、南海、钓鱼岛等问题上的立场是一贯的、明确的。中国捍卫国家主权、安全、发展利益的决心和意志坚如磐石。台湾、涉港、涉疆问题都是中国内政，不容任何外国干涉。美日联合声明无视有关问题的历史经纬，罔顾事实和真相，不过是美日狼狈为奸、干涉中国内政的又一明证和诬蔑抹黑中国的恶劣例证。

第四，美日固守冷战思维，蓄意搞集团对抗，试图打造反华"包围圈"，这完全是逆时代潮流而动。美日此举只会给本地区带来混乱甚至冲突，只会让世人越发看清"美日同盟"祸乱地区和平稳定的真面目。

第五，日本为满足阻遏中国崛起复兴的一己之私，甘愿仰人鼻息，充当美国战略附庸，不惜背信弃义、破坏中日关系，不惜引狼入室、出卖本地区整体利益。

第六，我们强烈敦促美日立即停止干涉中国内政，立即停止搞针对中国的"小圈子"，立即停止破坏地区和平稳定大局。中方将采取一切必要措施，坚决捍卫自身主权、安全和发展利益。

此外，针对美方宣布增加了对中国内地和香港特别行政区一些官员实施的制裁之事，赵立坚表示，美方依据所谓"香港自治法"制裁中方人员，严重违反国际法和国际关系基本准则，严重干涉中国内政，充分暴露了美方干涉中国内政、搞乱香港、阻挠中国稳定和发展的险恶用心。中方对此坚决反对并予以强烈谴责，已经采取必要反制措施。中国全国人大作为最高权力机关，行使宪法和基本法赋予的权力和责任，就完善香港特区选举制度作出了决定。这是中方坚持和完善"一国两制"制度体系、维护香港长治久安的重大举措，将为全面落实"爱国者治港"提供更加坚实的制度保障。香港是中国的香港，香港事务纯属中国内政，任何外国无权干涉。中国政府反对美方干涉香港事务的决心坚定不移，维护国家主权安全发展利益的决心坚定不移，贯彻"一国两制"方针的决心坚定不移。美方应该立即纠正错误，停止以任何方式干预香港事务、干涉中国内政。中方将视情继续采取有力措施，坚决捍卫国家主权安全发展利益，维护中方企业和人员的合法权益。

2021年3月18—19日　中共中央政治局委员、中央外事工作委员会办公室主任杨洁篪、国务委员兼外交部长王毅在安克雷奇同美国国务卿布林肯、总统国家安全事务助理沙利文举行中美高层战略对话。双方围绕各自内外政策、中美关系以及共同关心的重大国际地区问题进行了坦诚、深入、长时间、建设性的沟通。双方认为对话是及时的、有益的，加深了相互理解。

中方表示，中方是应美方邀请而来。此次中方应邀来到安克雷奇同美方举行中美高层战略对话，是落实两国元首通话共识的重要举措，也是两国元首亲自决策举行的。中方强调，中国无意干涉美国的政治制度，无意挑战或取代美国地位和影响。同时美方应当正确看待中国的政治制度和发展道路，正确看待中方一系列大政方针，正确看待中国对世界的影响。中方指出，中国将坚定奉行独立自主的和平外交政策，坚持独立自主、坚持和平发展、坚持合作共赢、坚持多边主义、坚持公平正义，持续推动构建人类命运共同体。作为世界最大发展中国家和发达国家，中美应当携手深化南北合作，包括面向发展中国家开展第三方市场合作，共同推动实现联合国2030年可持续发展目标。中方表示，中美关系的本质是互利共赢而不是零和博弈。中方对美政策保持高度稳定性和连续性，致力于同美方实现不冲突不对抗、相互尊重、合作共赢，同时坚定捍卫自身主权、安全、发展利益。双方要根据两国元首通话精神，保持沟通渠道畅通，恢复正常对话交往机制，开展互利合作，妥善管控分歧，避免误解误判。两国有责任、有能力、有智慧找到不同政治制度大国相处之道，这将是中美两国为人类文明作出的历史性贡献。中方敦促美方消除上届政府对华错误政策影响，同时避免制造新的问题。

中方指出，台湾问题事关中国主权和领土完整，涉及中国核心利益，没有任何妥协退让余地。我们敦促美方恪守一个中国原则和中美三个联合公报规定，停止美台官方往来和军事联系，停止售台武器，不助台拓展所谓"国际空间"，慎重妥善处理台湾问题，不向"台独"势力发出任何错误信号，不要试图突破中方底线，以免严重损害中美关系和台海和平稳定。美方重申在台湾问题上坚持一个中国政策。中方指出，中国香港特区的选举制度是中国的地方选举制度，完善香港特区选举制度是中央事权，如何设计、如何发展、如何完善是中国内政，任何外国政府、组织和个人都无权干涉。完善香港特区选举制度必须坚持"爱国者治港"。我们敦促美方恪守国际法和国际关系基本准则，尊重中国全国人大关于完善香港特区选举制度的决定，停止插手香港事务和中国内政，停止为"港独"势力撑腰打气，撤销对中国官员和机构的非法制裁，不要再试图搞乱香港，不要阻挡中国推进"一国两制"的进程。如果美国继续一意孤行，中国必将作出坚定回应。中方表示，把"种族灭绝"的帽子戴到中国头上，是本世纪最大的谎言。中方愿同美方在相互尊重的基础上进行交流，新疆的大门向世界敞开，但我们不接受带着偏见、居高临下、像教师爷一样到新疆去搞所谓"有罪推定"式的调查。希望美方尊重客观事实，停止攻击抹黑中国治疆政策，放弃在反恐问题上搞双重标准。中方指出，第十四世达赖是打着宗教幌子、长期从事反华分裂活动的政治流亡者。希望美方恪守承认西藏是中国一部分、不支持"藏独"的承诺，慎重妥善处理涉藏问题，撤销对中方有关官员的制裁，停止利用涉藏问题干涉中国内政。

双方同意按照两国元首2月11日通话精神，保持对话沟通，开展互利合作，防止误解误判，避免冲突对抗，推动中美关系健康稳定发展。双方都希望继续这种高层战略沟通。双方均致力于加强在气候变化领域对话合作，双方将建立中美气候变化联合工作组。双方探讨了为各自外交领事人员接种新冠疫苗作出对等安排。双方将本着对等互惠的精神就便利彼此外交领事机构和人员活动以及媒体记者相关问题进行商谈。双方讨论了根据疫情形势调整相关旅行和签证政策并逐步推动中美人员往来正常化事宜。双方还讨论了经贸、两军、执法、人文、卫生、网络安全以及气候变化、伊朗核、阿富汗、朝鲜半岛、缅甸等一系列问题，同意保持和加强沟通协调。双方表示将围绕二十国集团、亚太经合组织等多边活动加强协调磋商。

2021年3月18日 针对美国国务卿布林肯在访问韩国时声称，在与朝鲜打交道方面，希望中方有效利用对朝影响，推进无核化进程一事，中国外交部发言人赵立坚表示，我们注意到有关情况。中方认为，朝鲜半岛近年来来之不易的对话缓和局面值得珍惜。有关各方应相向而行，共同致力于管控分歧，积极推进对话接触，维护地区和平稳定。按照"双轨并进"思路坚定推进半岛问题政治解决进程符合各方共同利益。中方将继续为此发挥建设性作用。

2021年3月19日 中美高层战略对话于3月18—19日在美国安克雷奇举行。对话结束后，中共中央政治局委员、中央外事工作委员会办公室主任杨洁篪、国务委员兼外交部长王毅接受了媒体采访。杨洁篪表示，过去两天，我和王毅国务委员兼外长同布林肯国务卿、沙利文助理进行了长时间战略沟通，就各自内外政策和双边关系进行了坦诚、建设性交流。这次对话是有益的，有利于增进相互了解。双方在一些问题上仍存在重要分歧。中国将坚定维护国家主权、安全和发展利益。中国的发展壮大是不可阻挡的。这次双方的沟通是为了贯彻习近平主席和拜登总统通话所达成的共识。我们希望双方在各个领域加强沟通、交流和对话。双方应按照不冲突不对抗，相互尊重、合作共赢的原则处理中美关系，使中美关系沿着健康、稳定轨道向前发展。王毅表示，中方是抱着诚意来对话的，因为对话总比对抗好，但对话必须本着相互尊重、求同存异的精神来进行，不能单方面拉单子、提要价。双方都有很多关切。有一些疑虑，可以通过对话加以缓解。有一些是长期以来存在的问题，可以通过对话加以管控。同时，中方向美方明确指出，主权和领土完整是重大原则问题，美方不要低估中方捍卫国家主权、安全和发展利益的决心，不要低估中国人民维护民族尊严和正当权益的意志。中方对发展中美关系的态度是明确、一贯的。希望美方也能相向而行，特别是要尊重和照顾彼此核心利益与重大关切。在此基础上，中方对中美继续对话的大门始终是敞开的。

2021年3月19日 中国人民外交学会与美国美亚学会合作举办2021年第三场美国国会议员助手虚拟访华活动，邀请中国科技问题专家与9名美国国会议员助手进行了视频座谈。

2021年3月22日 中国外交部发言人华春莹就中美高层战略对话在例行记者会上答记者问表示，此次中方应美方邀请，赴安克雷奇同美方举行中美高层战略对话，是落实两国元首除夕通话共识的重要举措，也是两国元首亲自决策举行的。中方已经发布了消息稿。对话结束后，杨洁篪主任和王毅国务委员接受了媒体采访，介绍了对话情况。此次对话期间，中美双方围绕各自内外政策、中美关系以及共同关心的重大国际地区问题进行了坦诚、深入、长时间、建设性的沟通。对话是及时的、有益的，加深了相互理解。

首先，双方同意按照两国元首通话精神，保持对话沟通，开展互利合作，防止误解误判，避免冲突对抗，推动中美关系健康稳定发展。双方都希望继续这种高层战略沟通。

其次，中方在涉及自身主权、安全、发展利益的问题上阐明了坚定立场，相信美方对此有了更清晰的认识。中方向美方明确指出，主权和领土完整是重大原则问题，美方不要低估中方捍卫国家主权、安全和发展利益的决心，不要低估中国人民维护民族尊严和正当权益的意志。希望美方同中方相向而行，特别是要尊重和照顾彼此核心利益与重大关切。美方重申在台湾问题上坚持一个中国政策。

此外，双方就一些具体领域合作及问题进行了讨论，并达成了一些共识，比如，双方均致力于加强在气候变化领域对话合作，双方将建立中美气候变化联合工作组，探讨了为各自外交领事人员接种新冠疫苗作出对等安排，同意将本着对等互惠的精神就便利彼此外交领事机构和人员活动以及媒体记者相关问题进行商谈，并同意就经贸、两军、执法、人文、卫生、网络安全以及气候变化、伊朗核、阿富汗、朝鲜半岛、缅甸等一系列问题保持和加强沟通协调。

华春莹强调，中方对发展中美关系的态度是明确、一贯的，中方致力于同美方实现不冲突不对抗、相互尊重、合作共赢，同时坚定捍卫自身主权、安全、发展利益。希望美方也能相向而行，特别是要尊重和照顾彼此核心利益与重大关切。在此基础上，中方对中美继续对话的大门始终是敞开的。

2021年3月23日 由中国人民对外友好协会和美国腹地中国协会共同举办的"中美农业圆桌论坛"系列活动开幕式以视频方式举行。中国人民对外友好协会林松添会长，河北省副省长夏延军，湖北省副省长柯俊，中国驻美公使徐学渊，农业农村部国际合作司司长隋鹏飞，中国驻芝加哥总领事赵建，美国腹地中国协会主席、前密苏里州州长霍顿，世界粮食奖基金会名誉主席、美国腹地中国协会顾问奎因，艾奥瓦州州务卿佩特，亚拉巴马州州务卿梅瑞尔，人民友好使者、前美国艾奥瓦州友好省州委员会主席兰蒂以及中美农业企业代表等参加开幕式并致辞。美国国会议员拉胡德、农业部代理副部长哈费迈斯特、艾奥瓦州州长雷诺兹等美国联邦及地方政要专程发来视频致辞。中美农业圆桌论坛系列活动框架下的贸易与商业对话、教育对话和智库对话分别于3月26日、4月2日和4月9日在线上举办。中美有关农业企业、教育机构和专家学者出席了对话活动。

2021年3月23日 针对欧盟、英国、加拿大22日分别以所谓新疆人权问题为借口宣布对中方有关个人及实体实施单边制裁，同日，美国宣布制裁中方两名新疆维吾尔自治区政府官员之事，中国外交部发言人华春莹表示，美、加、英和欧盟基于谎言和虚假信息以人权为由对中国新疆有关人员和机构实施制裁，中方予以强烈谴责。中国外交部负责人已分别召见欧盟、英国驻华大使，提出严正交涉。昨晚中方已第一时间表明严正立场并宣布对欧方有关机构和人员实施制裁。中方也已向美方和加方提出严正交涉。中方敦促有关方面认识到错误的严重性，反躬自省，纠正错误，不要再以人权教师爷自居，不要再玩弄虚伪的双重标准，不要再四处干涉别国内政，不要再在错误的道路上越走越远。事实已经非常清楚，这绝不是什么人权问题，其真实目的就是不想让中国人民过上好日子，不想让中国人民享有安全、稳定、发展和繁荣。他们就是要制造所谓的"新疆问题"来遏制中国的发展，破坏中国的安全稳定。这样的想法只能是痴心妄想。希望他们能够尽早认识到这个问题，不要在错误的道路上越走越远，不然他们会在历史上留下非常可耻的一笔。中方希望同所有国家都本着平等和相互尊重的精神发展健康稳定的关系，开展互利共赢的合作。我们的合作前景应该是光明美好的，但千万不要低估中方维护自身主权、安全、发展利益的坚定决心和意志。今天的中国绝不是120年前的中国，美西方几个国家以为通过谣言、谎言、造谣、诋毁、攻击、围堵就能迫使中国屈服，妥协投降，这样的日子一去不复返了！想要卡住中国的脖子，他们可能还没有这个能力，最终会得不偿失，为自己的愚蠢和傲慢付出沉重的代价。中方维护国家主权和民族尊严的决心坚定不移，对那些执迷不悟肆意干涉中国内政，损害中国利益的国家，中方将作出正当、正义的反应。

2021年3月24日 中国驻旧金山总领事王东华应邀出席由世界事务理事会北加州分会举办的"外交官进课堂"活动，与美国旧金山双语国际学校的学生进行了在线交流。

2021年3月24日 中国国务院新闻办公室发表《2020年美国侵犯人权报告》，除序言外，报告内容涉及以下六个方面：（一）疫情严重失控酿成人间悲剧；（二）美式民主失序引发政治乱象；（三）种族歧视恶化少数族裔处境；（四）社会持续动荡威胁公众安全；（五）贫富日益分化加剧社会不公；（六）践踏国际规则造成人道灾难。

2021年3月24日 针对澳大利亚、新西兰外长23日发表联合声明，称认同美、加、英、欧的涉疆关切，欢迎他们的制裁措施之事，中国外交部发言人华春莹表示，美国及其"五眼联盟"盟友是进行了协调，摆出了一副要打群架的样子。他们的嘴脸不禁让人想起了当年的八国联军，但这几个国家显然搞错了时代，身子进入21世纪第三个十年，对中国脑子还停留在19世纪末的晚清。他们显然不了解中国，不了解世界。现在的中国已经不是120年前的中国。中国人民是惹不得的，如果惹翻了，是不好办的。联合国有190多个成员国。"五眼联盟"等几个盟友代表不了国际社会。得道多助，失道寡助。中国坦坦荡荡，致力于同所有国家本着和平共处五项原则发展友好合作关系，中国的朋友遍天下。

2021年3月25日 中国教育国际交流协会举办"重塑中美教育交流"研讨会。中国教育国际交流协会刘利民会长、中美教育基金会会长张之香出席并发表讲话。会议由中国教育国际交流协会副会长张秀琴和美中教育基金会顾问委员会成员大卫·迈克尔·兰普顿主持，中美两国16位与会嘉宾进行了研讨。

2021年3月25日 针对美国国务卿布林肯24日在北约总部发表演讲声称中国在南海实施军事化一事，中国外交部发言人华春莹表示，美方官员这番话再次证明，美方在信口开河、随意扣帽子方面确实给予了自己超级自由。中方在有关问题上的原则立场是非常清楚的：第一，南海"军事化"这顶帽子扣不到中国头上。美方不能拿"军事化"标签剥夺中方对本国领土的自保权和自卫权。第二，破坏国际体系规则这顶帽子扣不到中国头上。世界上只有一个体系，就是以联合国为核心的国际体系；只有一套规则，就是以《联合国宪章》宗旨为基础的国际关系基本准则。美国这些年对国际规则合则用，不合则弃，破坏国际体系规则这顶帽子当然非美国莫属。第三，破坏美西方价值观这顶帽子扣不到中国头上。事实上，破坏美西方价值观的正是美西方自己。中国人只想把自己的事情做好，对四处干预既没兴趣，也没精力。聆听和尊重在人与人的关系中至关重要，在国际关系中也同样如此。美方对他那套民主价值观想象很丰满，但现实很骨感。我们希望美方正确认识自己、正确认识别人，摒弃零和博弈和冷战思维，真正学会基于平等和相互尊重同他国打交道，真正承担起大国对于世界和平与发展的重要责任。

2021年3月25日 针对美国国家安全委员会日前发布《临时国家安全战略纲要》声称，在美国的竞争对手里，中国是唯一具备经济和军事等实力挑战现行国际体系的国家一事，中国国防部新闻发言人任国强表示，美方有关言论充满冷战思维，美方这种制造敌人、渲染威胁的"套路"，其实就是为了继续称霸争霸找借口，反映了美方顽固的霸权心态、奉行的丛林法则及危险的对华误判，既不符合事实，也不符合中美两国及世界的共同利益，中方对此坚决反对。中国无意"挑战"谁，但谁的"挑战"也不怕；中国不想"威胁"谁，但谁的"威胁"也没用。中国坚持走和平发展道路，奉行防御性国防政策，始终坚持以自身的发展壮大推动世界和平力量的发展壮大。中国军队积极发展同各国的军事关系，参与全球安全治理，持续提供国际维和、远海护航、国际抗疫物资等公共安全产品，为捍卫国家利益、维护世界和平、服务构建人类命运共同体不断作出新贡献。中美合则两利、斗则俱伤，合作是双方唯一正确选择。我们希望美方能够认清形势，理性看待中国和中国军队发展，正确处理中美两国两军关系，与中方相向而行，加强对话沟通，拓展互利合作，妥善管控分歧，推动中美两军关系健康稳定向前发展。

2021年3月26日 中国人民外交学会与美国美亚学会合作举办2021年第四场美国国会议员助手虚拟访华活动，邀请中国科学技术部官员与9名美国国会议员助手进行了视频交流。

2021年3月26日 针对美国总统拜登25日在就任后首场记者会上声称，他要求中国遵守国际规则，中方没有民主的基因，美方不会让中国超越美国，并称美国不寻求与中国对抗，但清楚美中会展开非常激烈的竞争一事，中国外交部发言人华春莹表示，我们注意到拜登总统表示无意寻求对抗。中方对发展中美关系的态度是明确、一贯的，中国对美政策也保持着高度稳定性和连续性。正如中方在安克雷奇中美高层战略对话中指出的那样，中方愿同美方认真落实两国元首除夕通话重要共识，希望美方同中方相向而行，按照不冲突不对抗，相互尊重、合作共赢的原则处理中美关系，使中美关系沿着健康、稳定轨道向前发展。发言人强调：（一）不存在美方要求中方遵守国际规则的问题。世界上只有一个体系，就是以联合国为核心的国际体系；只有一套规则，就是以《联合国宪章》宗旨为基础的国际关系基本准则。（二）不同的政治制度好不好，关键在于是否符合本国国情，能否带来政治稳定、社会进步、民生改善，能否获得人民拥护和支持，能否为人类进步事业作出贡献。（三）大千世界，差异和竞争无处不在。中美之间在利益交融中出现竞争并不奇怪，关键是要在公平公正基础上良性竞争，既提升自我，又照亮对方。我们希望同包括美国在内的其他国家相互尊重，良性互动，开展互利合作，不断超越自我，提升自我，让彼此成为更好的自己，造福全世界。中国的目标从来不是超越美国，而是不断超越自我，成为更好的中国。

2021年3月27日 针对美国、加拿大基于谎言和虚假信息于3月22日对中国新疆有关人员和实体实施单边制裁的行径，中方决定对美国国际宗教自由委员会主席曼钦、副主席伯金斯，加拿大联邦众议员庄文浩、众议院外委会国际人权小组委员会实施制裁，禁止上述人员入境中国内地及香港、澳门特别行政区，禁止中国公民及机构同上述人员交易或同上述实体往来。同时，此前中方对美方在涉疆问题上严重损害中方主权和利益人员的制裁仍然有效。中国政府捍卫国家主权、安全和发展利益的决心坚定不移。中方敦促有关方面认清形势，纠正错误，停止在涉疆问题上搞政治操弄，停止以任何方式干涉中国内政，不要在错误的道路上越走越远，否则必将玩火自焚。

2021年3月29日 针对美国驻帕劳大使随帕劳总统访问台湾一事，中国外交部发言人赵立坚表示，中方坚决反对任何形式的美台官方往来。中方敦促美方充分认清台湾问题的高度敏感性，停止美台官方往来，以免严重损害中美关系和台海和平稳定。赵立坚强调，一个中国原则是公认的国际关系准则，也是世界上绝大多数国家认同、接受、践行的普遍共识。坚持一个中国原则是人心所向、大势所趋。他说，台湾问题是中美关系中最重要、最敏感的问题。一个中国原则是中美关系的政治基础。中方坚决反对任何形式的美台官方往来，这一立场是一贯的、明确的。我们敦促美方充分认清台湾问题的高度敏感性，恪守一个中国原则和中美三个联合公报规定，停止美台官方往来，不向"台独"分裂势力发出任何错误信号，不要试图突破中方底线，慎重、妥善处理涉台问题，以免严重损害中美关系和台海和平稳定。

2021年3月30日 针对外媒记者关于中方是否有证据证明美方在新疆制造动乱的提问，中国外交部发言人华春莹表示，中方在26日的外交部例行记者会上放了一段视频。视频中，前美国国务卿鲍威尔的办公室主任、前陆军上校威尔克森亲口承认美方有在新疆制造动乱的动机。请美方澄清：美方的意图那么直白，但到底做了些什么？怎么做的？你们很擅长作调查报道，欢迎你们对这个事情作一个连续跟踪的调查报道。美方企图在新疆制造动乱、从内部拖垮中国，而当他们发现其目的实现不了的时候，就开始另想辙，于是连对雪白的棉花也进行抹黑。此外，针对有报道称美国方面准备出台一份新的指南，为美外交人员会见台湾官员提供便利一事，华春莹表示，关于美台交往问题，中方的立场是非常明确和一贯的。中方坚决反对美台之间进行任何形式的官方往来。希望美方务必高度重视中方关切，慎重、妥善处理涉台问题，以免进一步损害中美关系。

2021年3月31日 针对美国国务院30日发布《2020年国别人权报告》称中国政府在新疆进行"种族灭绝"一事，中国外交部发言人华春莹表示，美方基于个别反华势力的谎言和虚假信息，妄自断言中国新疆存在"种族灭绝"，是荒谬至极的世纪谎言，是对中国人民的极大侮辱和侵犯，也是对国际法和国际关系基本准则的严重践踏。灭绝种族罪是公认的严重国际罪行。对灭绝种族罪的认定需要经过权威、严格的法律程序，要经得起事实和历史的检验。任何国家、组织和个人都没有资格和权力随意认定别国犯有"灭绝种族罪"。所谓"灭绝种族"是对中国民族政策的污蔑、对新疆发展成就的污蔑。美国作为一个大国，无视新疆安全繁荣发展的现实和2500万各族群众团结和睦的事实，仅仅依据几个所谓伪学者伪证人的说法就随意给中国扣上"种族灭绝"的帽子，只能更加戳穿美方所谓讲法治规则的虚伪面目，只能更加证明美方企图制造所谓新疆问题来阻遏中国发展的战略阴谋。美国现在对中国新疆穷凶极恶、气急败坏胡乱进行的指责和乱扣的帽子，事实上都是他们自己犯过的罪、做过的恶，都是他们自己罪恶的反射。

2021年3月31日 针对美国国务院声称，敦促北京停止在军事、外交和经济上施压台湾一事，中国国务院台湾事务办公室发言人朱凤莲应询表示，台湾是中国领土的一部分。解放军维护国家主权和领土完整，开展有关演训活动天经地义。在台海形势依然复杂严峻的形势下，美方持续向"台独"势力发出错误信号，居心险恶，既对"台独"分裂活动推波助澜，也给岛内民众带来更多负担和灾难，最终利益受损最大的只会是台湾。我们敦促美国政府恪守一个中国原则和中美三个联合公报规定，妥善处理台湾问题。

4月

2021年4月1日 针对美国国务卿布林肯向国会提交报告,继续暂停给予香港特殊关税地位一事,中国外交部发言人华春莹表示,美方发表有关报告,罔顾基本事实对香港事务说三道四,对中国中央政府和香港特区政府无端指责,严重干涉中国内政,中方对此强烈不满并表示坚决反对。美方取消或者威胁取消所谓的特殊的待遇,也阻挡不了香港发展繁荣的方向,也阻挡不了香港继续融入祖国、贡献国家、获取更大发展空间的大势。香港是中国的香港,香港事务纯属中国内政,任何外国无权干涉。我们敦促美方尊重事实,停止以任何方式插手香港事务,停止干涉中国内政,为中美关系重返健康稳定发展轨道创造有利条件。此外,针对拜登政府声称,中国使用一些刺激经济增长的政策工具,将把外国公司挤出中国,造成市场扭曲一事,华春莹表示,美方对中国产业政策的指责污蔑毫无根据。"中国制造2025"遵循的是市场主导、政府引导的基本原则,我们的目标和举措都是公开透明的,相关政策措施适用于所有在中国境内的企业,对内外资企业一视同仁。中国始终致力于为各国企业在华投资经营提供开放、公正、公平和非歧视的营商环境,希望美方也能这样。

2021年4月2日 针对美国国务院发言人普莱斯1日在记者会上声称,美方致力于深化与台湾关系一事,中国外交部发言人华春莹表示,近期,美台之间有很多异动,甚至为了搞小动作,美国的大使不惜摇身变成帕劳代表团的成员。台湾问题是中美关系中最重要、最敏感的问题。一个中国原则是中美关系的政治基础，是不可逾越的红线。我们敦促美方充分认识台湾问题的高度敏感性，恪守一个中国原则和中美三个联合公报规定，改变上届政府"越线""玩火"的危险做法，停止任何形式的美台官方往来，慎重、妥善处理涉台问题，不向"台独"势力发出任何错误信号，以免严重损害中美关系和台海和平稳定。

2021年4月7日 中国河南省与美国堪萨斯州举行了加强合作视频会议。河南省政府外办主任付静、堪萨斯州商务厅副厅长比尔·墨菲出席会议并致辞。

2021年4月7日 中国外交部发言人赵立坚在例行记者会上就美国国务院发言人普莱斯的涉疆言论作出回应，赵立坚指出，我们多次说过，所谓新疆"种族灭绝"是荒谬之极的世纪谎言，我们奉劝美方，放下傲慢与偏见，正视、检视自身存在的严重人权问题，并采取切实措施加以改进，而不是对别的国家指手画脚、说三道四。

此外，针对美国国务院发言人普莱斯表示，在2022年北京冬奥会问题上，美将继续与盟友协商，明确共同关切并制定共同策略一事，赵立坚表示，美国国务院发言人已经对此作出了澄清。美方说没有抵制北京冬奥会的想法。至于所谓联手抵制北京冬奥会的说法，将体育运动政治化有违奥林匹克宪章精神，损害的是各国运动员的利益和国际奥林匹克事业，包括美国奥委会在内的国际社会不会接受。我们有信心与各方一道，将2022年北京冬奥会办成一届非凡、卓越的奥运盛会。

2021年4月8日 中国民用航空局（CAAC）—美中航空

合作项目（ACP）2021年度商务航空安全交流会在成都举行。中国民用航空局副局长胡振江、美国国家运输安全委员会主席罗伯特·桑姆韦特等进行了主题演讲。来自中国民用航空局、美国联邦航空局、中国民航科学技术研究院、美国国家商务航空协会、ACP、波音、通用电气航空集团、国内各通用航空运营企业以及美国航空企业的150余名代表分别在现场、线上参加会议。

2021年4月8日 针对美国务院声称中国在台海地区搞"恐吓"一事，中国外交部发言人赵立坚在例行记者会上表示，美方诬称中国搞所谓"恐吓""胁迫"。这顶帽子绝对扣不到中国头上。一个中国原则是中美关系的政治基础，也是美方在中美三个联合公报中明确向中方作出的承诺，是不可逾越的红线。美舰近来多次在台湾海峡"大秀肌肉"、挑衅搅局，向"台独"势力发出严重错误信号，威胁台海地区的和平稳定。中国从来无意恐吓谁，但谁的恐吓也不怕；中国也不想胁迫谁，但谁的胁迫也没用。中方有坚定的意志和足够的能力捍卫国家主权和领土完整。美方应充分认识台湾问题的高度敏感性，恪守一个中国原则和中美三个联合公报规定，不要采取"越线""玩火"的危险做法，慎重、妥善处理涉台问题，不向"台独"势力发出任何错误信号，以免严重损害自身利益和台海和平稳定。

2021年4月9日 针对一些美国参议员最近推出一项提案，建议对中国被控窃取知识产权的行为采取更加强硬的措施，还提出在命名和礼宾方面，美应将台湾视同"外国政府"之事，中国外交部发言人赵立坚表示，中方对有关议员提出的相关议案表示坚决反对。中方在中美关系以及经贸、涉疆、涉港、涉台等问题上的立场是一贯的。我愿重申,中方致力于同美方发展不冲突不对抗、相互尊重、合作共赢的关系,同时将继续坚定维护国家主权安全发展利益。美方有关人士应客观理性看待中国和中美关系,停止推进有关涉华消极议案。

2021年4月9日 针对美国商务部于当地时间4月8日宣布将7家所谓"支持中国军队现代化"的中国机构列入出口管制"实体清单"一事,中国商务部新闻发言人表示,美方将7家中国相关机构列入出口管制"实体清单",中方对此坚决反对。美方多次以所谓"国家安全""支持中国军队现代化"等为由,滥用出口管制等措施,动用国家力量打击他国企业和机构,对国际经贸秩序造成严重破坏,对全球产业链供应链安全造成严重威胁。这不利于中国,不利于美国,也不利于整个世界。中方敦促美方立即停止错误做法,并将采取一切必要措施,坚决维护中国企业的合法权益。

2021年4月10日 上海纪念中美乒乓外交50周年系列活动在国际乒乓球联合会博物馆和中国乒乓球博物馆举行。中国驻美大使崔天凯以及美国原乒协主席谢·克罗斯兰发来致辞视频。国际乒乓球联合会终身名誉主席徐寅生,中国人民对外友好协会副会长姜江,乒乓球名宿张燮林、郑敏之,国际乒乓球联合会副主席施之皓,美国驻上海总领事馆总领事何乐进等嘉宾出席了当天的活动。当天的系列活动包括开幕式、友谊赛、主题展和专题报告会等。其中,主题展通过140余幅档案照片、60余件藏品以及80多分钟视频素材,重温50年前那个载入史册的春天。主题展的展出时间为期一个月。

2021年4月13日 中国国务院总理李克强在中南海紫光阁

出席同美国工商界领袖视频对话会。美中贸易全国委员会和20余家美国知名跨国公司董事长和首席执行官参加。李克强同他们互动交流，并回答了提问。美国前财政部长、保尔森基金会主席亨利·保尔森主持了此次对话会。李克强表示，推动中美关系健康稳定发展，是两国人民和国际社会的共同期盼。李克强指出，中美作为世界上最大的发展中国家和最大的发达国家，合则两利、斗则俱伤。两国经贸关系的本质是互利共赢的，有利于两国人民福祉，有助于世界的和平稳定和发展繁荣。2020年，在多重冲击背景下，两国贸易额逆势增长，表明双方合作的条件和机遇是客观存在的，开展经贸合作是互有需要的。对于在合作中出现的问题，还要在合作中去解决。"脱钩"对谁都没有好处，也会伤害世界。希望双方相向而行，通过做大共同利益蛋糕来促进合作，维护产业链供应链安全稳定。李克强表示，坚持对外开放是中国的基本国策，中国对外开放的大门只会越开越大。我们将进一步主动对外开放，打造市场化、法治化、国际化营商环境，推进"放管服"改革，营造内外资企业一视同仁、公平竞争的市场环境。欢迎美国和世界各国企业积极参与中国改革开放和现代化进程，更好实现互利双赢共赢。李克强还回答了与会企业家提出的新冠肺炎疫情防控、应对气候变化、深化人文交流等方面的问题。美方代表表示，避免冲突对抗、推动美中关系重回建设性轨道，符合双方共同利益。经贸合作是美中关系的基石，"脱钩"将对美中两国和全世界带来巨大不稳定因素。美国工商界支持双方通过沟通增进互信，加强疫情防控、应对气候变化、可持续发展和创新等领域协调合作，尽快恢复人员交流和往来。美国企业对中国在扩大对外开放、优化营商环境方面取得的进展表示欢迎，看好中国发展前景和市场机遇，将继续致力于长期在华开展经贸投资等合作。王毅、何立峰等出席上述活动。

2021年4月13日 针对美国国务院发言人4月9日声称，美国务院对"美台交往指导方针"重审后，已发布新的指导方针一事，中国外交部发言人赵立坚表示，一个中国原则是中美关系的政治基础。《中美建交公报》明确规定："美国人民将同台湾人民保持文化、商务和其他非官方关系。"这是过去40多年中美关系发展的前提。所谓"美台交往指导方针"公然鼓励美国政府与台湾接触，严重违反一个中国原则和中美三个联合公报规定，严重违背美方在台湾问题上向中方作出的严肃政治承诺，向"台独"分裂势力发出严重错误信号。中方对此坚决反对，已向美方提出严正交涉。台湾问题事关中国主权和领土完整，涉及中方核心利益。中方没有任何妥协退让的空间。我们敦促美方认清形势，切实恪守一个中国原则和中美三个联合公报的规定，不要在台湾问题上"玩火"，立即停止任何形式的美台官方往来，慎重妥善处理涉台问题，不向"台独"势力发出错误信号，以免给中美关系和台海和平稳定造成颠覆性的影响和破坏。

2021年4月13日 针对美国国务院近日发布所谓新版"对台交往准则"一事，中国国务院台湾事务办公室发言人马晓光应询表示，我们坚决反对美国同中国台湾地区发展任何形式的官方关系。他指出，恪守一个中国原则和中美三个联合公报，是美政府向中方作出的严肃承诺。我们敦促美方用实际行动恪守承诺，不向"台独"势力发出错误信号，以实际行动维护台海和平稳定。民进党当局"倚美谋独"必遭失败。

2021年4月15—16日 中国气候变化事务特使解振华同美国总统气候问题特使克里在上海举行会谈。双方就合作应对气候变化、领导人气候峰会、联合国气候公约第26次缔约方大会等议题进行了沟通交流，取得积极进展，达成应对气候危机联合声明，重启中美气候变化对话合作渠道。双方认识到，气候变化是对人类生存发展严峻而紧迫的威胁，中美两国将加强合作，与其他各方一道共同努力应对气候危机，全面落实《联合国气候变化框架公约》及其《巴黎协定》的原则和规定，为推进全球气候治理作出贡献。双方将继续保持沟通对话，在强化政策措施、推动绿色低碳转型、支持发展中国家能源低碳发展等领域进一步加强交流与合作。

2021年4月16日 中共中央政治局常委、国务院副总理韩正在北京通过视频方式会见来华访问的美国总统气候问题特使克里。韩正指出，中美作为世界上最大的发展中国家和最大的发达国家，在应对气候变化方面有很多共同利益。中方重视与美国开展应对气候变化对话合作，欢迎美国重返《巴黎协定》，期待美方维护《巴黎协定》，承担起应尽责任，作出应有贡献。应对气候变化，应遵循共同但有区别的责任原则。中方愿与美方发挥各自优势，保持对话合作，与各方一道共同推进落实《巴黎协定》。克里表示，应对气候变化这一全球性挑战，美中合作至关重要。中方为应对气候变化作出了巨大努力。美方愿与中方加强沟通，深化合作，加紧落实《巴黎协定》目标，共同为应对气候变化危机作出更大贡献。

2021年4月16日 中国人民外交学会与美前总统国家安全

事务副助理布莱克威尔牵头的美方有关专家学者举办中美关系视频对话。会议由外交学会会长王超和布莱克威尔共同主持。

2021年4月17日 针对美日两国领导人4月16日会晤后双方发表联合声明，就台湾、钓鱼岛、涉港、涉疆、南海等问题表达关切一事，中国外交部发言人表示，台湾、钓鱼岛都是中国领土。涉港、涉疆事务纯属中国内政。中国对南海诸岛及其附近海域拥有无可争辩的主权。美日联合声明粗暴干涉中国内政，严重违反国际关系基本准则。中方对此强烈不满、坚决反对，已通过外交渠道向美、日表明严正立场。我们要求美日严肃对待中方关切，恪守一个中国原则，立即停止干涉中国内政，立即停止损害中国利益。中方将采取一切必要措施，坚决捍卫国家主权、安全和发展利益。

2021年4月18日 中国气候变化事务特使解振华与美国总统气候问题特使约翰·克里于2021年4月15—16日在上海举行会谈，讨论气候危机所涉问题。会谈结束后，双方发表声明。

2021年4月20日 应美国智库太平洋国际政策理事会总裁格林的邀请，中国驻洛杉矶总领事张平通过视频就中美关系等问题与理事会成员进行了交流，并回答了有关问题。

2021年4月20日 针对近日美日发表联合声明，就台海局势表达"关切"一事，中国国务院台湾事务办公室发言人马晓光应询表示，台湾是中国领土不可分割的一部分，台湾问题是中国内政，不容任何外来干涉。马晓光表示，我们敦促美日两国恪守一个中国原则，妥善处理台湾问题，停止干涉中国内政。民进党当局挟洋自重，甘当反华势力的棋子，只会把台湾置于更加危险的境地。

2021年4月21日 就习近平主席即将出席领导人气候峰会一事，中国外交部发言人汪文斌表示，关于习近平主席出席领导人气候峰会，我们已经发布了消息。应美国总统拜登邀请，习近平主席将于4月22日在北京以视频方式出席领导人气候峰会并发表重要讲话。中方期待此次峰会能为全球合作应对气候变化挑战、推动《巴黎协定》全面有效实施以及共同促进全球气候环境治理提供有益的交流平台。

2021年4月22日 中国外交部发言人汪文斌就美国前副总统沃尔特·蒙代尔4月19日在明尼阿波利斯去世一事表示，蒙代尔前副总统是美国资深政治家、外交家，任内为促进中美建交和两国关系发展作出了积极贡献，离任后继续发挥自身影响力推动中美两国人民间的友好合作。我们对他的逝世深表哀悼，对他的家人表示诚挚慰问。此外，针对美国国会正在推进两党共提的两项旨在对抗中国、提升美国竞争力的法案之事，汪文斌表示，美国参议院外委会通过的"2021年战略竞争法案"严重歪曲事实、颠倒黑白，渲染"中国威胁论"，大肆鼓吹开展全面对华战略竞争，粗暴干涉中国内政，充斥着陈旧的冷战思维和零和博弈观念，也反映出美国唯我独尊、容不得别国正常发展的霸权心态。中方对此强烈不满、坚决反对。有关法案通篇拿中国说事，以中国为对手。难道美国发展的目的就是为了在竞争中打败中国吗？这种扭曲和狭隘的心态同世界大国的格局毫不相称。中方致力于同美方发展不冲突不对抗、相互尊重、合作共赢的关系，同时将继续坚定维护国家主权、安全和发展利益。我们敦促美方重视中方关切，端正心态，理性看待中国和中美关系，停止审议推进上述议案，以免对中美关系发展造成干扰和伤害。至于"无尽前沿法案",美国如何发展自己是美国内政,我们乐见美国取得更大发展进步,但坚决反对动不动拿中国说事,将矛头对准中国。希望美国国会端正自己的心态,理性看待中国发展,尊重中国人民正当享有的发展权利,为中美关系健康稳定发展发挥建设性作用。

2021年4月22日 针对美国国会参议院外委会审议通过"2021年战略竞争法案"一事,全国人大外事委员会发言人尤文泽表示,该法案充斥冷战思维和意识形态偏见,肆意曲解、诬蔑抹黑中国发展战略和内外政策,粗暴干涉中国内政,用心险恶,损人害己,我们对此表示强烈不满和坚决反对。台湾问题事关中国的国家主权和领土完整,涉及中国的核心利益。法案相关涉台条款严重违反一个中国原则和中美三个联合公报规定,向"台独"势力发出严重错误信号。一个中国原则是中国的红线,我们坚决反对任何形式的美台官方往来。涉疆、涉港问题纯属中国内政,不容任何外国干涉。中美即便在某些领域存在竞争,也应该是公平公正、遵守规则的良性、有序竞争。中国一贯主张构建不冲突不对抗、相互尊重、合作共赢的中美关系,同时坚定捍卫国家主权、安全和发展利益。我们强烈敦促美国国会客观理性看待中国发展,切实尊重中国主权和领土完整,停止插手中国内政,停止审议推进该法案。

2021年4月23日 中国国务委员兼外交部长王毅在北京同美国对外关系委员会进行了视频交流。王毅表示,中美两国元首除夕重要通话为中美关系指明了大方向,安克雷奇对话开启了疫情背景下两国高层面对面互动。但美国新政府对华政策还没有摆脱上届政府的阴影,还没有走出对华认知的误区,还没有找到与中国打交道的正确路径。王毅对美国提出五点希望：一是美国应客观认识和理性对待中国的发展；二是同中国走出和平共处、合作共赢的新路；三是尊重和包容中国自主选择的道路和制度；四是践行真正的多边主义；五是不要动辄干涉中国的内政。王毅表示，中美要超越"新兴大国和守成大国必将冲突"的宿命，超越意识形态和社会制度的差异，超越冷战和集团对抗的思维，积极探索两个大国和平共处、合作共赢之道。希望美国对外关系委员会秉持客观公正立场，为推动中美关系重回正轨发挥建设性作用。王毅还就经贸、涉疆、涉港、台湾、中国如何运用实力、中国政治体制以及重要国际地区问题回答了现场提问，阐述了中方原则立场。

2021年4月24日 中国人民对外友好协会、国家体育总局和中国美国人民友好协会在北京首钢园区联合举行中美"乒乓外交"50周年纪念活动，中美各界人士400余人通过现场与会或线上视频方式参加。中国国家副主席王岐山和美国前国务卿基辛格分别发表视频致辞，李富荣、梁戈亮、刘国梁、姚明、乔良、陈露、朱蒂、马布里等中美体育界知名人士出席了此次活动。

2021年4月26日 江西省外事办公室副主任胡志扬在南昌会见了美国驻武汉总领事傅杰明一行。

2021年4月26日 中国驻美公使徐学渊同美国休斯敦市贸易和国际事务办公室主任奥尔森举行了视频对话。

2021年4月28日 中国驻美公使徐学渊同美国阿肯色州州长哈钦森举行了视频对话，就中美关系、两国地方交流合作等交换了意见。

2021年4月28日　针对美国将在今年秋季解除对中国留学生入境美国留学的限制一事，中国外交部发言人赵立坚表示，中方注意到有关情况，认为这是美方采取的积极一步。中国疫情防控早已取得世界公认的重大战略成果，希望美方为中方人员赴美作出妥善安排，为恢复双方人员往来创造有利条件。

2021年4月29日　上海市人民对外友好协会会长沙海林在虹桥迎宾馆会见了美中贸易全国委员会全球副会长、中国区会长马修·马古利斯。

2021年4月29日　针对美国总统拜登在国会联席会议上发表讲话称，美国、中国和其他国家正在为赢得21世纪而彼此竞争，他表示美国欢迎这种竞争而不寻求冲突一事，中国外交部发言人汪文斌表示，对于拜登总统演讲中的涉华内容，他强调，第一，中国始终坚持走和平发展道路，始终是世界和平的建设者、全球发展的贡献者、国际秩序的维护者。第二，民主是全人类共同价值，而不是某个国家的"专利产品"。第三，合作应该是中美关系的主流。双方应当在竞争中提升自我、超越自我，而不是给对方使绊子、下套子，搞恶性竞争、零和博弈。第四，近年来，美方一再破坏国际规则、违背公平竞争的市场原则，将经贸、科技等问题政治化、意识形态化，滥用国家力量肆意打压中国等其他国家发展、损害他国利益，受到国际社会强烈谴责。美方天天要求别国遵守规则，自己却带头违反国际规则。希望美方以更平和理性的心态看待中国的发展，表现出大国应有的样子。

2021年4月30日　中国、美国、俄罗斯、巴基斯坦四方代表在卡塔尔首都多哈举行阿富汗问题中美俄巴四方会议，就阿富汗形势、推进阿富汗和平和解进程等议题深入交换意见。四方发表了联合声明。四方一致认为，通过谈判达成政治解决方案，是阿富汗实现持久和平的唯一正确途径。外国军队应以负责任方式从阿富汗撤离，确保阿富汗局势平稳过渡。四方一致呼吁阿富汗和谈各方早日就根本性问题达成协议，促进阿富汗和平稳定，组建包容性政府，实现永久全面停火。

2021年4月30日 "上海纪念中美乒乓外交50周年专题报告会"在国际乒联博物馆和中国乒乓球博物馆举行。本次会议由上海市人民对外友好协会、上海市体育总会、上海体育学院、上海市美国问题研究所主办。上海市美国问题研究所所长、复旦大学国际问题研究院院长、美国研究中心主任吴心伯主持了开幕仪式。现场对话会由投资与经济企业商业联盟创始人迈克·罗森塔尔主持。上海纽约大学常务副校长杰夫瑞·雷蒙、上海国际问题研究院学术委员会主任杨洁勉、麦肯锡公司全球资深董事合伙人华强森出席并致辞。

2021年4月30日 针对美国国家情报总监海恩斯表示，她认为台湾内部支持"独立"的观点正在强化一事，中国外交部发言人汪文斌表示，当前两岸关系紧张的根源在于民进党当局和"台独"分裂势力"谋独"挑衅。中方维护国家主权和领土完整的决心坚定不移，我们有充分的信心和能力挫败一切形式的"台独"分裂行径。美方应该充分认识"台独"的危害性和危险性，切实恪守一个中国原则和中美三个联合公报规定，谨言慎行，不向"台独"势力发出错误信号，以免严重损害台海和平稳定和中美关系。

5月

2021年5月4日 中国驻美公使徐学渊以远程方式应邀出席由美亚学会和美国金沙集团合作举办的"美中政策系列对话：对华农业贸易论坛——2021及之后的挑战和机遇"研讨会开幕式并致辞。美国内布拉斯加州州长里基茨出席开幕式并致辞，美前国务卿奥尔布赖特发表视频讲话，堪萨斯州州长凯利，内布拉斯加州联邦参议员菲舍，联邦众议员弗腾伯利、史密斯、培根，众议院美中工作小组共同主席、伊利诺伊州联邦众议员拉胡德，华盛顿州联邦众议员施里尔，美国务院、农业部、贸易代表办公室官员及美国及美中西部各州商会、农业畜牧业等行业协会代表等约300人以现场或远程视频方式与会。

2021年5月6日 针对七国集团外长会5日发表公报，就涉疆、涉藏、涉港问题及东海、南海局势表示关切并声称支持台湾参加世界卫生组织大会之事，中国外交部发言人汪文斌表示，七国集团外长会对中国进行没有事实依据的指责，公然插手中国的内部事务，搞开历史倒车的集团政治，这是对中国主权的粗暴干涉，是对国际关系准则的肆意破坏，违背和平、发展、合作、共赢的时代潮流。中方对此予以强烈谴责。涉疆、涉藏、涉港问题都是中国的内部事务。中国对钓鱼岛及其附属岛屿、南海诸岛及其附近海域的主权和权益拥有充分的事实和法理依据。中国台湾地区参与国际组织，包括主权国家组成的世界卫生组织活动，必须按照一个中国原则来处理，这是联合国大会第2758号决议和世卫大会第25.1号决议确认的重要原则。七国集团作为发达国家集团,应当为推动世界经济复苏、帮助发展中国家加快发展多做实事,而不是在国际社会中制造矛盾和分歧,干扰全球经济复苏进程。我们敦促有关国家正视自身存在的问题,纠正在抗疫问题上自私自利的行为,停止泛化国家安全概念的错误行径。此外,针对美国国务卿布林肯称,美方会与中方讨论朝核问题一事,汪文斌表示,当前朝鲜半岛形势处于重要节点,有关各方应多做有利于半岛和平稳定的事,尊重彼此合理关切,避免相互刺激,努力延续来之不易的缓和局面,持续推进半岛问题政治解决进程。中方愿同有关方一道,继续秉持"双轨并进"思路和分阶段、同步走原则,为实现半岛无核化、建立半岛和平机制作出不懈努力。

2021年5月10日 针对美国政府一些官员近期表示,中国政府通过官方媒体及其平台在海外进行宣传并传播虚假信息一事,中国外交部发言人华春莹表示,美方一些人借口新闻和言论自由不断无端抹黑攻击中国,这种做法本身就是在散布虚假信息,才是对真正的自由和民主的亵渎。如果他们真的维护自由,为什么只许自己造谣惑众,却不许别人讲述真相?如果他们真的维护自由,为什么维基解密的创始人阿桑奇会被迫在厄瓜多尔驻英使馆藏身七年,最后还是被关进了监狱?如果他们真的维护自由,为什么不尊重甚至容不下其他文明和制度?如果他们真的维护自由,为什么打压同其所谓"政治正确"不同的观点和人?如果他们真的维护自由,为什么要剥夺打压其他国家正常发展的权利和自由?

此外,针对中国火箭残骸落入印度洋后,美国国家航空航天局局长比尔·纳尔逊称,中国在空间碎片方面没有达到负责任的态度一事，中国外交部发言人华春莹表示，这几天美国等个别国家渲染炒作中国火箭残骸坠落问题。但我们已经看到有关报道，火箭末级已经再入大气层，没有对地面造成危害的报道。北京时间4月29日，长征五号B遥二运载火箭成功将空间站天和核心舱送入预定轨道后，该火箭末级已采用了钝化处理技术，不会在轨道上发生爆炸而产生空间碎片，其末级绝大部分组件在再入大气层过程中烧蚀销毁，对航空活动及地面造成危害的概率极小。在其再入过程中，中方始终对再入轨迹进行严密跟踪，并提前发布了再入大气层情况公告。5月9日10时24分，经监测分析，火箭末级已再入大气层，落区位于东经72.47°、北纬2.65°周边海域。截至目前，没有对地面造成危害的报道。中方通过国际合作机制共享再入预测的结果。中方也一贯根据国际法和国际惯例开展和平利用外空的活动，愿意同各国就空间碎片问题开展更广泛的国际交流合作，确保外空活动的长期可持续性。我们愿意同包括美国在内的其他国家加强合作，但是我们反对在这个问题上持双重标准。

2021年5月11日 针对《纽约时报》近日的一篇报道称，中国正在创造一个全球新闻媒体的替代选择，并将中国资金、权力和视角输入世界上几乎每个国家的媒体中一事，中国外交部发言人华春莹表示，我也看到了《纽约时报》这篇报道，它援引的报告还没有出来，所以不好详细评论。我可以根据你刚才提到的《纽约时报》报道的有关内容，先作一些初步回应。第一，世界本来就是丰富和多元的，在媒体领域，不应只有CNN和BBC，各国都应该有自己的声音。第二，美方一方面滥用话语霸权，打着"自由"的幌子对中国肆无忌惮地进行虚假信息攻击；另一方面将意识形态凌驾于客观真实的原则之上，通过抹黑打压中国媒体来为自己的政治操作搞"辩护"，这是舆论或者话语霸权。面对针对中国的肆意抹黑攻击和谣言谎言，中国当然需要发出自己的声音，在涉及新冠肺炎疫情等一系列重要问题上说明事实真相，留下客观、真实的人类集体叙事和记忆，这才是负责任的国家真正负责任的态度。第三，中国媒体秉持客观真实原则进行新闻报道，不炮制、不散播针对别国的虚假信息。第四，各国体制不同，媒体如何运营自然会有所不同。新华社、中国日报等中国媒体属于中国政府，服务的是14亿中国人民的利益，那么CNN等属于一些垄断私人资本的媒体，服务的可能只是极少数人或者利益集团的利益。第五，指责中方打压外国媒体、不给美国记者发签证，这完全是颠倒黑白，是非不分。事实是，2018年以来，美方无限期拖延甚至拒签20多名中国记者的签证，将中国驻美媒体注册为"外国代理人"、列为"外国使团"，去年3月变相驱逐60名中国驻美记者，还将所有中国驻美记者签证停留期削减至不超过90天。这意味着每三个月就得重新申请一次签证延期，而且每次还要交额外的490美元签证费。新华社和人民网驻美国记者去年11月初提交的签证延期申请尚未获批，按照美方规定，他们自2月初起就被迫停止工作，其中新华社记者已被迫于5月1日回国。还有很多其他中方记者往往是好不容易等来了审批的签证延期，但已经必须立即再申请下一轮的签证申请。所以中国驻美媒体记者在美国处于极大不确定状态，对他们正常的工作甚至生活都带来了很大不确定性，造成了严重负面影响。针对美方无理打压，中方被迫作出必要正当合理回应。但是，我们至今没有对美方无差别将所有中国驻美记者签证缩短至不超过90天采取反制措施。即便在疫情期间，我们也是想方设法帮助部分滞留国外的美国媒体记者及家属回到中国。即便是在美方迟迟不予中方驻美记者延期签证的情况下，我们依然为包括美媒在内的所有外国驻华记者工作生活提供支持和协助，他们在华采访报道未受到任何影响。事实上，在签证问题上，近500名外国记者在华记者证有效期绝大多数都是一年。这个事实是非常清楚的，希望有关媒体记者人士都能够客观理性看待。

2021年5月11日 针对在安理会"维护多边主义和以联合国为核心的国际体系"高级别会议上，美国国务卿布林肯承认美方近年行为破坏了以规则为基础的国际秩序并表示美国已经并将继续积极参与多边机构一事，中国外交部发言人华春莹表示，正如王毅国务委员在安理会高级别会议上强调，践行真正的多边主义，要合作共赢，不要零和博弈；要公平正义，不要霸凌霸道；要聚焦行动，不要坐而论道；要尊重多样，不要唯我独尊。这是国际社会的普遍愿望，也符合当今世界的潮流。过去一段时间，美国在国际上奉行"本国优先"，大搞毁约退群，严重损害了多边主义，削弱了以联合国为核心的国际体系。美国务卿在此次安理会高级别会议上也承认，美近年一些行为可能削弱了国际秩序，并使一些国家产生质疑。美方最近多次表明愿重返多边机构和多边协议，履行多边义务。但是我们看到美方其实还是在以多边主义之名行霸权主义之实。我们希望美方说到做到，言行一致，不要热衷于搞"集团政治"、搞"小圈子"，希望美方切实恪守对《联合国宪章》宗旨和原则的庄严承诺，维护以联合国为核心的国际体系，维护以国际法为基础的国际秩序，切实践行真正的多边主义。

2021年5月12日 中国人民外交学会与美国新美国安全中心就大国关系问题举办机构间视频对话。会议由中国人民外交学会会长王超和该中心首席执行官方丹共同主持。

2021年5月13日 针对美国拜登政府延长了前总统特朗普的一项行政命令，该命令禁止美国公司使用其认为对美国国家安全构成威胁的公司所生产的电信设备，其中包括华为一事，中国外交部发言人华春莹表示，中方已就这类问题多次表明严正立场。美国不断诋毁、抹黑华为和其他中国电信企业，但迄未拿出任何真凭实据证明华为等中国企业对美国和其他国家构成安全威胁。所谓"国家安全"不过是美国对中国高科技企业实施"国家霸凌"的拙劣借口。美国政府泛化国家安全概念，滥用国家力量，不择手段打压中国企业，是对美方自己一贯标榜的市场经济和公平竞争原则的否定。这种做法不仅损害中国企业的合法权益，也损害美国企业的利益，严重干扰两国乃至全球正常的科技交流和贸易往来，对全球产业链、供应链造成破坏。我们敦促美方纠正错误，停止对中国企业的诬蔑抹黑和无理打压，公平、公正、非歧视地对待中国企业。中国政府将继续坚定维护中国企业的合法权益。此外，针对有报道称美国驻华领事官员停止向中国的移民局、安全部、公安部等现役人员及其配偶和子女颁发签证一事，华春莹表示，我的同事给我打印了一份网上报道的"美国签证提醒——下列身份人员子女入读美国学校暂停发放签证"消息。如果消息属实的话，我想这是一个很好的例子，证明美方人为破坏两国正常人员交往，将其政治化，这不利于中美两国关系健康正常发展。按照美方这样的逻辑，中方是不是应该拒绝向美国有关部门人员以及他们的家属颁发来华签证？希望美方认识到他们的错误，为中美两国正常人员交往创造合适的条件。

2021年5月14日 中国商务部副部长兼国际贸易谈判副代表王受文与中国美国商会及部分会员企业代表视频座谈，听取对方介绍2021年度《美国企业在中国白皮书》内容，并就中美经贸关系、营商环境、外资企业参与"双循环"建设等议题深入交流。中国美国商会董事会主席葛国瑞及约120家会员企业代表参会。

2021年5月14日 针对美国国务卿布林肯同澳大利亚外长佩恩13日在华盛顿共见记者时表示，美国不会让澳大利亚独自面对中方"经济胁迫"，中方对美盟友的"经济胁迫"将阻碍美中关系一事，中国外交部发言人华春莹表示，"胁迫"这个词最近出现的频率比较高。但我不知道美方所谓中方对其盟友"经济胁迫"的说法从何谈起？搞"胁迫"是美国的长项和特色。美国通过自己的政策和行动，向世界提供了胁迫外交的经典教科书和案例，即通过武力威胁、政治孤立、经济制裁、技术封锁等方式实现自身战略目标。美国总统国家安全事务助理沙利文曾撰文表示，美国上届政府对伊朗政策只有"胁迫"没有"外交"。谈到经济方面的胁迫，美国长期以来对古巴、朝鲜、伊朗、委内瑞拉挥舞"制裁大棒"，对多国随意挑起"贸易战"，滥用国家安全名义肆意打压别国高科技企业。无论是法国的阿尔斯通，日本的东芝、丰田，前苏联的航空航天业，还是现在中国电信企业等高科技产业，都是美国"经济胁迫"的受害者。美国国内有越来越多的人主张中美之间加强对话合作，都呼吁中美双方努力相向而行改善关系，认为一个健康、稳定、持续发展的中美关系符合中美两国人民的利益。我不知道布林肯国务卿这句话的意思，是不是认为澳大利亚的利益比美国利益更重要、更优先？如果是这样，不知道美国的政策什么时候开始从"美国优先"变成了"澳大利亚优先"？

2021年5月15日 由中国人民大学国家发展与战略研究院主办的"2021中美公共外交论坛"在中国人民大学举办。中国公共外交协会副会长邱小琪、美国华盛顿圣路易斯大学荣誉校长马克·莱顿、中国财政部原副部长朱光耀、美国美中贸易全国委员会会长克雷格·艾伦、中国外文局副局长兼总编辑高岸明、美国州立法领袖基金会主席史蒂芬·雷吉斯发表了主旨演讲。30多位中美相关领域的专家学者通过线上线下方式展开了研讨交流。

2021年5月16日 中国驻芝加哥总领事赵建应邀在美国阿德莱·史蒂文森民主中心就中美关系发表视频演讲。史蒂文森前参议员和夫人、该中心部分会员及各界人士近百人在线出席活动。

2021年5月17日 针对美国国家航空航天局此前声称，中方任由火箭残骸不受控制地坠落地球是不负责任的行为一事，中国外交部发言人赵立坚表示，美方的有关表态完全是毫无依据、毫无道理的。此外,就中国首次火星探测任务"天问一号"探测器15日成功着陆火星,美国国家航空航天局副局长发推特表示祝贺，称期待该任务为增进人类对火星了解作出重要贡献；俄罗斯国家航天公司总裁表示，这是中国太空研究项目的巨大成功之事，赵立坚表示，"天问一号"探测器成功着陆火星受到了国际社会的广泛关注。除了美国和俄罗斯，欧洲空间局以及法国、奥地利、阿根廷、南非等多国航天机构和有关专家也对中方表示热烈祝贺。中方对此表示由衷的感谢。正如习近平主席在贺电中所说，"天问一号"探测器着陆火星，迈出了中国星际探测征程的重要一步，实现了从地月系到行星际的跨越，在火星上首次留下中国人的印迹。这是中国航天事业发展的又一具有里程碑意义的进展。宇宙承载着中国人民千百年来的向往。从"神舟"到"嫦娥""玉兔"，再到"天宫""天问"，中国人民把对遥远星空和未知宇宙的无尽憧憬寄托在这些美好的名字之中。此次"天问一号"着陆巡视器搭载的火星车名为"祝融"。祝融是中国上古神话中的火神。火的应用促进了人类文明的发展，驱散黑暗、带来温暖。"祝融"号寓意点燃中国星际探测的火种，指引航天人不断超越自我，逐梦星辰。宇宙也寄托着全人类共同的梦想。中国一贯致力于和平利用外空，积极开展有关国际交流与合作，分享航天发展成果。中国将继续本着为全人类谋福祉的精神，以开放包容姿态推进国际合作，为探索宇宙奥秘、促进人类和平发展的崇高事业作出新的更大的贡献！

2021年5月18日 针对美国和欧盟昨天讨论钢材关税等问题，双方发表联合声明称，要让中国这样支持扭曲贸易政策的国家负责之事，中国外交部发言人赵立坚表示，美方怎么发展美欧经贸关系是自己的事，但不应该拿中国说事甚至企图搞针对中国的"小圈子"，这种扭曲和狭隘的心态与世界大国的格局太不相称。无端指责中国有什么凭据？中国一不动辄霸凌制裁，二不搞"长臂管辖"，三不无理打压各国企业，一贯坚定支持多边贸易体系，按照平等互利原则开展国际经贸合作。对于国际贸易中存在的分歧，我们主张摒弃零和思维和拉帮结派等非建设性做法，在相互尊重的基础上，按照世贸组织有关规则，通过平等协商妥善解决，同时通过共同做大蛋糕，实现互利共赢。对于多边贸易体制下的机制和规则"合则用，不合则弃"，才是最大的不公平。当前，个别国家肆意采取加税、制裁等单边贸易措施，单方面阻挠世界贸易组织上诉机构正常运转，这才是对正常国际贸易秩序的最大扭曲。至于钢铁产能过剩，谁为解决这一问题作出了实实在在的贡献，谁对国际市场造成了冲击，是非曲直，当有公论。我们希望各方均能采取切实有效措施，为全球市场有序运行和国际贸易健康稳定发展作出贡献。

2021年5月18日 中国国家卫生健康委员会统计信息中心与中国美国商会举行座谈。中国国家卫生健康委员会统计信息中心主任吴士勇、副主任胡建平，中国美国商会总裁毕艾伦、政府事务与政策部副总监王思聿等参加了此次活动。

2021年5月19日 中国国家卫生健康委员会主任马晓伟应约同美国卫生与公众服务部部长贝塞拉通电话，就中美卫生健康领域交流与合作交换了意见。

2021年5月19日 针对美国众议院议长佩洛西5月18日以中国"侵犯人权"为理由，呼吁各国"外交抵制"北京2022年冬奥会一事，中国外交部发言人赵立坚表示，美方个别人基于意识形态和政治偏见，借所谓人权问题对中方污蔑抹黑，企图干扰、阻碍、破坏北京冬奥会的筹办和举行，中方表示强烈不满和坚决反对。美方个别人的言论充斥着谎言和虚假信息，是典型的美式闹剧，注定不得人心，也不会得逞。种族主义既是美国的历史原罪，也是美国的现实问题。美国国内白人至上、歧视非裔、仇恨亚裔、"伊斯兰恐惧症"等极端排外思潮延续至今。美方个别人极力操弄"种族灭绝"等莫须有的"中国人权问题",企图将自己的罪恶投射到中国身上,注定不会得逞。将体育运动政治化有违奥林匹克宪章精神,损害的是各国运动员的利益和国际奥林匹克事业。包括许多国家政府、奥委会以及国际奥委会在内的国际社会各界均明确反对这种错误做法。当前北京冬奥会各项筹备工作进展顺利,得到了包括国际奥委会在内的国际社会的高度认可。我们有信心与各方一道,将2022年北京冬奥会办成一届简约、安全、精彩的奥运盛会。我们敦促美方有关议员停止利用奥林匹克运动搞卑劣的政治把戏,不要站在各国运动员和冬奥运动爱好者的对立面。

此外,针对美国军舰今天过航台湾海峡一事,赵立坚表示,东部战区新闻发言人已经就此发表谈话。中方密切关注并全程掌握美国军舰过航台湾海峡的情况。美舰近来多次在台湾海峡炫耀武力,滋事挑衅。这不是对什么自由开放的承诺,而是对地区和平稳定的蓄意干扰和破坏,国际社会对此看得清清楚楚。中方捍卫国家主权和领土完整的决心坚定不移,我们敦促美方为地区和平与稳定发挥建设性作用。

2021年5月20日 针对美国军方发言人称,中国军方有关驱离美国军舰"威尔伯"号的说法不准,该舰并未被驱离之事,中国外交部发言人赵立坚表示,针对美国军舰非法闯入中国西沙领海,中国人民解放军南部战区已经组织海空兵力进行跟踪监视并予以警告驱离。南部战区新闻发言人已经发表了新闻谈话。美方未经中国政府允许擅自进入中国西沙群岛领海,侵犯了中国主权和安全,破坏了南海地区和平稳定,中方对此表示坚决反对。中方敦促美方立即停止此类侵权挑衅行动，并将继续采取必要措施坚定捍卫国家主权和安全，维护南海和平稳定。

2021年5月21日 中国外交部发言人赵立坚就美国社会66个反战和进步团体、至少4名国会议员发表联合声明，反对白宫和美国两党个别议员妖魔化中国的战略一事表示，一段时间以来，美国各界越来越多有识之士发出了反对妖魔化中国的客观理性声音。他们这样做无疑是符合美国和美国人民利益的。中美作为世界前两大经济体，利益高度交融。中美合作将极大促进两国人民福祉，也有利于共同应对气候变化、传染病、疫后全球经济复苏等全球性挑战；中美对抗对两国和世界只会带来灾难。美国国内总有一些人抱守冷战零和思维和意识形态偏见，大肆渲染"中国威胁论"，鼓噪对华全面战略竞争，甚至挑动中美"脱钩"和对抗，这与两国和世界人民期盼中美交流合作的普遍愿望背道而驰。我愿重申，中国的发展道路和内外政策是清晰的、一贯的。中国发展的目标是让中国人民过上更加幸福美好的生活，而不是同美国争高下、拼输赢。中方致力于同美方发展不冲突不对抗、相互尊重、合作共赢的关系，同时将继续坚定维护国家主权、安全和发展利益。我们希望美国行政部门和国会认真倾听来自美国各界的客观理性声音，正确看待中国发展和中美关系，停止对中方的无端诋毁和指责，停止炮制各种涉华消极议案，多做有利于中美关系发展和世界和平、稳定与繁荣的事。此外，针对台湾"卫生部长"称，已同美国卫生与公众服务部长通话，请求美方提供疫苗援助一事，赵立坚指出，我们不承认所谓的"部长"。台湾当局以疫谋独、借疫情搞政治操弄的做法毫无意义。

2021年5月22日 中美省州经贸合作研讨会于第十二届中国中部投资贸易博览会期间举行。来自中国山西、湖南、天津等省市与美国加州、纽约州等州市的两国地方政府代表和工商界人士约150人参加了此次活动。

2021年5月24日 中国驻洛杉矶总领事张平会见了"飞虎队"百岁老兵莫耶和美中航空遗产基金会主席格林。

2021年5月24日 针对美国和韩国近日商定终止《美韩导弹指南》一事，中国外交部发言人赵立坚表示，中方在朝鲜半岛问题上的立场是一贯的、明确的。当前形势下，各方应共同努力，致力于维护半岛和平稳定、推进半岛问题政治解决进程。中韩是搬不走的近邻。同时，美韩关系的发展应有利于促进地区和平稳定与发展繁荣，不应损害包括中国在内的第三方利益。中方一贯主张维护半岛和平稳定，实现半岛无核化，通过对话协商解决问题。中方将一如既往地为此发挥建设性作用。

2021年5月25日 中国外交部副部长谢锋会见上海迪士尼度假区总裁薛逸骏一行。

2021年5月26日 针对美国众议院近日提交了"确保美国全球领导力和参与法案"一事，中国外交部发言人赵立坚表示，美国国会有关法案罔顾事实，诬蔑抹黑中国发展道路和内外政策，在涉及中国主权和领土完整问题上干涉中国内政、损害中方利益。中方对此坚决反对，将坚定捍卫自身利益。台湾问题是中美关系政治基础，是不可逾越的红线，不容任何外部势力插手干涉。香港是中国的香港。回归之后，香港同胞才真正开始当家作主，完全行使民主权利。所谓新疆维吾尔族受到"种族灭绝"是个别西方反华势力炮制的弥天大谎，已被无数事实所证伪。美方滥用国家安全概念打压中国企业、遏制中国发展，有关做法损人不利己。中国奉行独立自主的和平外交政策和互利共赢开放战略，推动构建新型国际关系和人类命运共同体。美国在国际上到处拉帮结伙、逼迫别国选边站队，搞针对中国的"小圈子"，所作所为不得人心。我们也注意到，有关法案纳入了支持中美在应对气候变化等全球性挑战方面加强合作的内容。同时必须指出，合作必须也只能在相互尊重的基础上开展。中方敦促美国国会有关议员摒弃冷战思维和意识形态偏见，停止利用制造虚假信息在涉华问题上搞政治操弄，停止打着所谓"民主""人权"的幌子损害中方利益的言行，停止审议推进有关涉华消极议案，删除其中涉华消极条款，多做有利于推动中美关系发展和两国互信合作的事，为两国在气候变化等领域开展合作创造有利条件。

2021年5月27日 中共中央政治局委员、国务院副总理、中美全面经济对话中方牵头人刘鹤与美国贸易代表戴琪通话。双方本着平等和相互尊重的态度，进行了坦诚、务实、建设性的交流。双方认为，发展双边贸易非常重要，并就彼此关心的问题交换了意见，同意继续保持沟通。

2021年5月27日 广东省省长马兴瑞在广州会见了中国美国商会董事会主席葛国瑞一行。

2021年5月27日 中国人民对外友好协会和美国加州—中国气候研究院共同主办中美地方应对气候变化系列对话首场视频对话。对话主题为"地方应对气候变化的规划与举措"。中国气候变化事务特使解振华、上海市市长龚正、江苏省省长吴政隆、广东省省长马兴瑞、中国人民对外友好协会会长林松添，美国总统气候问题特使克里、加利福尼亚州州长纽森、华盛顿州州长英斯利、加州副州长康伊莲、洛杉矶市市长贾赛提，加州—中国气候研究院院长、加州前州长布朗等出席对话会并进行了交流。

2021年5月27日 中国驻芝加哥总领事赵建同美国芝加哥市招商局新任首席执行官迈克·法斯纳希举行了视频会见。

2021年5月27日 针对美国总统拜登昨天下令美国情报部门调查新冠病毒是来自动物感染还是中国实验室泄漏一事，中国外交部发言人赵立坚表示，我注意到有关报道。我还注意到拜登总统称，美国将继续与志同道合的伙伴合作，敦促中国参与全面、透明、以证据为基础的国际调查。我昨天已经介绍了中国支持世卫组织开展全球溯源研究所做的工作和努力。中国实验室泄漏论极不可能的结论已清楚地记录在世卫组织联合考察组的研究报告中，这是权威的、正式的、科学的结论。联合考察组国际专家多次在不同场合对中方的开放透明态度给予积极评价。然而，美国一些人全然无视事实和科学，全然不顾自身溯源的诸多疑点和抗疫失利的惨痛事实，反复鼓噪要对中国进行再调查。这充分说明美方根本不在乎事实和真相，也没有兴趣进行严肃的科学溯源，而是想借疫情搞污名化和政治操弄，甩锅推责。这是对科学的不尊重，是对人民生命的不负责，更是对全球团结抗疫努力的破坏。美国新冠肺炎确诊和死亡病例数分别超过3300万和60万，位居全球首位。美国不深刻反思，反而企图甩锅中国。我想问一问，他们居心何在，良心何安？我还想强调，德特里克堡基地疑云重重，美国200多个生物实验室散布全球，这里面究竟藏着多少秘密？2019年7月，弗吉尼亚州北部出现不明原因的呼吸系统疾病、威斯康星州大规模暴发"电子烟疾病",这又有什么隐情?美方何时向国际社会公布相关病例的详细数据和信息?美方欠国际社会一个交代。美方口口声声要中国参与全面、透明、以证据为基础的国际调查,那就请美方也能像中国一样,本着科学态度,立即同世卫组织开展溯源研究合作,对美国进行全面、透明、以证据为基础的国际调查,充分回应国际社会的关切,为人类早日战胜疫情、更好地应对未来突发公共卫生事件作出积极贡献。最后我还想说,此次美国企图动用情报力量来搞所谓"调查",其动机和目的一目了然。事实上,美国情报部门的黑历史早已是世人皆知。当年他们把一小瓶洗衣粉当作伊拉克大规模杀伤性武器证据,自导自演"白头盔"组织摆拍所谓"叙利亚化学武器袭击"视频,这都是美国情报部门的"杰作"。美前国务卿蓬佩奥更是曾大言不惭地说过:"我曾担任中情局局长。我们撒谎、我们欺骗、我们偷窃,我们还有一门课程专门教这些。这才是美国不断进取的荣耀。"这种毫无信誉的情报部门搞出的所谓"调查"结果,又有什么公信力可言?

2021年5月28日 针对香港特别行政区立法会通过《2021年完善选举制度(综合修订)条例草案》,美国国务卿布林肯当天指责称条例限制香港人有意义地参与自治之事,中国外交部发言人赵立坚表示,中方对美方公然污蔑完善香港特别行政区选举制度本地立法表示强烈不满和坚决反对。我想强调,中国是法治国家。香港特别行政区全面完成此次本地立法,是贯彻落实全国人大有关决定及全国人大常委会修法精神的重要举措,将堵塞特区原有选举制度的漏洞,进一步确立"爱国者治港"

新秩序，推动香港民主政制在健康有序的轨道上稳健向前发展，为香港实现良政善治提供更坚实的保障，更好地维护国家主权、安全、发展利益和香港长期繁荣稳定。美方有关言论无视基本事实，对中国中央政府和香港特区政府及立法会无端指责。美方关心香港民主和港人权利是假，插手香港政治、干涉中国内政是真。香港是中国的特别行政区，包括选举制度改革在内的香港事务纯属中国内政。美方应尊重国际关系基本准则，立即停止干涉香港事务、干涉中国内政。

此外，针对美国会参院正在推进一项法案以增强美国经济竞争力及应对中国的崛起一事，赵立坚表示，近期中方已多次就美国会推进审议包含涉华消极内容的法案表明严正立场。有关法案罔顾事实，大肆渲染所谓"中国威胁"和"恶意影响"，鼓噪对华搞全面战略竞争，甚至挑动中美"脱钩"和对抗，不得人心。这也与两国和世界人民期盼中美交流合作的普遍愿望背道而驰。中方对此坚决反对。中方的目标从来不是超越或者取代美国，不是为了跟美国搞你输我赢的竞争，而是不断超越自我，成为更好的中国，让中国人民过上更好的生活。作为世界前两大经济体，中美利益高度交融，两国经贸、科技和教育等领域合作的本质是互利共赢。中美合则两利，斗则俱伤。中美合作可以办成许多有利于两国和世界的大事，中美对抗对两国和世界都是灾难。我愿重申，中方致力于同美方实现不冲突不对抗、相互尊重、合作共赢，同时将继续坚定维护国家主权、安全和发展利益。我们敦促美方端正心态，理性看待中国和中国发展，尊重中国人民正当享有的发展权利，停止审议推进有关涉华消极议案，以免损害中美关系和两国重要领域合作。

2021年5月31日　针对美国国会209名共和党议员28日联名致函众议院议长佩洛西，敦促佩洛西指示有关民主党委员会主席立即响应共和党呼吁，要求中共为造成疫情大流行负责之事，中国外交部发言人汪文斌表示，今年1月14日至2月10日，在中国的大力支持下，世卫组织独立挑选的17名国际专家克服了疫情影响来到中国，同中方专家组成联合专家组，在武汉开展了为期近一个月的实地研究。中方本着公开透明、开放合作的态度，应国际专家组要求，为联合专家组安排实地考察了湖北省疾控中心、武汉市疾控中心、武汉病毒研究所。考察期间，联合专家组参观了各类生物安全实验室，与相关实验室专家进行了深入、坦诚的科学交流，详细了解了有关实验室的管理情况、工作规范及近期病毒研究情况。在此基础上，联合专家组经审慎科学讨论得出结论，关于中国实验室事件引发病毒这种假说是极为不可能的。这一结论和考察过程清清楚楚地记录在联合考察研究报告中，是权威、正式、科学的结论。然而，美国一些人却全然无视事实和科学，全然不顾自身溯源的诸多疑点和抗疫失利的诸多事实，一再炮制病毒由武汉病毒研究所泄漏的谎言，无理要求中国为他们的不作为"买单"。这充分说明美方一些人根本不在乎事实和真相，也没有兴趣进行严肃的科学溯源，而是想借疫情搞污名化和政治操弄。这是对科学的不尊重，对世界尤其是美国人民生命的不负责，更是对全球团结抗疫努力的破坏。美方不断污蔑中方掩盖事实，那么美方自己做的如何？外界对美国一些早期病例早于官方报告首例确诊病例时间、2019年7月弗吉尼亚州北部开始出现不明原因的呼吸系统疾病、威斯康星州暴发大规模"电子烟疾病"等有很多的疑问，美方能否像自己呼吁的那样展现开放和透明，及早披露相关病例的详细数据和信息？外界围绕德特里克堡的疑云重重，美方如果正大光明，为什么不开放德特里克堡给国际专家参观、调查或研究？我愿再次强调，病毒溯源是科学问题而非政治工具，应由全球科学家合作开展有关工作，而不应动用情报人员，或者由一些政客指手画脚，这样只会严重干扰和破坏国际溯源研究合作，为各国抗击疫情、挽救生命制造困难和障碍。我们敦促美国等少数国家立即停止政治化做法，不要为了不可告人的政治目的蓄意破坏国际溯源研究合作，更不要怀揣阴谋论否定科学，为一己之私破坏国际社会团结抗疫的共同事业。

6月

2021年6月2日 中共中央政治局委员、国务院副总理、中美全面经济对话中方牵头人刘鹤与美国财政部长耶伦举行视频通话。双方认为中美经济关系十分重要。双方本着平等和相互尊重的态度，就宏观经济形势和多双边领域合作进行了广泛交流，对彼此关心的问题坦诚交换了意见，愿意继续保持沟通。

2021年6月3日 安徽省与美国马里兰州举行双方高等教育合作工作组线上会议。安徽省外事办公室副主任张力芳、省教育厅副厅长张庚家、安徽医科大学副校长梁朝朝、马里兰州高等教育委员会副主任艾米莉·道、马里兰州副州务卿路易斯·博伦达等出席了此次会议。

2021年6月3日 针对美国总统拜登计划修订美国对与中国军方有关联的企业的投资禁令一事，中国外交部发言人汪文斌表示，美国上届政府出于政治目的实施针对所谓"中共涉军企业"的投资禁令，完全无视事实和相关公司的实际情况，严重破坏了正常的市场规则和秩序，不仅损害中国企业的合法权益，也伤害包括美国投资者在内的全球投资者利益。美方应尊重法治、尊重市场，纠正错误，停止采取损害全球金融市场秩序和投资者合法权益的行径。中方将采取必要措施，坚决维护中国企业的正当合法权益，坚决支持中国企业依法维护自身权益。

2021年6月3日 中国商务部新闻发言人高峰就中共中央政治局委员、国务院副总理、中美全面经济对话中方牵头人刘鹤近日分别同美国贸易代表戴琪和财政部长耶伦视频通话一事表示，最近一周来，刘鹤副总理与戴琪大使和耶伦财长分别通话，两次都是50分钟左右的视频通话。两次通话有几个特点：首先，双方沟通开局顺畅。在两次通话中，双方本着平等和相互尊重的态度，就中美经贸关系、宏观形势、国内政策等问题交换了意见。双方都认为，交流是专业、坦诚和建设性的，中美经贸领域已经开始正常沟通。第二，求同存异是共识。双方都认为中美经济、贸易关系十分重要，存在诸多可以合作的具体领域。双方也都提出了各自关切的问题。中方充分考虑国内经济发展背景和状态，表达了我们的具体关切。第三，从务实解决问题入手。双方同意，下一步要从有利于中美两国和整个世界的角度，共同努力，为生产者和消费者务实地解决一些具体问题，推动中美经贸关系健康稳定发展。

2021年6月7日 针对美国总统拜登在《华盛顿邮报》上发表评论文章称，不应由中国制定全球商业和技术规则一事，中国外交部发言人汪文斌表示，中方一贯认为，和平发展、合作共赢是当今时代潮流和各国共同心愿。国际社会的每个成员都应当恪守《联合国宪章》的宗旨原则，维护以联合国为核心的国际体系，推进国际关系民主化。国际社会的事要由各国商量着办，而不是几个国家说了算。要坚持开放包容、不搞封闭排他；坚持平等协商、不搞唯我独尊。以意识形态划线，搞针对特定国家的"集团政治""小圈子"，或者搞有选择的"伪多边主义"，都是逆时代潮流之举，不得人心，也不会得逞。我们希望美方客观理性地看待中国，停止渲染炒作中国"威胁"，多做有利于促进中美互信合作和世界和平稳定繁荣的事。

此外，针对3名美国参议员"访问"台湾，尤其是使用美军军机"访问"台湾一事，汪文斌表示，美国国会有关议员"访问"台湾并会见台湾地区领导人，严重违反一个中国原则和中美三个联合公报规定，中方对此坚决反对，已向美方提出严正交涉。我们敦促美方把坚持奉行一个中国政策的表态落到实处，切实恪守一个中国原则和中美三个联合公报规定，立即停止与台湾开展任何形式的官方往来，慎重处理台湾问题，不向"台独"分裂势力发出任何错误信号，以免给中美关系和台海和平稳定造成进一步严重损害。

2021年6月7日 针对美国3名联邦参议员近日访台一事，中国国务院台湾事务办公室发言人马晓光应询表示，我们敦促美方恪守一个中国原则和中美三个联合公报有关规定，慎重妥善处理台湾问题，停止同中国台湾地区任何形式的官方往来和军事联系。马晓光表示，目前，岛内疫情持续恶化，民进党当局无视广大台胞生命健康安全，处心积虑挑衅两岸关系，制造事端，再次暴露民进党当局视民众生命如草芥、不顾台湾民众健康福祉、一味进行政治操作的谋"独"本性与丑恶嘴脸。

2021年6月8日 针对美方称很快将开始同台湾方面讨论贸易协议一事，中国外交部发言人赵立坚表示，中方在台湾问题上的立场是一贯的、明确的。中方一贯反对中国建交国与台湾地区商签任何具有主权意涵和官方性质的协定。我们敦促美方把坚持奉行一个中国原则和中美三个联合公报规定的表态落到实处，停止与台湾开展任何形式的官方往来，慎重处理台湾问题，不向"台独"势力发出任何错误的信号。此外，针对美方称，他们正与盟友讨论抵制明年北京冬奥会的可能性之事，赵立坚表示，中方坚决反对美方借所谓人权问题抵制北京冬奥会。我们已多次强调，将体育运动政治化有违奥林匹克宪章精神，损害的是各国运动员的利益和国际奥林匹克事业。包括许多国家政府、奥委会以及国际奥委会在内的国际社会各界均明确反对这种错误做法。有关方面应该立即停止借奥林匹克运动搞政治操弄，不要站在各国运动员和冬奥运动爱好者的对立面。

2021年6月9—10日 中国国务院参事室同美国世界资源研究所召开第五次"中美能源与气候变化高端智库研讨会"。此次研讨会采取线上线下相结合的形式，共有中美两国能源与气候变化领域的22位专家参与研讨。国务院参事室副主任张彦通、中国生态环境部应对气候变化司副司长孙桢、美国总统气候问题特使顾问乔纳森·潘兴出席并致辞。

2021年6月9日 针对美国国会参议院通过了一项旨在提升美国与中国开展技术竞争能力的法案一事，中国外交部发言人汪文斌表示，美国参议院刚刚通过的这个法案中的涉华内容歪曲事实，诋毁中国发展道路和内外政策，渲染"中国威胁"，鼓吹开展对华战略竞争，在台湾、涉港、涉疆、涉藏等问题上严重干涉中国内政，充斥着冷战零和思维，与中美两国各界希望加强交流合作的普遍愿望背道而驰，中方对此坚决反对。美国怎么发展，怎么提升美国的"竞争力"，这是美国自己的事，但我们坚决反对美国拿中国说事，把中国当"假想敌"。美国最大的威胁是美国自己，把自己的事办好，比什么都重要。中国始终坚持走和平发展道路，我们发展的目标是不断提升自我，让中国人民过上更加幸福美好的生活。谁也不能剥夺中国人民享有的正当发展权利。中方致力于同美方发展不冲突不对抗、相互尊重、合作共赢的关系，同时将继续坚决捍卫国家主权、安全和发展利益。我们敦促美方端正心态，理性看待中国发展和中美关系，停止推进有关议案，停止干涉中国内政，以免损害中美关系大局和双方重要领域合作。此外，针对美白宫国安会印太事务协调员坎贝尔表示全球对中国政策的强烈反对"只能归咎于中国"之事，汪文斌表示，坎贝尔先生说全球对中国政策强烈反对，我想这个说法用来形容美国自己最为恰当。近期有关民意调查显示，53个国家和地区的5万多名受访者认为，美国是对全球民主的最大威胁；44%的受访者认为，美国对本国的民主构成威胁。阿拉伯世界最大规模的民意调查结果显示，58%的受访人对美国外交政策持否定态度；81%的受访者认为美国是对阿拉伯世界安全的主要威胁。美方有关人士习惯于以国际社会代言人自居，但事实是，美国代表不了国际社会，只能代表美国自己。所谓"给中国制造最多麻烦的国家不是美国，而是中国自己"的言论颠倒黑白、混淆视听。过去几年，美国奉行错误的对华认知，对中国进行疯狂遏制打压，粗暴干涉中国内政，严重损害中国利益。针对美方的霸权、霸道、霸凌行径，中方不得不作出正当必要的回应，维护自身正当合法权益。当前，美国政府应该做的是切实反省自己、纠正错误，而不是污蔑中方或为美国上届政府涉华错误政策进行辩护。中国的对外政策是明确、一贯的。我们坚持独立自主的和平外交政策，坚持走和平发展道路，同时坚定有力捍卫国家主权、安全、发展利益。希望美方顺应时代潮流，客观理性看待中国，摒弃陈旧过时的冷战零和思维，停止渲染炒作"中国威胁"，多做有利于中美互信合作和两国关系改善的事，而不是相反。

2021年6月10日 中国商务部部长王文涛应约与美国商务部长雷蒙多通话，就中美商务领域内有关问题和彼此关切交换了意见。

2021年6月10日 针对美国国防部长劳埃德·奥斯汀发布了一项指令，旨在重整美国军队，以更好地与中国竞争一事，中国外交部发言人汪文斌表示，美方一些人固守冷战与零和思维，但凡提及国防力量建设，言必称"中国挑战"。打"中国牌"成了美国增加军费、扩张军力的必用借口。美方所谓"应对中国挑战"包藏着谋求无限霸权和绝对安全、遏制中国的祸心。美国军费总额高居全球第一，连续多年相当于其后9个国家的军费开支的总和，约为中国的4倍。大家也都清楚，美在全球拥有800多个海外军事基地，建国以来仅有16年没有打过仗。谁是威胁、谁是挑战一目了然。我们敦促美方摒弃陈旧过时的冷战零和思维，客观理性看待中国发展，停止动辄拿中国说事，为亚太地区和平稳定发挥建设性作用，而不是相反。

此外，针对美国总统拜登正赴欧洲参加七国集团峰会并企图以此来实现打造联盟来制衡中国计划之事，汪文斌表示，鼓吹对抗肯定是走在错误的道路上。和平发展、合作共赢才是当今时代潮流和各国共同心愿。拉帮结派搞"集团政治"和"小圈子"的做法不得人心，注定没有出路。我们希望有关国家能摒弃意识形态偏见，客观理性看待中国，为推动国际抗疫合作、促进世界经济复苏、帮助发展中国家加快发展多做一些实事。加入世贸组织20年来，中方始终履约守信，身体力行维护世贸规则，坚定捍卫以世贸组织为核心的多边贸易体制。我们希望有关国家在讨论全球性问题时能够秉持开放、包容、合作的建设性态度，在维护多边贸易体制和推动世界经济稳定复苏方面发挥更多积极作用。

2021年6月11日 中共中央政治局委员、中央外事工作委员会办公室主任杨洁篪应约同美国国务卿布林肯通电话。杨洁篪表示，对话合作应当是中美关系的主流。合作应双向互利，平衡解决彼此关切。中方致力于同美方实现不冲突不对抗、相互尊重、合作共赢，同时坚定维护自身主权、安全、发展利益。我们敦促美方按照两国元首除夕通话精神，同中方一道努力，推动中美关系重回正确发展轨道。台湾问题事关中国主权和领土完整，涉及中方核心利益。世界上只有一个中国，台湾是中国不可分割的一部分。中方坚定不移捍卫国家主权和领土完整。我们敦促美方恪守一个中国原则，重信守诺，慎重妥善处理涉台问题，以实际行动维护中美关系大局和台海和平稳定。杨洁篪强调，世界上只有一个体系、一种秩序，那就是以联合国为核心的国际体系和以国际法为基础的国际秩序，而不是少数国家主张的所谓体系和秩序；只有一套规则，那就是以《联合国宪章》宗旨和原则为基础的国际关系基本准则，而不是少数国家制定的所谓规则；只有一种多边主义，那就是以《联合国宪章》宗旨和原则、国际法为基础，平等相待、合作共赢、真正的多边主义，而不是基于"小圈子"利益、"集团政治"的伪多边主义，更不能以多边之名行单边之实。和平发展、公平正义、民主自由是全人类共同价值。尊重主权是实现人权的前提，《联合国宪章》《世界人权宣言》都确认了这一原则。美方应该解决好自己国内的严重侵犯人权问题，而不是以所谓人权问题为借口任意干涉别国内政。杨洁篪指出，中方积极参与和支持国际抗疫合作，坚决反对任何借疫情对中国污蔑抹黑和甩锅推责的恶劣行径。美方一些人编造散布"武汉实验室泄漏新冠病毒"的荒谬故事，中方对此表示严重关切。我们敦促美方尊重事实和科学，不要将溯源问题政治化，把精力集中在国际合作抗疫上。杨洁篪表示，中国即将隆重庆祝中国共产党百年华诞。中国人民在中国共产党的坚强领导下取得了伟大成就，将更加紧密团结、更加奋发有为，坚定不移沿着中国特色社会主义道路走下去，把国家建设得更加繁荣，实现中华民族的伟大复兴。布林肯表示，美中近期一系列接触对双边关系是有利的，美方期待同中方增加各层级接触和交流。美方奉行一个中国政策，遵守中美三个联合公报。美方希望同中方保持在重要国际地区问题上沟通协调。双方还就其他共同关心的问题交换了意见。

杨洁篪同美国国务卿布林肯通电话时，就涉疆、涉港等问题表明中方严正立场。杨洁篪指出，最近种种迹象表明，一些反华势力企图掀起一股又一股恶浪，借所谓涉疆、涉港问题对中国抹黑，他们不可能得逞。涉疆、涉港问题事关中国主权和领土完整，涉及中方核心利益。我们敦促美方尊重中方主权和领土完整，不得以任何借口干涉中国内政，不得以任何方式损害中方核心利益。杨洁篪强调，涉疆问题不是什么人权、宗教问题。针对新疆暴恐事件一度呈上升趋势，中国政府坚决采取措施，维护公众安全，这理所应当。美方抛出关于新疆的种种谎言，企图破坏新疆安定团结局面，完全是颠倒黑白、极其荒谬，中方坚决反对。香港是中国的特别行政区，香港事务纯属中国内政。完善香港特别行政区选举制度，旨在维护中国宪法和香港基本法确定的香港特别行政区宪制秩序，确保以爱国者为主体的"港人治港"。对管治者的爱国立场和政治资格作出严格要求，是世界通例。鼓吹"港独"的人没有资格参与香港治理，并且必须受到香港国安法的惩治。

2021年6月11日 针对美国贸易代表戴琪与台湾方面代表会面，决定重启双方贸易与投资框架协议的讨论一事，中国外交部发言人汪文斌表示，中方在台湾问题上的立场是一贯、明确的。我们一贯坚决反对任何形式的美台官方往来，反对中国建交国与台湾地区商签任何具有主权意涵和官方性质的协定。中方敦促美方切实恪守一个中国原则和中美三个联合公报规定，停止美台官方往来，不向"台独"分裂势力发出任何错误信号，以免严重损害中美关系和台海和平稳定。此外，针对美国和澳大利亚昨天两艘海军舰艇一起通过南海一事，汪文斌表示，我们希望有关国家多做有利于地区和平稳定的事，而不是炫耀武力。

2021年6月15日 中国外交部领事司司长崔爱民应约会

见即将离任的美国驻华使馆公使衔参赞韩雷汉及新任公使衔参赞毕文霖。双方就两国人员交往领域的有关问题交换了意见和看法。

2021年6月15日 山东省外事办公室主任蔡先金在济南出席了由山东省外办和美国佐治亚州经济发展署共同举办的"共商疫后合作：中国山东—美国佐治亚线上交流会"并致辞。两省州经济、卫生、港口等部门和单位负责人参加了此次会议。

2021年6月15日 针对七国集团峰会闭幕并发表联合公报，在新疆、香港等问题上对中国横加指责一事，中国外交部发言人赵立坚表示，我们注意到七国集团峰会联合公报提及涉华议题，就涉港、涉疆、台湾、涉海等问题对中方蓄意污蔑，干涉中国内政。此举严重违背《联合国宪章》宗旨和原则，违背和平、发展、合作、共赢的时代潮流，暴露出美国等少数国家人为制造对立隔阂、扩大分歧矛盾的不良用心。中方对此强烈不满、坚决反对。涉疆、涉港、台湾事务纯属中国内政，不容任何外部势力干涉。中国维护国家主权、安全、发展利益的决心坚定不移。世界多极化、国际关系民主化是不可抗拒的时代潮流。一国或一个国家集团号令天下的时代已经过去了。当前形势下，国际社会比以往任何时候都更需要加强团结合作，践行真正的多边主义，而不应基于"小圈子"利益搞"集团政治"，不应以意识形态划线打压不同发展模式，更不应混淆是非、转嫁责任。

2021年6月16日 针对拜登政府正同中国政府接触，寻求中方批准波音737MAX飞机复飞一事，中国外交部发言人赵立坚表示，中方在有关问题上的立场是一贯的、明确的。中国民航主管部门一直坚持三原则：第一，飞机的设计更改必须获得适航批准。第二，驾驶员必须重新得到充分有效的训练。第三，两起事故的调查结论必须是明确的，而且改进措施是有效的。中国民航主管部门一直就有关问题同美国联邦航空局和有关美国企业保持沟通，目前正在积极有序推进相关工作。

2021年6月16日 针对美国贸易代表办公室发表的新闻稿声称，美台将恢复"贸易暨投资架构协议"（TIFA）商谈一事，中国国务院台湾事务办公室发言人马晓光应询表示，我们坚决反对美国与台湾地区谈判和签订任何具有主权意涵的协议。民进党当局"倚美谋独"，不惜进口"莱猪"，频频出卖岛内民众利益。可以预见，民进党当局为一党私利，只会继续损害广大台湾同胞的利益福祉。

2021年6月17日 中国人民外交学会会长王超与鲍尔森基金会副主席戴青丽视频通话，就中美关系及两机构合作事交换了意见。

2021年6月18日 中国驻洛杉矶总领事张平应邀出席《坠落的飞虎——在华失踪美军飞行员的命运》新书出版新闻发布会并致辞。新书作者丹尼尔·杰克逊、飞虎队老兵的亲属代表、侨界侨团等各界代表50余人出席了活动。本次新闻发布会由美中航空遗产基金会和中美友城协会主办，中国驻洛杉矶总领馆和美中友好协会协办。

该书根据美国空军史料，记载了在二战期间，中国军民不惜生命代价营救726位在与日本侵略者激战中被击落的美国飞行员的感人事迹，回顾了中美两国人民在那段艰难的历史时期，用生命和鲜血凝结而成的友谊。

2021年6月18日 针对美国联邦通信委员会（FCC）昨天投票通过一项禁令，禁止在美国电信网络中使用华为、中兴等中国公司的设备一事，中国外交部发言人赵立坚表示，中方对此坚决反对。时至今日，美方仍在拿不出任何证据的情况下，以所谓"国家安全"为由，滥用国家力量打压中方企业。这是赤裸裸的经济和科技霸凌，是对美方一贯标榜的市场经济原则的公然否定，也戳穿了美方所谓公平竞争的虚伪面目。我们再次敦促美方停止将国家安全概念泛化、将经济问题政治化的错误做法，为中国企业在美国正常经营提供公平、公正、非歧视的环境。中方将继续支持中方相关企业依法维护自己的正当权益。

2021年6月22日 针对日前美国媒体报道称，一名美国联邦调查局探员承认曾诬告华裔教授胡安明（音译）是"中国间谍"，导致胡被列入联邦禁飞名单，本人及其子被监控长达两年之事，中国外交部发言人赵立坚表示，美国媒体称此案是美国司法部"中国行动计划"的一部分，已有联邦议员呼吁对美国情报部门在该案中的不当行为开展调查。这起诬告案既暴露出美国情报机构搞有罪推定式"调查"的一贯伎俩，也是美国通过情报机构搞政治操弄的又一例证。长期以来，美国情报机构为达到特定政治目的总是不择手段，其公信力早已碎渣一地，蓬佩奥的名言"我们撒谎、我们欺骗、我们偷窃"就是其真实写照和黑色招牌。他们曾以一管疑似"洗衣粉"为证据指责伊拉克藏有"大规模杀伤性武器"；他们曾派间谍伪装成联合国乙肝疫苗项目工作人员，收集巴基斯坦民众的DNA；他们搞大规模监听、窃密，连欧洲盟友也不放过；他们通过"知更鸟计划"收买媒体和机构，以各种手段贿赂、操纵、利用别国记者，迫使其成为间谍。美方应摒弃冷战零和思维和意识形态偏见，停止搞政治操弄，停止干扰破坏中美在科技、人文等领域的正常交流合作。此外，就美国商务部周一宣布将撤销前政府去年9月针对应用 TikTok 和微信等颁布的行政禁令一事，赵立坚表示，这是朝着正确方向迈出的积极一步，中方一直敦促美方切实尊重市场经济原则和国际经贸规则，立即停止泛化国家安全概念，停止滥用国家力量无理打压中国科技企业的行径，公平、公正、非歧视性对待中国企业。中国政府将继续坚定维护本国企业的正当合法权益。

2021年6月23日 针对美国"威尔伯"号导弹驱逐舰22日穿越台湾海峡一事，中国外交部发言人赵立坚表示，中国东部战区新闻发言人已就此作出回应。中方密切关注并全程掌握美国军舰过航台湾海峡的情况。美舰近来多次在台湾海峡炫耀武力、滋事挑衅。这不是对什么自由开放的承诺，而是搞"军事横行自由"，是对地区和平稳定的蓄意干扰和破坏。国际社会对此看得清清楚楚。中方捍卫国家主权和领土完整的决心坚定不移。我们敦促美方为地区和平与稳定发挥建设性作用，而不是相反。

2021年6月25日 针对美国总统拜登针对香港《苹果日报》停刊发表声明一事，中国外交部发言人赵立坚表示，美方有关言论毫无事实依据。中方相关部门已经多次就有关问题作出回应。第一，香港是法治社会，法律面前人人平等。任何人都没有法外特权，任何机构都不是法外之地。香港警方严格依法对涉嫌危害国家安全的个人和公司采取行动，是打击犯罪、维护法治与社会秩序的正义之举。我们坚定支持特区政府和警方依法履责，坚定支持一切为维护国家安全和香港繁荣稳定所作的努力。第二，香港国安法重点打击严重危害国家安全的一小撮反中乱港分子，保护绝大多数香港居民依法享有的权利自由，包括新闻自由。香港国安法实施以来，香港社会重回安定，法治正义得到伸张。香港居民和外国在港公民的各项合法权利和自由在更加安全的环境中得到更好保障，这是不容否认的客观事实。仅以涉案单位是个别新闻机构、涉案者是个别新闻机构负责人，就认为这是打击新闻自由。这不是装糊涂，就是别有用心、颠倒黑白。第三，香港是中国的香港，香港事务纯属中国内政。任何国家、组织和个人都无权说三道四。美方应尊重事实，停止打着任何幌子阻挠特区依法执法、为嫌犯包庇开脱，停止以任何方式插手香港事务，停止干涉中国内政。

此外，针对"美国在台协会"驻台北办事处副处长谷立言24日声称，美台关系出现了根本性变化一事，赵立坚表示，我们坚决反对美方有关错误言论。世界上只有一个中国，台湾是中国领土不可分割的一部分。这是历史和法理事实，任何人、任何势力都无法改变。中方一贯坚决反对美方以任何形式提升与台湾实质关系，坚决反对任何形式的美台官方往来。台湾问题是中美关系中最重要、最敏感的问题。一个中国原则是中美关系的政治基础。美方应切实恪守一个中国原则和中美三个联合公报规定，立即停止借台湾问题进行政治操弄，停止美台官方往来和提升实质关系，以免进一步损害中美关系和台海和平稳定。

2021年6月28日 江西省副省长胡强在南昌会见了美国奥

特奇公司亚洲区总裁林瑞、美国天然食品联盟亚洲区总裁丹尼尔·马贝伊一行。

2021年6月28日 针对近日有报道指出,权威医学期刊《柳叶刀》新冠肺炎疫情委员会疫情溯源特别工作组中的美国专家受到"威胁",甚至有"压力"迫使工作组主席要求专家们放弃有充足科学证据证明的"蝙蝠成为新冠病毒自然宿主"论,转而支持"实验室泄漏"论,而部分工作组专家可能不得不以辞职的方式,维护其所坚守的科学立场一事,中国外交部发言人汪文斌表示,我也注意到了有关消息。我还注意到,美方要求终止对美国早期新冠肺炎病例的科学研究,认为此举对美国不利。这再次暴露了美方声称的推进科学溯源是假,借疫情搞政治操弄是真;防范疫情再次暴发是假,向中国甩锅推责是真。溯源是严肃的科学问题,应当由全球科学家合作开展。但是,一段时间以来,美方一些人罔顾科学和事实,鼓吹让情报机构开展调查,现在更是向国际科学界伸出"黑手",试图迫使科学家在其霸权、霸凌、胁迫面前转向、低头。这是对科学精神的违背和侵犯,是对全球溯源合作的干扰和破坏,是对人类正义的挑战和亵渎。美方这种将溯源政治化的做法既不道德,也不得人心,终将以失败告终。我们再次敦促美方,立即停止借溯源搞政治操弄,收回伸向科学界的"黑手",本着科学、透明的态度,邀请世卫专家赴美开展溯源研究,就德特里克堡和美国在全球设立的200多个生物实验室的真实情况作出负责任的说明。

2021年6月29日 山东省外事办公室与康涅狄格州—中国理事会联合主办"流金岁月——山东与康州结好35周年线上老

友交流会"。山东省外办副主任陈白薇、康州出口委员会前主席石嘉禄、康州前警政厅厅长李昌钰博士、康州前经济发展部部长卡尔森等出席了此次会议。

2021年6月29日 针对美国国务卿布林肯访欧期间接受采访称,我们的对华目标是支持二战后建立的基于规则和标准的自由、开放体系一事,中国外交部发言人汪文斌表示,中国一直是世界和平的建设者、全球发展的贡献者、国际秩序的维护者,中国的发展是世界和平力量的增长。我想在此强调三点:第一,美国是最大的国际秩序破坏者。美国肆意退群毁约,动辄对他国实施非法单边制裁和军事干涉与胁迫,对国际和地区和平稳定造成严重危害,也严重违反国际法和国际关系基本准则。第二,美国声称的"以规则为基础的国际秩序",实质是让美国主宰世界的"霸权秩序"。对此,世界上绝大多数国家,包括美国的盟国在内,并不认同。真正响应和追随的只是极少数国家。第三,世界上只有一个体系,就是以联合国为核心的国际体系;只有一套规则,就是以《联合国宪章》为基础的国际关系基本准则。国际秩序不应是美国主宰下的霸权秩序,国际规则也不应由美国或以美国为首的"小圈子"制定。各国应当秉持和平、发展、公平、正义、民主、自由的全人类共同价值,践行真正的多边主义,推动国际关系民主化,携手构建人类命运共同体。

7月

2021年7月1日 针对美日在联合军演中开展"兵棋推演"

以为在台湾问题上可能与中国发生的冲突作准备一事,中国外交部发言人汪文斌表示,我们注意到有关报道。台湾是中国领土不可分割的一部分。任何外来压力都不能动摇中国政府和人民维护国家主权和领土完整的坚定决心和意志。希望有关方面停止渲染"中国威胁论",多做有利于地区和平与稳定的事。

2021年7月2日 针对美国智库席勒研究所主席策普·拉鲁什近日表示,所谓"中国制造新冠病毒"这种恶意诋毁是西方打压中国的一贯手法,病毒溯源应在全球范围内同时开展,不应仅聚焦中国一事,中国外交部发言人汪文斌表示,我们多次强调,溯源是一个科学问题,不应当被政治化。国际社会许多秉持科学、理性、客观立场的科学家都对此表示支持。除了拉鲁什女士外,许多其他专家也就此作出明确表态。我们希望各方尊重事实、尊重科学,共同反对借溯源问题抹黑攻击他国的政治操弄行为,为全球合作溯源、团结抗疫营造良好环境。

2021年7月3日 第九届世界和平论坛在清华大学举行。中国国务委员兼外交部长王毅应邀出席论坛开幕式并发表题为"守护世界和平,推动人类进步"的主旨演讲。王毅表示,在朝鲜半岛核问题上,最重要的是坚持平等对话与和平解决的大方向。半岛核问题延宕近30年,几经曲折反复。我们始终认为,对话谈判、和平解决是根本原则,分阶段、同步走是必行之策,并行推进半岛无核化和建立和平机制是正确途径。中方重视朝美双方近期释放的信息,支持一切有利于维护半岛对话缓和势头的言行。美方应反省几十年来对朝鲜持续施加的军事威胁与压力,正视并解决朝方的合理关切。考虑到朝方在无核化和缓和局势方面已经采取的措施,美方应拿出诚意,作出回应。联合国安理会也应适时启动对朝制裁决议可逆条款，助力朝方改善经济民生状况。半岛的事是中国家门口的事，中方将一如既往发挥建设性作用，直到半岛实现长治久安。

2021年7月5日 针对美国常驻联合国代表近日在国会听证会上称，中国占据多个国际组织领导职位，在联合国施加"恶性影响"；英国议会外委会发布报告称，中国试图控制国际组织、重新界定普世原则并将国际组织"武器化"之事，中国外交部发言人汪文斌表示，中国坚定维护和践行真正的多边主义。中方主张的多边主义是合作共赢，而非零和博弈；是公平正义，而非霸凌霸道；是聚焦行动，而非坐而论道；是尊重多样，而非唯我独尊。近年来，国际社会普遍期待中国在国际事务中发挥更大作用，期待看到中国方案，听到中国声音。作为联合国安理会常任理事国、第二大会费国，中国积极参与联合国等国际组织工作。越来越多的中国人进入联合国等国际组织工作，有一些还在国际组织重要岗位任职，他们的工作表现受到各方高度认可。但国际组织中的中国籍职员数量与中国的财政贡献并不相称，同美国、英国等西方国家和一些发展中国家在国际组织中的代表性也有很大差距。举个例子，在联合国秘书处中，目前中国籍职员有548人，占总人数的1.5%，仅为美国的22%，英国的70%。D级以上中高级职员中，中国籍职员仅有19人，是英国的1/3，美国的1/5。中国将与广大发展中国家一道，继续积极参与国际组织工作，为促进国际合作、践行真正的多边主义作出贡献。美英有关人士的说法，纯属污蔑之词。究竟谁在国际上搞霸权和单边主义，对国际组织合则用、不合则弃，利用金融霸权打压其他国家，国际社会自有公论。

2021年7月6日 中国政府朝鲜半岛事务特别代表刘晓明应约同美国国务院对朝政策特别代表金圣通电话。中方阐述了对半岛问题的立场和对美国对朝政策审议结果的看法,强调应按照"双轨并进"思路和分阶段、同步走原则推进半岛问题政治解决进程。美方应重视解决朝方正当合理关切,支持朝韩和解合作。美方表示将致力于通过外交方式解决半岛问题,希望尽快与朝恢复对话接触,支持朝韩改善关系。双方同意保持沟通。

2021年7月6日 针对500多名中国留学生近日联名致信中国驻美大使馆,反映他们赴美留学签证申请被美方拒绝一事,中国外交部发言人赵立坚表示,我们注意到,近日部分中国留学生在申请赴美签证时,被美方以违反特朗普政府时期签署的第10043号总统令为由拒绝。中方对此表示严重关切,已向美方提出严正交涉。

2021年7月7日 针对白宫印太事务协调官坎贝尔出席一个论坛时表示,美中两国可以和平共存,美方不支持"台独";如果北京作出违背和平稳定的举动,美方将作出回应之事,中国外交部发言人江文斌表示,关于中美关系,中国的发展进步靠的不是谁的恩赐和施舍,而是中国人民艰苦奋斗的结果。希望美方采取理性务实的对华政策,聚焦合作,管控分歧,推动中美关系健康稳定发展。中方在台湾问题上的立场是一贯的、明确的。世界上只有一个中国,台湾是中国领土不可分割的一部分。一个中国原则是中美关系的政治基础。我们敦促美方切实恪守一个中国原则和中美三个联合公报规定,在涉台问题上谨言慎行,停止向"台独"分裂势力发出错误信号,以免严重损害中美关系和台海和平稳定。

2021年7月7日 针对美国白宫国安会印太事务协调员坎贝尔近日称"美国不支持'台独'"一事，中国国务院台湾事务办公室发言人朱凤莲应询指出，我们注意到有关报道。需要强调的是，"台独"是历史逆流，是绝路。祖国必须统一，也必然统一。我们敦促美国政府以实际行动恪守一个中国原则和中美三个联合公报有关规定，明确反对"台独"，为台海和平稳定发挥建设性作用。

2021年7月8日 中国外交部军控司司长傅聪出席五核国团长视频会议。美国国务院负责国际安全和防扩散事务的代理助理国务卿姜柱淳，俄罗斯外交部防扩散与军控司副司长列昂特夫，英国外交与联邦事务部国防与国际安全司司长乔布，法国外交部战略、安全和裁军司司长贝尔图与会。各方围绕战略稳定、《不扩散核武器条约》十审会筹备等问题进行了讨论。

2021年7月9日 中国人民外交学会和美国美中关系全国委员会在北京钓鱼台国宾馆以线上线下方式合作举办基辛格秘密访华50周年纪念活动。中国国家副主席王岐山出席活动并发表讲话，美国前国务卿基辛格视频连线出席并发表讲话。美中关系全国委员会名誉主席、美国前贸易代表希尔斯简短致辞介绍了基辛格博士，中美各界人士300余人现场或以视频连线方式参加了此次活动。

2021年7月9日 江苏省和美国加利福尼亚州结好10周年庆祝活动线上启动仪式。中国人民对外友好协会副会长姜江发表了致辞。江苏省人大常委会副主任邢春宁、中国驻旧金山总领事王东华、加州众议院议长伦登、加州参议院多数党领袖赫兹伯格等线上参会或发来贺词。

2021年7月9日 针对美国国务院发言人近日就美方拒绝中国留学生赴美留学签证一事回应称，相关措施依据第10043号总统令，只影响少于2%的中国籍申请人，美国欢迎包括中国在内的国际学生赴美一事，中国外交部发言人汪文斌表示，美国本届政府口口声声说重视对国际学生的开放性，却继续将这个充满偏见歧视的总统令奉为圭臬，这与美方自我标榜的开放自由理念和"欢迎中国学生"的表态完全不符，是在继续开历史倒车。美方称上述措施只影响少于2%的中国籍申请人，但美国乔治城大学报告评估，每年预计有3000—5000名拟赴美留学的相关学科中国研究生受到第10043号总统令的影响，占总人数的16%—27%。大量受到10043号总统令影响的莘莘学子自发发起成立网站，讲述自身被拒签的经历，呼吁维护学术自由，这是美方应当正视的声音。

2021年7月11日 针对美国商务部7月9日将23家中国实体列入出口管制"实体清单"一事，中国商务部发言人表示，美方泛化国家安全概念，滥用出口管制措施，罔顾事实，再次以所谓"人权"等为由，将23家中国实体列入"实体清单"。这是对中国企业的无理打压，是对国际经贸规则的严重破坏，中方坚决反对。美方应立即纠正错误做法。我们将采取必要措施，坚决维护中方合法权益。

2021年7月12日 针对美国国务卿布林肯7月12日就"南海仲裁案"所谓裁决出台五周年发表声明一事，中国外交部发言人赵立坚表示，美方声明罔顾南海问题的历史经纬和客观事实，违反和歪曲国际法，违背美国政府长期以来在南海主权问题上不持立场的公开承诺，蓄意挑动南海领土主权和海洋权益争端，挑拨地区国家间关系，破坏地区和平稳定，是极不负责任的。中方对美方错误行径表示强烈不满和坚决反对。他强调，第一，中国在南海的主权和权益是在长期历史过程中形成的，有着充分的历史和法理依据，并为中国历代政府所坚持。直到上世纪70年代初，没有任何国家对中方的上述立场提出异议。美方所谓中国在南海的海洋权益缺乏国际法基础的说法，完全不符合事实。第二，"南海仲裁案"违背"国家同意"原则，仲裁庭越权审理、枉法裁判，在事实认定和法律适用上存在严重谬误，违反《联合国海洋法公约》和国际法，所作裁决是非法的、无效的，是废纸一张。中国不接受、不参与仲裁案，不接受、不承认该裁决。中国在南海的主权和权益丝毫不受该裁决影响，中国也不接受任何基于该裁决的主张或行动。第三，中方一贯坚持通过友好谈判协商解决处理南海问题，始终平等对待南海周边国家，在维护南海主权和权益方面保持着最大克制。第四，中方是国际法治的坚定维护者和践行者，作为《联合国海洋法公约》创始缔约国，始终坚持正确理解、认真执行《公约》，以实际行动捍卫《公约》的权威和完整性。第五，南海是世界上最繁忙的海上通道之一，也是中国海上贸易的生命线。全球约30%的货物贸易经过南海，每年约有10万艘商船航经南海。在包括中国在内的地区国家共同努力下，一段时间以来南海一直保持着畅通安全，没有听说有任何船只在南海航行受阻、安全受到威胁。美方所谓南海航行自由受到威胁的说法根本站不住脚。第六，南海是地区国家共同的家园，不应成为美国谋求地缘政治私利的狩猎场。中国与南海当事国通过对话磋商有效管控矛盾分歧，不断推进务实合作。中国与东盟国家全面有效落实《南海各方行为宣言》，积极推进"南海行为准则"磋商，取得了重要进展。美国等域外国家应尊重地区国家维护南海和平稳定的努力。中方敦促美国停止滥用国际法，停止使用武力或以武力相威胁，停止在南海挑衅滋事，遵守以《联合国宪章》为核心的国际法，尊重中方在南海的主权和权益，不要在错误道路上越走越远。中方将继续坚定依法维护自己的主权、权益和安全，坚定维护与地区国家的友好合作关系，坚定维护南海的和平稳定。

2021年7月13日 中国政府非洲事务特别代表许镜湖同美国非洲之角特使费尔特曼举行视频会见，就非洲之角局势及共同关心的问题交换了意见。

2021年7月13日 针对美国财长耶伦近日利用赴布鲁塞尔的机会，呼吁欧盟国家应对中国和俄罗斯一事，中国外交部发言人赵立坚表示，中方对耶伦财长的有关言论表示强烈不满和坚决反对。中方一贯坚定支持多边主义和以世贸组织为核心的多边贸易体制，按照平等互利原则开展国际经贸合作。我们一不动辄霸凌制裁，二不"长臂管辖"，三不无理打压各国企业，何来"不公平"之说？对多边贸易体制下的机制和规则"合则用，不合则弃"，基于谎言谣言虚假信息对他国进行污蔑抹黑、无所不用其极，那才是真正的不公平。

此外，针对美国国务院西巴尔干事务特别代表、助理国务卿帮办帕尔默在访问黑山期间称，中国在黑山及西巴尔干地区推行债务陷阱外交一事，赵立坚表示，中国同黑山传统友好。建交15年来，中国同黑山关系发展顺利，两国相互尊重彼此核心利益和重大关切。在相互尊重、平等互利基础上，两国在交通基础设施建设等领域开展了卓有成效的合作。这对黑山经济社会发展、民生改善具有重大意义。中方高度重视发展同黑山的关系，希望双方一道努力，不断深化互利共赢合作，造福两国人民。某些居心不良的国家炒作所谓对华合作"债务陷阱"是不得人心的。所谓"债务陷阱"是假，挑拨中国同相关国家关系是真。

2021年7月13日 针对美国"2049研究所"近日发表散布"中国武力侵台"一事，中国国务院台湾事务办公室发言人朱凤莲应询表示，世界上只有一个中国，台湾是中国的一部分。民进党当局长期重金收买美所谓"智库"，目的是渲染台海紧张，妄图"倚美谋独""以武拒统"，其图谋不会得逞。有关台媒炒作"美协防台湾"的各种谬论只会给台湾民众带来灾难。朱凤莲指出，"2049研究所"自成立那一天就明确了挺台反华、鼓吹美助台"以武拒统"的任务。发表有关言论反映其一贯罔顾事实、颠倒黑白、鼓吹"中国威胁论"、助台谋"独"的本性。

2021年7月14日 针对美国总统拜登今天与东盟国家领导人会见时重申美国拒绝中国在南海的海洋声索一事，中国外交部发言人赵立坚表示，中方在南海问题上多次阐述和表明了原则立场。美方的有关言论罔顾南海问题的历史经纬和客观事实，违反和歪曲国际法，违背美国政府长期以来在南海主权问题上不持立场的公开承诺，蓄意挑动南海领土主权和海洋权益争端，挑拨中国和东盟国家间关系，破坏地区和平稳定，是极不负责任的。中方对美方的错误表态表示坚决反对。我还想强调，美方动辄以国际法卫道士自居，言必称《联合国海洋法公约》，频频拿《公约》说事，请美国先加入《公约》再说。

2021年7月15日 中国国防部新闻发言人吴谦就美国军机降落台湾一事发表谈话指出，有媒体称美军1架运输机降落台湾，我们对此表示严重关切。台湾是中国领土神圣不可分割的一部分。任何外军飞机降落我领土都必须经中华人民共和国政府许可，任何外国舰机擅闯我领空的行为，都将引发严重后果。我们正告美方切勿玩火、立即停止冒险挑衅行径，不要向"台独"分裂势力释放错误信号，避免加剧在台海制造危险紧张局势。我们警告民进党当局不要误判形势、引狼入室，铤而走险，勾连外部势力谋"独"挑衅，只会把台湾带向危险境地。中国必须统一，也必然统一。任何人都不要低估中国人民捍卫国家主权和领土完整的坚强决心、坚定意志、强大能力。中国人民解放军保持高度戒备态势，将采取一切必要措施，坚决粉碎任何"台独"图谋。

2021年7月15日 针对美军1架运输机15日降落台湾一事，中国国务院台湾事务办公室发言人朱凤莲当日应询表示，我们注意到有关报道。我们坚决反对台美之间任何形式的军事勾连，坚决维护主权安全。我们敦促美方在台湾问题上恪守中美三个联合公报规定，停止任何挑衅。民进党当局勾结外部势力谋"独"拒统是把台湾老百姓引向灾难，其图谋必遭失败。

2021年7月16日 "2021海伦·福斯特·斯诺纪念图片巡回展"由江西省人民对外友好协会、美国海伦·福斯特·斯诺基金会、湖南省人民对外友好协会共同主办。中国人民对外友好协会姜江副会长线上出席并致辞。江西省人民政府副省长陈小平、江西省外办主任赵慧等出席了开幕式。中国驻美公使徐学渊、海伦·福斯特·斯诺基金会主席亚当·福斯特、美国犹他州前参议员霍华德·斯蒂芬森等线上参会或发来贺词。

2021年7月16日 中国疾控中心与美国疾控中心召开了以"全球新冠肺炎疫情风险评估"为主题的第12期新冠肺炎疫情防控视频会议。全球公卫中心、病毒病所、免疫中心、应急中心的技术专家团队及美方专家共22人参加了会议。

2021年7月16日 河南省与美国阿肯色州举行了加强合作视频会议。河南省政府外办主任付静、阿肯色州经济发展委员会执行主任克林特·奥尼尔、中国贸促会驻美国代表处总代表赵振格出席会议并致辞。

2021年7月17日 针对美国政府7月16日发布所谓"香港商业警告",对7名中国中央政府驻港机构官员实施制裁一事,中国外交部发言人指出,美方炮制所谓"香港商业警告",无端抹黑香港营商环境,非法制裁多名中国中央政府驻港机构官员,有关行径严重违反国际法和国际关系基本准则,严重干涉中国内政,中方对此坚决反对,予以强烈谴责。中方始终坚持"一国两制"、"港人治港"、高度自治的方针。国安法实施以来,香港社会秩序恢复,法治原则彰显,发展重回正轨,香港居民依法享有各项权利自由,外国在港投资者迎来更加安全、稳定、可预期的营商环境。不久前,国际货币基金组织发表报告再次肯定香港国际金融中心地位。近日,媒体报道在港美国企业普遍反对美政府出台所谓"商业警告"。美方罔顾事实,无视商界呼声,企图用所谓"商业警告"唱衰香港、恐吓在港外国投资者,再次暴露了美方破坏香港繁荣稳定、干涉中国内政、阻挠中国发展的险恶用心。美方的卑劣图谋绝不会得逞。香港的明天一定会更好。美方所谓制裁充其量只是废纸一张，通过制裁向中方施压更是痴心妄想。过去几年，中方针对美方所谓极限施压进行了坚决斗争和有力反制。如果美方执意沿用这套伎俩，我们将奉陪到底。香港是中国的香港，香港事务纯属中国内政。任何外部势力企图干涉香港事务，都将是蚍蜉撼大树自不量力。中方敦促美方立即停止插手香港事务、干涉中国内政。中方将依法采取一切必要措施捍卫自身主权安全发展利益。

2021年7月17日 中国香港特别行政区政府发言人表示，尽管美国政府过去一年多次试图诬蔑香港国安法，但事实是，香港国安法的实施巩固了香港作为国际金融和商业中心的地位。美国政府对香港情况作出一些完全荒谬和毫无根据的指控，向在香港经营的美国企业和个人发出所谓"商业警告"，试图制造恐慌情绪，再次证明其在霸权主义驱动下的虚伪和双重标准。特区政府强烈谴责美国对7位香港中联办副主任实施所谓"制裁"。特区政府发言人表示，制定香港国安法是为了坚定不移并全面准确贯彻"一国两制"、"港人治港"、高度自治的方针，是要维护国家安全，保持香港特区的繁荣和稳定。发言人说，香港赖以成功的基石仍然稳固。香港没有因为香港国安法而受损；反之，香港变得更强、更好，对商界更具吸引力。即使美国继续施压，亦不会影响香港的前景。发言人还表示，外国政客无视事实，不断质疑和抹黑香港国安法，令我们有理由相信他们的行为是基于地缘政治目的，意图打压中国。发言人强调，作为一个自由、开放的国际城市，香港继续欢迎包括美国企业在内的海外企业，来港设立办事处，或以香港作为它们的区域总部、区域办事处。在港国际商界最近的评论和行动，也反映出他们看好香港的营商环境，欢迎国家"十四五"规划所带来的商机。

2021年7月20日 中国科技部副部长黄卫会见了中国美国商会总裁毕艾伦及商会部分会员企业代表。双方就中美科技关系、外资企业参与中国科技创新等话题进行了交流。

2021年7月21日 针对美国总统气候问题特使克里表示，美中在气候问题上合作是避免世界走向共同毁灭的唯一途径，中国外交部发言人赵立坚表示，应对气候变化、推动绿色发展，是国际社会的共同责任，需要开展全球行动、全球应对、全球合作。中美作为世界上最大的发展中国家和最大的发达国家，在应对气候变化方面肩负共同使命，理应进一步加强沟通协作，在国际上发挥表率作用。中美在具体领域的合作与整体中美关系息息相关。美方不能一方面肆意干涉中国内政、损害中国利益；另一方面又要求中国在双边和全球事务中给予理解和支持。美方应该为中美在重要领域开展协调与合作创造有利条件。在应对气候变化和成功实现减排方面，中方期待美方也能言行一致，切实承担应尽的责任，作出应有的贡献。

另外，针对美国国务院东亚局发推特称，美欢迎台湾拓展国际伙伴关系及应对疫情、投资审查、供应链韧性等共同挑战所作努力之事，赵立坚表示，我们坚决反对美方有关错误言行。世界上只有一个中国，台湾是中国领土不可分割的一部分。这是历史和法理事实，任何人任何势力以任何方式都无法改变。美方应该切实恪守一个中国原则和中美三个联合公报规定，在涉台问题上谨言慎行，停止助台拓展所谓"国际空间"，停止向"台独"分裂势力发出任何错误信号。

2021年7月22日 中国人民外交学会与美国美中关系全国委员会合作举办了数字经济主题的美国国会议员助手虚拟访华活动。学会邀请中国有关专家学者与14名美国国会议员助手进行了视频座谈。

2021年7月22日 中国外交部发言人赵立坚就韩国和美国留学生正陆续返华一事表示，中国政府始终高度重视外国留学生来华问题，将在确保防疫安全的前提下，统筹研究外国留学生返华复课事宜。

2021年7月23日 针对美国国务院、财政部、商务部、国土安全部7月16日发布所谓"香港商业警告"，美财政部外国资产控制办公室将7名香港中联办副主任列入"特别指定国民清单"并实施金融制裁之事，中国外交部发言人表示，美方炮制所谓"香港商业警告"，无端抹黑香港营商环境，非法制裁多名中国中央政府驻港机构官员，有关行径严重违反国际法和国际关系基本准则，严重干涉中国内政，中方对此坚决反对，予以强烈谴责。针对美方错误行径，中方决定采取对等反制，根据《反外国制裁法》对前美国商务部长罗斯、美国会"美中经济与安全评估委员会"（USCC）主席卡罗琳·巴塞洛缪、"国会—行政部门中国委员会"（CECC）前办公室主任乔纳森·斯迪沃斯、"美国国际事务民主协会"金度允、"美国国际共和研究所"在港授权代表亚当·金、"人权观察"中国部主任索菲·理查森及"香港民主委员会"等7个美方人员和实体实施制裁。

2021年7月23日 针对美国国会多位议员20日提出"台湾伙伴关系法案"，敦促美国国民警卫队同台湾军方建立伙伴关系，美国参议院军事委员会审议通过的"2022财年国防授权法案"中涉及要求美台增进军备合作的内容之事，中国外交部发言人赵立坚表示，世界上只有一个中国，台湾是中国领土不可分割的一部分。这是历史和法理事实，任何人任何势力以任何方式都无法改变。美方应该切实恪守一个中国原则和中美三个联合公报规定，在涉台问题上谨言慎行，停止推进审议有关涉台议案、删除有关涉台条款，停止鼓噪推动美台军事联系，停止向"台独"分裂势力发出任何错误信号。

2021年7月26日 中国外交部副部长谢锋在天津与来华访问的美国常务副国务卿舍曼举行了会谈。

2021年7月26日 中国国务委员兼外交部长王毅在天津会见美国常务副国务卿舍曼。

王毅表示，当前中美关系面临严重困难和挑战，下步是走向冲突对抗还是得到改善发展，需要美方认真思考，作出正确选择。你此次访华是中美接触对话的组成部分，双方应通过不间断对话增进了解，消除误解，防止误判，更好管控分歧。王毅说，美国新政府总体上延续了上一届政府的极端和错误对华政策，不断挑战中国底线，加大对中国遏制打压，中方对此坚决反对。出现上述问题，归根到底在于美方的对华认知出了问题，把中国视为最主要对手甚至朝敌手方向推进，企图阻挡和打断中国的现代化进程。这一企图现在不可能实现，将来更不可能实现。王毅强调，我要清晰、明确地告诉美方，中国的发展振兴有着巨大内生动力，是历史演变的必然趋势。中国特色社会主义完全符合中国的国情和需要，已经并将继续取得巨大成功。中国共产党和中国人民血肉相连、命运与共，始终得到14亿中国人民发自内心的拥护和支持。中华民族伟大复兴已经进入不可逆转的历史进程，任何势力、任何国家都无法阻挡。中国各族人民走向现代化也是人类文明进步的伟大进程，任何势力、任何国家都不应阻挡。王毅指出，我也要清晰、明确地告诉美方，中国将继续坚持走和平发展道路，奉行互利共赢的开放战略，绝不会走国强必霸的老路，愿与世界各国包括美国在内实现共同发展、共同繁荣。中国是二战以来国际秩序的创立者之一，也是受益者之一，我们不会另起炉灶，也无意另搞一套。中国将坚定维护以联合国为核心的国际体系，维护以国际法为基础的国际秩序，维护以《联合国宪章》宗旨和原则为根基的国际关系基本准则。王毅说，我还要清晰、明确地告诉美方，中国发展的目的是为全体中国人民谋幸福。正如习近平主席所指出的，人民对美好生活的向往，就是我们的奋斗目标。中国的发展不是要挑战美国，也不是为了取代美国。我们从来没有兴趣赌美国的输赢，中国的发展也不建立在美国衰落的前提之上。我们从不输出意识形态和发展模式，因为我们有一个基本立场，那就是，各国都应该自主探索符合本国国情的发展道路。

王毅指出，为管控好双方存在的分歧，防止中美关系进一步下滑乃至失控，中方向美方提出三点基本要求，也是中方坚守的三条底线：第一，美国不得挑战、诋毁甚至试图颠覆中国特色社会主义道路和制度。中国的道路和制度是历史的选择，也是人民的选择，事关14亿中国人民的长远福祉，事关中华民族的前途命运，是中方必须坚守的核心利益。第二，美国不得试图阻挠甚至打断中国的发展进程。中国人民当然也有过上更美好生活的权利，中国也有实现现代化的权利，现代化不是美国的专权，这涉及人类的基本良知和国际公义。中方敦促美方尽快取消对华实施的所有单边制裁、高额关税、长臂管辖以及科技封锁。第三，美国不得侵犯中国国家主权，更不能破坏中国领土完整。涉疆、涉藏、涉港等问题从来不是什么人权、民主问题，而是反"疆独"、反"藏独"、反"港独"的大是大非问题，任何国家都不会允许国家主权安全受到损害。至于台湾问题，更是重中之重。两岸虽尚未统一，但大陆和台湾同属一个中国、台湾是中国领土一部分这一基本事实从来没有改变，也不会改变。如果"台独"胆敢挑衅，中国有权利采取任何需要的手段予以制止。我们奉劝美方在台湾问题上务必恪守承诺，务必慎重行事。王毅表示，中美是最大的发展中国家和最大的发达国家，双方谁也取代不了谁，谁也打倒不了谁。中美关系向何处去，我们的意见很明确，那就是通过对话找到一条不同制度、不同文化、不同发展阶段的两个大国在这个星球上和平共处之道。如果能互利双赢当然更好。这对中美两国是大好事，对世界是大福音，否则将是一场大灾难。希望美方树立客观正确的对华认知，放弃傲慢偏见，停止充当教师爷，回到理性务实的对华政策上来。

舍曼表示，美中关系是世界上最重要的双边关系。拜登政府上台以来，美中进行了多次接触，美方愿继续同中方进行开诚布公的接触对话。美方也希望两国实现和平共存。美方无意限制中国的发展，也不想遏制中国，乐见中国实现发展。双方可以开展良性竞争，在应对气候变化、禁毒以及国际地区热点问题上进行合作，增强危机管控能力，避免发生冲突。美中作为两个大国，即便有分歧也可以通过负责任方式进行沟通和讨论。希望双方共同采取行动，推动两国关系改善。舍曼重申，美国坚持一个中国政策，不支持台湾"独立"。双方还就共同关心的国际和地区问题交换了意见。

2021年7月26日 中国外交部发言人赵立坚就在天津会谈中，中方向美方提出了两份清单发表谈话指出，在纠错清单里，中方敦促美方无条件撤销对中国共产党党员及家属的签证限制，撤销对中方领导人、官员、政府部门的制裁，取消对中国留学生的签证限制，停止打压中国企业，停止滋扰中国留学生，停止打压孔子学院，撤销将中国媒体登记为"外国代理人"或"外国使团"，撤销对孟晚舟的引渡，等等。在中方关切的重点个案清单里，中方主要就中国部分留学生赴美签证遭拒，中国公民在美遭受不公正待遇，美国不法分子滋扰、冲撞我驻美使领馆，美国国内仇亚、反华情绪滋长，中国公民遭暴力袭击等个案向美方表达严重关切，要求美方尽快解决，切实尊重、保护中国公民和机构的合法权益。

2021年7月27日 天津市市长廖国勋会见了美国通用电气公司全球副总裁、中国区总裁兼首席执行官向伟明一行。

2021年7月27日 首届"创未来—华特迪士尼奖学金项目"颁奖仪式暨作品展在上海举行。中国教育部国际合作与交流司副司长徐永吉、中国教育国际交流协会秘书长王永利、华特迪士尼（中国）有限公司对外事务及发展部高级副总裁裴逸群、华特迪士尼（中国）有限公司媒体及原创内容总经理戴骅出席活动并为获奖学生颁奖。

2021年7月27日 山东省委外事办公室与美国驻华使馆共同主办的"山东—美国医养健康圆桌会议"在济南举行。山东省委外办副主任陈白薇、美国驻华使馆参赞陆景文、双方医疗卫生部门负责人以及约20家医疗机构和企业代表出席会议。

2021年7月28日 中华人民共和国新任驻美利坚合众国特命全权大使秦刚抵达美国履新。前任驻美大使崔天凯已于6月23日离任回国。当晚,秦刚大使甫抵华盛顿即向中美媒体发表讲话。人民日报、新华社、总台央视、中国国际电视台、凤凰卫视、路透社、哥伦比亚广播公司新闻频道、美国全国公共广播电台等媒体记者现场出席此次活动。讲话全文如下:

> 我很荣幸出任中华人民共和国驻美利坚合众国大使。50年前,基辛格博士秘密访华,叩开了中国的大门。当时正值冷战时期,中美相互隔绝,富有远见的基辛格博士不得不以隐蔽的方式,取道他途,前往中国。50年后的今天,作为第11任中国驻美大使,我可以公开踏上正途,直抵美国。时过境迁,令人感慨。我相信,中美关系的大门已经打开,就不会关上,这是时代潮流,大势所趋,民心所向。半个世纪,中美关系历经风雨,一路走来,不仅深刻影响了两国,也深刻改变了历史、改变了世界。当前,世界正经历百年未有之大变局。中美作为不同历史文化、不同社会制度、不同发展阶段的两个大国,正在进入新一轮相互发现、认知和调适中,寻求新时代彼此相处之道。中美关系又处在一个新的紧要关口,既面临许多困难和挑战,也有巨大机遇和潜力,何去何从,关乎两国人民的福祉,关乎世界的未来。一个健康稳定发展的

中美关系，是两国人民和国际社会的普遍期盼。人间正道是沧桑。习近平主席说，逢山开道，遇水架桥。拜登总统说，凡事皆有可能。我将按照两国元首除夕通话精神，同美国各界架起沟通、合作的桥梁，维护中美关系的基础，维护中美两国人民的共同利益，共同推动中美关系重回正确发展轨道，让相互尊重、平等相待、合作共赢、和平共处的中美相处之道由可能变成现实。当前，美国正在拜登总统领导下奋力抗击新冠肺炎疫情，振兴经济发展。我祝愿美国早日战胜疫情，祝愿美国人民幸福安康。

2021年7月28日　针对美国国防部长奥斯汀本周访问亚洲期间声称，美国将挑战中国的"侵略"行为之事，中国外交部发言人赵立坚表示，美方有关说法无视事实，蓄意抹黑中方，干涉中国内政，挑拨地区国家关系，其目的就是为了服务一己地缘政治私利。我们奉劝美方不要动辄拿中国说事，多做有利于本地区和平稳定的事。关于中美关系，中方的态度非常明确。美方应树立客观正确的对华认知，选择与中方相向而行，相互尊重，公平竞争，和平共处，推动中美关系健康稳定发展。

2021年7月29日　中国驻美大使秦刚向美国国务院礼宾司书面递交了国书副本。

2021年7月29日　针对美国国会参议院外事委员会28日审议通过"要求美国国务卿制定战略使台湾重获世界卫生大会观察员地位"议案一事，中国外交部发言人赵立坚表示，台湾问题是中美关系中最重要、最敏感的问题。一个中国原则是中美关系的政治基础，也是国际社会的普遍共识。美国国会有关法案严重违反一个中国原则和中美三个联合公报规定，严重违反联合国大会第2758号决议和世卫大会第25.1号决议确认的基本原则，中方对此坚决反对。中国中央政府高度重视台湾同胞的健康福祉，在一个中国原则前提下，已经对台湾参与全球卫生事务作出妥善安排。美国有关方面应该充分认清台湾问题的高度敏感性，切实恪守一个中国原则和中美三个联合公报规定，遵守国际法和国际关系基本准则，停止推进审议有关涉台消极议案，停止向"台独"势力发出错误信号，停止助台拓展所谓"国际空间"。

此外，针对日前美国国务卿布林肯在印度新德里会见了达赖喇嘛的代表一事，赵立坚表示，西藏事务纯属中国内政，不容任何外部势力干涉。十四世达赖不是单纯的宗教人士，而是长期从事反华分裂活动，图谋把西藏从中国分裂出去的政治流亡者。中方坚决反对任何国家的官方人士同达赖进行任何形式的接触。美方同达赖集团进行接触，无论采取什么形式，都违反美方承认西藏是中国一部分、不支持"藏独"、不支持分裂中国活动的承诺。美方应重信守诺，停止利用涉藏问题干涉中国内政，停止对"藏独"势力从事反华分裂活动提供任何支持。中国将采取一切必要措施捍卫自身利益。

2021年7月29日 针对近期美台勾连动作频频，美国国会推动涉台立法，美官员多次发表涉台错误言论，美军运输机7月15日降落台湾等情况，中国国防部新闻发言人吴谦表示，台湾是中国领土神圣不可分割的一部分。一个中国原则是中美关系的政治基础。美方言行违反国际法和国际关系基本准则，严重干涉中国内政、严重损害中国领土主权和安全利益、严重威胁台海地区和平稳定，我们对此坚决反对。我们正告美方，玩火者必自焚，在台湾问题上"切香肠"，只会切到自己的手。我们要求美方恪守一个中国原则和中美三个联合公报规定，立即停止挑衅行径，不向"台独"分裂势力释放错误信号，否则由此引发的一切严重后果由美方承担。我们警告民进党当局不要误判形势、挟洋自重、引狼入室，"倚美谋独"只会把台湾带向死路，只会祸害台湾民众，也害了民进党自己。中国必须统一，也必然统一。任何人都不要低估中国人民捍卫国家主权和领土完整的坚强决心、坚定意志、强大能力。中国人民解放军始终保持高度戒备状态，将采取一切必要措施，坚决粉碎任何"台独"分裂图谋。

2021年7月30日 在密苏里州堪萨斯城与陕西省西安市结为友好城市32周年之际，美国堪萨斯城国际关系委员会举办友好城市视频推介活动，介绍两市友好交往历史。中国驻芝加哥总领事赵建和堪萨斯城市市长卢卡斯、前市长巴恩斯等发表了视频致辞。

2021年7月30日 针对美国国务卿布林肯今天发推特称，美方对于海外记者遭受骚扰恫吓深表关切，并称中国能够也必须做得更好一事，中国外交部发言人赵立坚表示，中方对美方的有关表态表示坚决反对。这个声明和几天前所谓驻华外国记者协会（FCCC）声明如出一辙，罔顾是非，颠倒黑白，通过莫须有的指责继续向中方施压。这种错误做法再次凸显美方在媒体和新闻自由问题上的霸道霸凌和双重标准，中方绝不接受。针对有关不实指责，我昨天已经表明立场。对于有关外国记者违反中方有关规定的问题，我们已向有关人员和机构提出交涉。谈到对记者的审查、骚扰和恐吓，美方不要忘了：美方自2018年以来，就对20多名中方记者无故拒签；将多家中国媒体驻美机构列为"外国使团"，并对其采取人数限制措施，变相"驱逐"60名中方媒体记者；对所有中国驻美记者采取发放停留期仅3个月签证的歧视性限制措施。不少视频显示，记者在弗洛伊德事件示威活动现场被美国执法人员恶意阻止报道，甚至被人身攻击。在抗议者冲击国会事件中，包括中国媒体在内的多家媒体在国会山的常用连线点遭到了示威者袭击。如果这些不算是对记者的打压、滋扰、恐吓、威胁，不算是对记者人身安全和报道自由的直接侵犯，那又算是什么呢？美方所为不过是借"新闻自由"之名行对华打压之实，为其公然实施双重标准和霸权欺凌寻找冠冕堂皇的借口。美方在对记者和新闻自由方面不是"可以做得更好"，而是亟待纠正改进。美方应该反躬自省，停止对中国的无端攻击。只有做好自己，才能赢得别人的尊重。

8月

2021年8月2日 针对美国国务院、欧盟对外行动署发言人声称，反对澳门特别行政区取消部分参选人立法会参选资格一事，中国外交部发言人表示，我们对有关方面严重违背国际法和国际关系基本准则，一再对中国港澳特区事务指手画脚表示强烈不满和坚决反对。拥护中华人民共和国澳门特别行政区基本法、效忠中华人民共和国澳门特别行政区是对特区立法会议员的法定要求。澳门特别行政区终审法院依据法律和事实作出有关裁决，贯彻了"爱国者治澳"的根本原则，捍卫了宪法和基本法确立的特别行政区宪制秩序，维护了澳门特别行政区第七届立法会选举的严肃性和规范性，彰显了特别行政区司法的公正和权威，我们对此坚决支持。澳门回归以来，"一国两制"取得举世公认的伟大成就，澳门居民享有的广泛权利和自由依法得到充分保障，有关事实不容歪曲。澳门是中国的特别行政区，中方将继续坚定推进澳门特色"一国两制"成功实践行稳致远。同时，中方坚决反对任何外部势力干预澳门特区事务，干涉中国内政。

2021年8月3日 针对美国国会众议院外委会共和党首席成员麦考尔8月2日发布报告称，有充分证据表明新冠病毒于2019年9月前从武汉病毒研究所泄漏一事，中国外交部发言人表示，有关报告完全基于编造的谎言和歪曲的事实，拿不出任何证据，毫无可信度与科学性可言。美方有关议员的行径纯粹是出于政治私利而污蔑抹黑中方，对他们这种毫无道德底线的卑劣行径，我们表示坚决反对和强烈谴责。今年2月，中国—世卫组织联合溯源专家组实地走访了武汉病毒研究所，同研究所的科学家进行了深入、坦诚的科学交流。专家组成员对研究所的开放与透明给予了积极评价。"实验室泄漏极不可能"是中国—世卫组织联合研究报告得出的主要结论。如果这些美国的议员先生们哪怕有一丁点对美国人民的责任感，就应该让美国政府尽快公布2019年弗吉尼亚州不明原因呼吸系统疾病、威斯康星州和马里兰州暴发的大规模"电子烟疾病"以及参加武汉军运会的美国军人的患病病例数据，允许国际社会彻查德特里克堡和美国在海外200多个生物实验室。

2021年8月5日 针对美国国防部国防安全合作局8月4日发布消息称,美国国务院已批准向台湾出售总价7.5亿美元的40套中型自行榴弹炮系统及相关设备一事,中国外交部发言人表示,台湾是中国领土不可分割的一部分。美国向台湾出售武器,干涉中国内政,损害中国主权和安全利益,违背国际法和国际关系基本准则,更违反一个中国原则和中美三个联合公报特别是《八一七公报》规定,向"台独"分裂势力发出错误信号,严重损害中美关系和台海和平稳定。中方对此坚决反对,已向美方提出严正交涉。中方敦促美方重信守诺,切实恪守一个中国原则和中美三个联合公报规定,停止售台武器和美台军事联系,立即撤销有关对台军售计划,以免进一步损害中美关系和台海和平稳定。中方将根据形势发展坚决采取正当、必要反制措施。

2021年8月5日 针对美国国防部国防安全合作局8月4日发布新闻稿称,美国国务院已批准向台湾出售总额约7.5亿美元的自行榴弹炮系统及相关设备一事,中国国防部发言人吴谦表示,美方这一行径罔顾国际法和国际关系基本准则,严重违反一个中国原则和中美三个联合公报规定,粗暴干涉中国内政,损害中国主权和安全利益,向"台独"分裂势力发出错误信号,危害台海地区安全稳定。中方对此表示强烈不满和坚决反对。台湾问题事关中方核心利益。中方强烈要求美方信守承诺,严格遵守中美三个联合公报特别是《八一七公报》规定,慎重妥善处理涉台问题,停止售台武器和美台军事联系,以免进一步损害中美两国两军关系和台海地区和平稳定。中国人民解放军有决心、意志和能力，坚决挫败任何形式的外部势力干涉和"台独"分裂图谋，将采取一切必要措施，坚定捍卫国家主权和领土完整。

2021年8月8日 中国外交部发言人华春莹针对美国总统拜登8月5日签署涉港备忘录一事答记者问表示，美方所谓备忘录大肆攻击抹黑香港国安法和中方治港政策，是美方粗暴干涉香港事务和中国内政的又一恶劣表现，中方对此强烈不满和坚决反对，已向美方提出严正交涉。

2021年8月12日 中国驻美大使秦刚会见美国常务副国务卿舍曼。舍曼欢迎秦刚大使来美履新，表示美国国务院将为其履职提供便利和支持。秦刚大使感谢美方为其履职提供支持和协助，表示，当前中美关系站在新的十字路口。我将按照两国元首今年除夕通话的精神，加强同美方的及时沟通对话，努力推动理性、稳定可控、建设性的中美关系。双方并就共同关心的问题交换意见，同意继续保持密切对话沟通。

2021年8月12日 中国外交部发言人华春莹就美国国会参议院通过涉台参与世界卫生组织议案一事答记者问表示，美国国会参议院审议通过有关议案完全是少数反华政客的政治操弄。该案严重违反一个中国原则和中美三个联合公报规定，严重违背国际法和国际关系基本准则，粗暴干涉中国内政。中方对美国国会参议院的行径表示强烈不满和坚决反对，已向美方提出严正交涉。

2021年8月13日 中国驻美大使秦刚通过视频会见美中贸易委员会会长艾伦。秦刚大使充分肯定美中贸易委员会多年来为促进中美关系发展所作贡献，强调中美经贸合作是互利共赢的。中国对外开放的大门会越来越大。希望中美两国工商界继续加强交流合作，为双边关系良性发展注入更多正能量。艾伦代表美中贸易委员会及其会员企业欢迎秦刚大使来美履新，表示一个稳定的美中关系对两国商界至关重要，贸委会愿为此作出努力，继续推进中美友好交流、开展互利合作。双方还就共同关心的其他问题交换了意见。

2021年8月13日 中国外交部发言人华春莹就美国、欧盟妄评中国召回驻立陶宛大使一事答记者问表示，中方对别国损害中国主权和领土完整的行径作出坚决和必要反应，完全合理合法。我们强烈反对美方对中方的正当举措指手画脚、粗暴干涉。同时，我要再次强调，一个中国原则的含义清晰而明确，不容歪曲和篡改。世界上只有一个中国，台湾是中国不可分割的一部分，中华人民共和国是代表全中国的唯一合法政府，这是铁的事实，也是公认的国际关系准则和国际社会普遍共识。奉行一个中国政策，就必须严格恪守一个中国原则，包括断绝一切同台湾当局的官方往来。个别国家和某些人妄图混淆视听，用心险恶，但他们的图谋注定不会得逞。中方敦促欧盟方面在涉台问题上坚持正确立场，不要在涉及中方核心利益的问题上发出错误信号，给中欧关系制造新的麻烦。

2021年8月13日 针对美军印太总部司令阿奎利诺近日在阿斯彭安全论坛上就多个涉华议题发表负面言论一事，中国国防部发言人谭克非表示，我们注意到了美方有关言论。近期，美军有关人士屡次就涉华议题发表不负责任的错误言论，干涉中国内政，渲染中美对抗，我们对此表示坚决反对。台湾、香港和新疆问题纯属中国内政，任何外国都无权干涉。关于南海问题，美方作为域外国家，却经常打着"航行自由"的幌子在南海炫耀武力、挑衅搅局，美国才是南海的"麻烦制造者"和地区和平稳定的最大威胁。当前，中美两国两军关系正处在关键当口，何去何从备受两国人民和国际社会关注。发展健康稳定的两军关系符合双方共同利益，也是国际社会的普遍期待。中方对发展中美两军关系是有原则的，我们敦促美方切实尊重中国的核心利益和重大关切，恪守一个中国原则和中美三个联合公报规定，谨言慎行，多做有利于两国两军关系发展的事情。中国军队将一如既往，坚决捍卫国家主权、安全、发展利益，为服务构建人类命运共同体作出新的更大贡献。

2021年8月16日 中国国务委员兼外交部长王毅应约同美国国务卿布林肯通电话，就阿富汗局势及中美关系交换了意见。布林肯感谢中方参与阿富汗问题多哈会晤，表示阿富汗当前局势正进入一个关键阶段，期待中方也能发挥重要作用。美方认可阿富汗未来应由阿人民决定，呼吁塔利班当前应确保所有希离阿人员的安全。王毅阐明了中方对阿富汗局势的立场，中方愿同美方沟通对话，推动阿问题实现软着陆。王毅说，美方应在助阿维稳防乱、和平重建上发挥建设性作用。王毅强调，美国上届政府宣布撤销"东伊运"的恐怖组织定性，在反恐问题上搞双重标准，这是危险的，也是错误的。美方应改弦更张，为中美涉阿合作以及国际反恐合作扫除障碍。关于中美关系，王毅表示，美方应奉行理智务实的对华政策，尊重中方核心利益和重大关切，按照两国元首通话精神，加强对话，管控分歧，推动中美关系早日重返正轨。布林肯说，美中对重大国际地区问题保持沟通非常重要。我同意美中实现和平共处是共同目标，希望双方寻求和开展合作。当然美中也存在明显分歧，今后可通过建设性方式逐步加以解决。美方重申反对一切形式的恐怖主义，不寻求在中国西部边界地区出现动荡。阿富汗局势演变再次表明，美中以建设性、务实方式就地区安全问题开展合作十分重要。

2021年8月16日 中国外交部发言人华春莹就中美《八一七公报》发表39周年发表讲话指出，世界上只有一个中国。台湾是中国领土不可分割的一部分。中华人民共和国政府是代表全中国的唯一合法政府。42年前，中美正是在一个中国原则基础上建立了外交关系。39年前的今天，中美共同发表"八·一七"公报。"八·一七"公报和上海公报、建交公报等三个中美联合公报构成中美关系的政治基础，其核心要义都是一个中国原则。美方理应严格遵守。但事实却是，美方不断违背自身承诺，与中国台湾地区开展所谓"官方"往来，向台湾出售各种武器，帮助台湾拓展所谓"国际空间"。针对美方上述错误行径，中方均予以坚决有力回击，坚定捍卫了自身主权安全利益。中方敦促美方认清美售台武器问题的高度敏感性和严重危害性，采取实际行动遵守一个中国原则和中美三个联合公报规定，停止美台官方往来，停止美台军事联系和售台武器，反对"台独"及其分裂活动，以免给中美关系和台海和平稳定造成进一步损害。

2021年8月18日 中国驻美大使秦刚通过视频会见了美国艾奥瓦州友好人士兰蒂女士和奎因大使。秦刚大使转达了习近平主席和夫人彭丽媛教授对兰蒂女士和奎因大使以及艾奥瓦州老朋友们的亲切问候和良好祝愿，对两位长期坚持致力于推动中美两国友好交流与地方合作表示高度赞赏和崇高敬意。秦刚大使强调，国家间关系归根结底是人民之间的关系，希望中美两国人民加强友好交往，用友谊弥合误解，用信任化解猜忌，期待艾奥瓦州同中国的合作取得更丰硕的成果。兰蒂和奎因欢迎秦刚大使来美履新，表示美中友谊具有深厚基础，他们非常珍惜同习近平主席和彭丽媛教授的真诚友谊。美中关系保持稳定发展是两国人民的共同期待，美中应该加强合作。他们愿继续为推动美中友好事业作出积极努力。

2021年8月19日 中国驻美大使秦刚会见了美中关系全国委员会会长欧伦斯。秦刚大使积极评价美中关系全国委员会长期以来为推动中美关系发展所作贡献，强调中美作为利益紧密交织的两个大国，两国合则两利、斗则俱伤。希望委员会继续为推动中美相互交流、理解、互信和建设性的中美关系作出积极努力。欧伦斯代表美中关系全国委员会欢迎秦刚大使来美履新，表示一个健康稳定的美中关系对两国人民至关重要，委员会愿继续为促进中美建设性关系发挥作用。

2021年8月19日 针对美国政府宣布将往返中美的4家中国航空公司的航班载客量缩减到40%，以回应中方通过熔断机制缩减美国航空公司载客量一事，中国外交部发言人华春莹表示，7月22日入境的美国联合航空UA857航班确诊新冠肺炎旅客达到5例，中国民航局按照国际定期客运航班相关熔断措施规定，并根据航空公司的选择，自8月9日起，执行限制UA857航班以不高于40%的客座率运行4周的限制。国际定期客运航班熔断/熔控措施是降低疫情跨境传播风险的重要举措，该措施对中外航空公司一视同仁，公平公开。在中美航线上，中国国内的国航、东航等航空公司都曾熔断过，对于没有触发熔断条件的航空公司，中方从未实施该措施，因此这次美方没有理由限制中国赴美航班客座率，美方做法非常不合理。下一步，中方仍将继续执行好包括熔断在内的各项疫情防控措施，最大限度防止疫情传播。

2021年8月20日　针对近日有报道称，美国政府高层正在以疫苗援助等为筹码对中国周边国家威逼利诱，换取后者帮助炒作"中国病毒源头论"一事，中国外交部发言人华春莹表示，我们注意到有关报道。当中国急人之所急、克服困难为有需要的国家生产和提供抗疫物资时，美国则在全世界买断、垄断抗疫物资。当中国率先宣布并践行将疫苗作为全球公共产品，向世界提供超过8亿剂疫苗时，美国却在大搞"疫苗民族主义"和"美国优先"。现在，美国终于把自己的疫苗拿出来，但如果真像报道中所说的那样，美国却已在背后标好了价码，将疫苗和溯源问题挂钩，把疫苗当作胁迫他国加入反华遏华同盟的工具。这种做法是不道德、不负责的，理应受到谴责。希望美方停止政治操弄溯源，污染毒化国际合作。

2021年8月21日　美国国家动物园为大熊猫"小奇迹"举办周岁生日庆祝活动。中国驻美大使秦刚通过视频向"小奇迹"送去生日祝福，并赠送了生日礼物。

2021年8月23日　中国生态环境部部长黄润秋在京会见美国布鲁金斯学会名誉主席约翰·桑顿。

2021年8月23日　针对有报道称，美国20多个亚裔团体19日联名致函拜登，美国司法部正在实施的"中国行动计划"名义上旨在调查并起诉经济间谍和商业窃密行为，实际上却使亚裔移民特别是华裔科学家遭受种族歧视、监视和不当起诉，应予暂停一事，中国外交部发言人汪文斌表示，我们注意到有关报道。此前，美国媒体已经曝光，这个所谓的"中国行动计划"先设办案指标、再查案，如此罔顾司法正义的做法只会造成冤假错案。事实充分证明，美国上届政府推出的"中国行动计划"，实质上就是少数反华政客泛化国家安全概念、对华进行疯狂遏制打压的工具，不仅对中美关系造成严重冲击，也加剧了美国国内的种族歧视现象，对美国国内亚裔群体造成严重伤害。美方应切实纠正上述错误做法，停止以中国为"假想敌"，停止编造借口对中国进行抹黑打压，停止干扰中美在科技、人文等领域的正常交流合作。

2021年8月24日 针对美国副总统哈里斯发表演讲声称，中国持续破坏基于规则的国际秩序，威胁他国主权，而美国在东南亚和印太地区的存在不针对任何一国，也不是为了让任何国家选边站队之事，中国外交部发言人汪文斌表示，美方总试图拿"规则""秩序"为自己的自私自利和霸凌霸道行径辩护。当前，阿富汗发生的事情清楚地告诉人们，什么是美国所讲的"规则"，什么是美国所谓的"秩序"。美国可以肆意对一个主权国家进行军事干涉，而不必为这个国家的人民所遭受的苦难负责；美国可以想来就来，想走就走，而不必征求国际社会，哪怕是其盟国的意见；为了维护"美国第一"，美国可以任意地抹黑、打压、胁迫霸凌其他国家，而不必付出任何代价。这就是美国想要的秩序。

2021年8月25日 针对美国副总统哈里斯声称支持越南在南海问题上同中国抗衡，包括派遣更多美国军舰赴南海一事，中国外交部发言人汪文斌表示，美国迄今拒绝加入《联合国海洋法公约》，却声称维护《公约》。美国肆意对阿富汗、伊拉克、叙利亚进行军事干涉，却声称维护小国利益。如果美方说自己是为了维护美国的霸权地位、维护美国的一己私利的话，我想他的话要可信得多。中方坚决反对美方在南海部署海上执法力量，插手地区事务，搅乱地区和平稳定。

2021年8月28日 中国外交部副部长马朝旭就美国情报部门发布溯源调查报告发表谈话指出，近日，美国情报部门炮制所谓溯源问题调查报告。这份所谓报告是一份彻头彻尾的政治报告、虚假报告，毫无科学性和可信度。美方还发表声明，对中国进行污蔑攻击。中方表示坚决反对，已经向美方提出严正交涉。我们多次重申，新冠病毒溯源是一个复杂的科学问题，应该也只能由全球科学家合作开展研究。但美国罔顾科学和事实，执迷于政治操弄和情报溯源。他们拿不出任何真凭实据，却一再编造谎言，对中国进行抹黑指责。他们的目的就是借溯源问题向中国"甩锅"推责，散播政治病毒。美国动用情报部门搞溯源，本身就是将溯源问题政治化的铁证。美方指责中国在溯源问题上不透明、不配合，这完全是睁眼说瞎话。中国高度重视并积极参与全球溯源科学合作，本着科学、开放、透明的原则，先后两次邀请世卫专家来华开展病毒溯源研究。今年年初，国际和中国权威专家组成联合专家组，在华进行了为期28天的考察研究，并发布了中国—世卫组织溯源联合研究报告，得出了权威、专业和科学的结论，为全球溯源合作打下良好基础。我们始终支持并将继续积极参加科学溯源，但坚决反对搞政治溯源。在溯源问题上，不透明、不负责、不合作的恰恰是美国。美方至今拒绝回应国际社会对德特里克堡生物实验室以及美国200多个海外生物实验基地等合理怀疑，试图掩盖真相，逃避责任。美国有责任和义务给全世界一个交代。美国在溯源问题上搞政治化不得人心，遭到国际社会普遍反对。80多个国家以致函世卫组织总干事、发表声明或照会等方式，反对把溯源问题政治化，要求维护中国—世卫组织联合研究报告。100多个国家和地区的300多个政党、社会组织和智库向世卫组织秘书处提交反对溯源政治化的联合声明。中国超过2500万网民联署公开信，要求调查美国德特里克堡基地。这些都反映了人们的正义呼声。我们再次正告美方，搞政治溯源没有出路，立即停止毒化国际溯源合作氛围、破坏全球团结抗疫的行径，回到科学溯源、合作抗疫的正路上来。

2021年8月28日 中国驻美国使馆就美国国家情报总监办公室发布所谓"新冠病毒溯源调查报告"一事发表声明，全文如下：

> 8月27日，美国国家情报总监办公室发布所谓"新冠病毒溯源调查报告"要点，认为目前看新冠病毒源自自然界和实验室泄漏的两种可能性都不能排除。报告诬蔑中方阻挠国际调查、拒绝共享信息并指责他国。白宫同日就新冠病毒溯源调查发布声明，妄称中方阻挠溯源工作的国际调查，缺乏透明度，企图纠集有关伙伴方对中方施压。中方对此坚决反对、强烈谴责。
>
> 首先，报告是美方由情报部门主导杜撰的，毫无

科学性和可信度可言。新冠病毒溯源是科学问题,应该也只能由科学家而不是情报专家研究。历史上,美方情报部门搞出不少"杰作",诸如把一小瓶洗衣粉当作伊拉克大规模杀伤性武器证据,自导自演"白头盔"组织摆拍所谓"叙利亚化学武器袭击"视频。现在美方又故技重施,放着中国——世卫组织联合研究报告不信,偏要取信情报部门炮制的报告,那怎么还可能是科学、可靠的溯源?

第二,美方声称中方不透明,这完全是为其推动政治化、污名化寻找借口。疫情发生以来,中方始终本着公开、透明、负责任原则,第一时间对外介绍、对外分享病毒基因序列、对外开展抗疫合作。2019年12月27日,武汉地方有关部门首次报告可疑病例,30日下发关于做好不明原因肺炎救治工作的紧急通知,31日中国向世卫组织通报有关情况,2020年1月3日中方开始定期向世卫组织和美国等有关国家主动通报疫情信息。在溯源问题上,中方也从一开始就表明了科学、专业、严肃和负责任的态度,率先同世卫组织开展全球溯源合作,去年以来两次邀请世卫专家来华开展溯源研究。世卫专家组来华开展溯源工作时,中方完全公开透明,满足了其全部参访要求,未作任何限制。专家们在武汉去了所有他们想去的地方,会见了所有他们想见的人,查看了所有他们想看的资料。世卫组织3月30日正式发布的中国——世卫组织联合研究报告,其形成遵循了世卫组织程序,采取了科学方法，体现了权威性和科学性。中方在病毒溯源问题上展现的开放、透明态度也得到国际专家充分肯定。

第三，美方情报部门出台报告恰恰说明了美方一意孤行在政治操弄的错误道路上越走越远。疫情暴发以来，美国成为感染和死亡人数最多的国家，已经让美国民众付出了沉重代价。美国政府通过情报机构搞所谓溯源报告，妄图对中国进行"有罪推定"，是为了推卸自身抗疫失败责任、向中国甩锅推责。美方这种做法只会对国际溯源和全球抗疫合作造成干扰和破坏，已经遭到国际社会普遍反对。世界上100多个国家和地区，300多个政党、社会组织和智库向世卫组织秘书处提交《联合声明》，坚决反对将溯源问题政治化。美方难道不应该听一听这些声音吗？

最后，美方对自身溯源讳莫如深，把溯源大门关得死死的。美方如果真的"透明负责"，就该公布并检测早期病例数据。美国新冠肺炎疫情发生的时间线不断前移。美国至少有五个州的新冠病毒感染情况早于美国首例确诊病例报告时间。近日也有美国媒体报道，美国首例新冠肺炎死亡病例出现的时间为2020年1月初，比官方此前认定的2月初要早数周。

武汉病毒研究所已两次接待世卫组织专家，新冠病毒源自武汉病毒研究所泄漏"极不可能"是中国—世卫组织联合研究报告得出的明确结论。美方如果非要坚持实验室泄漏的说法，难道不应该邀请世卫组织专家前往德特里克堡和北卡罗来纳大学调查吗？德堡长期从事冠状病毒研究、改造，2019年发生严重安全事故并被关停，随后美国国内暴发与新冠肺炎症状相似的疾病。北卡大学巴里克团队早就具备极其成熟的冠状病毒合成及改造能力，该校于2015年1月至2020年6月1日共向美国国立卫生研究院报告28起涉及基因工程微生物的安全事故，其中6起涉及包括SARS、MERS和新冠病毒等在内的冠状病毒。美方不调查公布自家实验室的情况，却光顾着往别人身上泼脏水。

中方对全球溯源问题的立场是一贯、明确的。溯源是科学问题，中方始终支持并将继续参加科学溯源。我们反对的是政治操弄，反对的是有罪推定，反对的是嫁祸于人。第二阶段溯源应该在第一阶段溯源的基础上全面延伸，在全球多国多地开展溯源工作，才能真正找到真相和答案。

美情报部门提供的报告没有给出美方想要的确切答案，再搞下去，也是竹篮打水一场空，因为它的调查本身就是子虚乌有、反科学的。

2021年8月28日　中国国防部新闻发言人谭克非就美舰过航台湾海峡发表谈话指出，8月27日，美海军"基德"号导弹驱逐舰、海岸警卫队"门罗"号炮舰过航台湾海峡并公开炒作。中国人民解放军东部战区组织兵力对美舰行动全程跟监警戒。美方频频实施类似挑衅行径，性质十分恶劣，充分说明美国是台海和平稳定最大破坏者、台海安全风险最大制造者。我们对此表示坚决反对和强烈谴责。

2021年8月29日　中国国务委员兼外交部长王毅应约同美国国务卿布林肯通电话,就阿富汗局势及中美关系等交换了意见。布林肯表示,在美从阿撤军撤侨即将结束的关键时刻,美认为安理会应对外发出明确、统一的声音,表明国际社会期待塔利班确保外国公民安全撤离,确保阿人民获得人道主义援助,确保阿领土不能成为恐怖袭击策源地,不能成为恐怖主义避风港。王毅表示,阿富汗国内形势已发生根本性变化,各方有必要同塔利班进行接触,积极引导。美国尤其需同国际社会一道向阿提供急需的经济、民生、人道援助,帮助其尽快走上和平重建道路。美北约仓促撤军很可能给各类踞阿恐怖组织卷土重来提供可乘之机。美方应在尊重阿主权独立前提下,拿出实际行动,助阿制恐止暴,而不应搞双重标准或选择性打恐。王毅说,美方对阿当前乱局的成因是清楚的。安理会如果要采取任何行动,都应有助于缓和而不是激化矛盾,有助于阿局势平稳过渡而不是重陷动乱。布林肯表示理解并尊重中方在涉阿问题上的关切。

关于中美关系,王毅表示,近期中美就阿富汗、气候变化等问题开展沟通,对话比对抗好,合作比冲突好。中方将根据美对华态度考虑如何同美方进行接触。如果美方也希望中美关系重回正轨,就不要再一味抹黑攻击中国,损害中国主权、安全和发展利益。美方应认真对待中方提出的两份清单和三条底线。王毅说,中方坚决反对美情报机构近日炮制出台的所谓溯源问题调查报告。中方再次敦促美方停止将溯源问题政治化的做法,停止向世卫组织施压,停止干扰破坏国际社会团结抗疫和全球溯源科学合作。布林肯表示,美方无意就病毒溯源问题指责任何国家。作为大国,美中都有责任提供一切必要信息,彻底调查病毒源头,避免大流行再次发生,美方愿就此同中方保持接触。

2021年8月30日 针对美国国务院前助理国务卿克里斯托弗·福特曾发表一封公开信,揭露了美国国务院内一小撮人炮制"实验室泄漏论"的过程之事,中国外交部发言人汪文斌表示,我注意到了有关报道。美国国务院前助理国务卿福特发表的这份公开信,是美方一些政客在溯源问题上背弃科学、炮制谎言、对华污蔑抹黑的又一有力证明。根据福特今年6月发表的这封公开信,2020年12月至2021年1月初,在美国前国务卿蓬佩奥授意下,美国国务院政策规划办公室余茂春指使分管美国务院军备控制、核查和合规局(AVC)的助理国务卿帮办托马斯·迪南诺和顾问大卫·阿舍绕过生物科学和生化武器专家评估,持续向美国务院各部门宣扬"新冠病毒系中国政府故意释放的生物武器"等不实论断。在福特数次发邮件提醒两人必须组织科学家进行认真评估后,AVC于今年1月召开专家会议。参会专家在会议现场指出了相关文件的关键错误。福特随后给多名国务院高级官员发邮件通报会议情况,指出AVC有关论断存在重大问题。据福特推断,美国务院高层可能因此在今年1月15日发表的"情况说明:武汉病毒研究所活动"中没有提及"生物武器论",转而提出"新冠病毒可能源自实验室意外泄漏"的猜测性说法。由此可见,美方一些政客全然不顾科学依据和事实基础,完全将病毒溯源搞成了政治操弄。他们的真实目的,就是要想尽办法向中国泼脏水。"生物武器论"行不通,就退而求其次改成"实验室泄漏论",这种毫无底线的做法已经被越来越多的有识之士看清，也必将遭到国际社会越来越强烈的反对。此外，针对三名中国留学生近日在美国休斯敦机场入境时遭美方盘查，随后被认定可能"危害美国国家安全"遭遣返之事，汪文斌表示，8月15日，三名中国留学生持合法签证在美国休斯敦机场入境时，遭美方盘查并遣返回中国，理由是三人受中国政府资助或其个人手机内发现军训照片因而被怀疑有军方背景。中方对此强烈不满和坚决反对，已就此向美方提出严正交涉。

2021年8月31日至9月2日 中国气候变化事务特使解振华应约与来访的美国总统气候问题特使约翰·克里在天津举行会谈。中美双方此次按照两国元首今年除夕通话的精神，围绕落实今年4月在上海发表的《中美应对气候危机联合声明》，就全球气候变化的严峻性紧迫性、双方气候变化对话合作安排、联合国气候变化格拉斯哥大会等重点问题充分交换意见，进行了坦诚、深入、务实的对话。双方还交流了各自国内应对气候变化的政策与行动。中方向美方介绍，中方已建立碳达峰碳中和工作领导小组，正在制定并将陆续发布落实力争于2030年前实现碳达峰、2060年前实现碳中和的"1+N"政策体系。美方向中方介绍了拜登政府落实美国2030年温室气体在2005年基础上减排50%—52%、2035年实现零碳电力、2050年实现温室气体净零排放目标的相关政策。双方认识到中美气变对话合作对于气变多边进程的重要意义，并讨论了下一步如何推动双方气变对话合作机制化、具体化、务实化，通过建立相关机制，在绿色低碳相关领域确定一些合作计划与项目。双方还将共同并与其他各方一道在联合国气候公约和巴黎协定下的多边进程中，合作推动今年格拉斯哥大会取得成功。双方商定将继续进行对话磋商，持续开展气候行动，促进务实合作，共同推动多边进程，加强《巴黎协定》的全面、有效和持续实施。

2021年8月31日 中国驻美大使秦刚应邀参加美中关系全国委员会董事会为其履新举行的线上欢迎活动并发表主旨演讲。美前国务卿基辛格，美中关系全国委员会董事会主席、前财政部长雅各布·卢，董事会名誉主席、前贸易代表希尔斯，美中关系全国委员会会长欧伦斯等在线。

9月

2021年9月1日 中国国务委员兼外交部长王毅应约视频会见正在天津进行中美气候变化磋商的美国总统气候问题特使克里。王毅表示，中美作为两个大国，合作是唯一正确的选择，也是国际社会的殷切期待。中美曾在双边领域以及气候变化等重要国际和地区问题上开展了富有成果的对话合作，近年来，中美关系急转直下，究其原因是美方对中国作出了重大战略误判。美方应停止将中国视为威胁和对手，停止满世界围堵打压中国；应重视并积极回应中方提出的"两份清单"和"三条底线"，采取实际行动改善中美关系；应本着相互尊重、平等互利的原则开展双边、地区和全球层面的协调合作，不能只搞单行道。王毅说，中美气变合作既符合双方利益，也将造福全人类，有着广阔发展前景。美方希气变合作成为中美关系的"绿洲"，中美气变合作不可能脱离中美关系的大环境，美方应与中方相向而行，采取积极行动，推动中美关系重回正轨。克里表示，美中合作对应对当前紧迫的气变挑战至关重要。美方愿同中方相互尊重，加强沟通对话，共同提高雄心，体现双方的领导力，为推动落实《巴黎协定》目标树立典范，也为解决美中关系面临的难题创造机遇。

2021年9月2日 中共中央政治局常委、国务院副总理韩正在北京通过视频方式会见来华访问的美国总统气候问题特使克里。韩正表示，中国在应对气候变化方面作出了巨大努力，也取得了显著成效。习近平主席提出的中国力争于2030年前实现碳达峰、2060年前实现碳中和的目标愿景，体现了中国坚决履行《巴黎协定》、持续强化应对气候变化的行动和决心，以及中国对推动构建人类命运共同体的责任与担当。在应对气候变化问题上，中国一直是言必信、行必果。韩正指出，中美应对气候变化合作要回归到《巴黎协定》这一重要基础上来。希望双方聚焦落实《中美应对气候危机联合声明》，在《联合国气候变化框架公约》及其《巴黎协定》的目标、原则下继续努力，为全球应对气候变化作出贡献。应对气候变化是中美合作的重要组成部分，必须以信任为前提。希望美方按照两国元首通话精神，为双方应对气候变化合作创造良好氛围。克里表示，美中应保持建设性接触，共同应对全球性挑战。美方认同中国为应对气候变化所作巨大努力，愿与中方加强接触沟通，加紧落实《巴黎协定》，共同应对全球气候变化威胁。

2021年9月2日 中共中央政治局委员、中央外事工作委员会办公室主任杨洁篪应约视频会见美国总统气候问题特使克里。杨洁篪表示，一段时间以来，由于美方采取一系列干涉中国内政、损害中方利益的严重错误行径，中美关系遭遇严重困难。中方对这些行为坚决反对、更坚决应对。中美对抗不符合任何一方的利益。中美还是要相互尊重，和平共处，妥处分歧，互利共赢，这符合中美两国人民和世界各国人民根本利益。希望美方从中美共同利益和美国自身长远利益出发，切实纠正错误做法，客观理性地看待中国和中美关系，尊重中国政治制度和发展道路，奉行理智务实的对华政策，同中方一道推动中美关系早日重返正轨。杨洁篪说，中方对同美方沟通对话和务实合作秉持开放态度。中美可以加强在气变、疫情防控、经济复苏等广泛双边领域以及一系列重大国际地区问题上的沟通、协调与合作。同时，合作必须是双向、互利的。杨洁篪说，中国正在贯彻新发展理念。中方高度重视应对气候变化问题，已经采取了一系列应对气候变化的重大战略决策和有力举措，展示了积极、坚定的态度。中国尊重各国的发展权和选择权，中国自身的发展权和选择权也必须得到尊重。我们愿同美方加强气候变化政策交流和务实合作，促进《巴黎协定》全面有效实施。克里表示，美中关系对两国和世界都非常重要，两国携手合作成就了《巴黎协定》。美方愿以相互尊重的方式与中方加强对话合作，共同应对气候变化，为两国关系改善发展注入动力。

2021年9月2日 中国工业和信息化部部长肖亚庆以视频方式会见美国微软公司总裁布拉德·史密斯。

2021年9月3日 针对美国总统气候问题特使克里声称，气候问题不是地缘政治武器，认为中方应该在应对气候变化方面做更多一事，中国外交部发言人汪文斌表示，基于《联合国气候变化框架公约》确定的共同但有区别的责任原则和《巴黎协定》国家自主贡献的制度规定，缔约方享有减排目标与行动的主权。中国一直是生态文明的践行者,气候治理的行动派,在提前超额完成2020年气候行动目标基础上,中国去年宣布了碳达峰、碳中和目标愿景以及国家自主贡献新目标,我们将说到做到。中方的气候行动受到国际社会广泛赞誉。发达国家从工业化进程到碳达峰普遍用了一两百年的时间,而中国将只用50多年。从碳达峰到碳中和,欧盟将用71年,美国43年,日本37年,而中国给自己定的目标是30年。中国作为世界上最大的发展中国家,将用历史上最短的时间完成全球最高碳排放强度降幅。这充分体现了中国作为负责任大国的担当。美方应承担起自身法定责任,与发展中国家在气候变化领域开展有意义的合作。希望美方客观理性看待中国和中美关系,搬掉中美气变合作道路上的"绊脚石",本着相互尊重、平等互利的原则推动双方在气变等领域的协调合作取得更多成果。

2021年9月8日 第21届中国国际投资贸易洽谈会期间,中美省州绿色低碳合作研讨会暨对接会在厦门举行。中国商务部副部长兼国际贸易谈判副代表王受文,福建省副省长郭宁宁,美中贸易全国委员会全球副会长、中国区会长马修·马古利斯出席并致辞。美国俄亥俄州州长迈克·德瓦恩、华盛顿州副州长丹尼·赫克、加州前州长杰里·布朗分别在活动中发表了视频致辞。福建、黑龙江、云南、山东、重庆、广东、四川、江西、天津等省市与美国加利福尼亚州、俄亥俄州、华盛顿州、纽约州、北卡罗来纳州等两国地方政府代表和工商界人士约260人参会。

2021年9月8日 中国驻美大使秦刚在纽约参观美国茱莉亚学院,会见院长沃泽尔、名誉院长波利希并与师生交流。

2021年9月9日 中国驻美大使秦刚在纽约拜会了美国前国务卿基辛格博士，双方就中美关系和国际地区形势交换了意见。

2021年9月9日 中国驻美公使徐学渊同美国腹地中国协会主席霍顿、战略顾问奎因大使举行了视频会见。

2021年9月10日 中国国家主席习近平应约同美国总统拜登通电话，就中美关系和双方关心的有关问题进行了坦诚、深入、广泛的战略性沟通和交流。

习近平首先就飓风"艾达"造成美国多地人员伤亡和财产损失向拜登和美国人民表示慰问。拜登对此表示感谢。习近平指出，一段时间以来，美国采取的对华政策致使中美关系遭遇严重困难，这不符合两国人民根本利益和世界各国共同利益。中美分别是最大的发展中国家和最大的发达国家，中美能否处理好彼此关系，攸关世界前途命运，是两国必须回答好的世纪之问。中美合作，两国和世界都会受益；中美对抗，两国和世界都会遭殃。中美关系不是一道是否搞好的选择题，而是一道如何搞好的必答题。习近平强调，中国古诗曰："山重水复疑无路，柳暗花明又一村。"中美自1971年双边关系"破冰"以来，携手合作，给各国带来实实在在的好处。当前，国际社会面临许多共同难题，中美应该展现大格局、肩负大担当，坚持向前看、往前走，拿出战略胆识和政治魄力，推动中美关系尽快回到稳定发展的正确轨道，更好造福两国人民和世界各国人民。习近平阐述了中方在气候变化等问题上的立场，强调中方坚持生态优先、走绿色低碳的发展道路，一直积极主动承担同自身国情相符的国际责任。在尊重彼此核心关切、妥善管控分歧的基础上，两国有关部门可以继续接触对话，推进在气候变化、疫情防控、经济复苏以及重大国际和地区问题上的协调和合作，同时挖掘更多合作潜力，为两国关系增添更多积极因素。

拜登表示，世界正在经历快速变化，美中关系是世界上最重要的双边关系，美中如何互动相处很大程度上将影响世界的未来。两国没有理由由于竞争而陷入冲突。美方从无意改变一个中国政策。美方愿同中方开展更多坦诚交流和建设性对话，确定双方可以开展合作的重点和优先领域，避免误解误判和意外冲突，推动美中关系重回正轨。美方期待同中方就气候变化等重要问题加强沟通合作，形成更多共识。

双方一致认为，中美元首就中美关系和重大国际问题深入沟通对引领中美关系正确发展非常重要，同意继续通过多种方式保持经常性联系，将责成双方工作层加紧工作、广泛对话，为中美关系向前发展创造条件。

2021年9月10日 中国驻美公使徐学渊在使馆应约会见了美国国际姐妹城协会董事会主席洛佩兹一行。

2021年9月13—14日 第十二届中美政党对话以视频方式举行。此次对话主题为"中美关系未来发展前景：政党的作用"，由中共中央对外联络部同美国民主党和共和党共同主办。中共中央对外联络部部长宋涛，美国民主党代表、民主党全国委员会前主席、佛蒙特州前州长迪安，共和党代表、前贸易代表、住房与城市发展部前部长希尔斯等出席并发表讲话。来自中方部委、高校等单位以及美国民主、共和两党和重要智库、企业共约50名中外代表参加对话。

2021年9月13日 中国驻美大使秦刚应邀出席美中贸易委

员会董事会为其履新举行的线上欢迎活动并发表演讲。美中贸委会董事会主席兰博文、美中贸委会会长艾伦及美中贸委会董事会部分成员参加了此次活动。

2021年9月14日 中国外交部发言人赵立坚就177名斯坦福大学教职员工13日联名致函美司法部，批评特朗普政府2018年推出的"中国行动计划"一事表示，媒体已经曝光，所谓的"中国行动计划"先设办案指标、再查案，如此罔顾司法正义的做法只会造成冤假错案。截至2021年3月底，美司法部"中国行动计划"的网站公布的所谓"典型案件"汇编中没有一起涉及知识产权和商业窃密，指控的罪名都是欺诈、不实陈述、瞒报税款等等。美国高校教职员工联名函再次证明，越来越多的美国国内人士都认识到，这个所谓的"中国行动计划"实质上就是美反华势力滥用国家安全概念、对华进行遏制打压的工具。这一计划不仅对中美关系造成严重伤害，也加剧了美国国内的种族歧视现象，对美国亚裔群体造成严重损害。我们敦促美方倾听美各界的正义呼声，切实纠正错误，停止干扰中美在科技、人文等领域的正常交流与合作。

2021年9月15日 中共中央政治局委员、中央外事工作委员会办公室主任杨洁篪在北京以视频方式会见出席第十二届中美政党对话的美国民主、共和两党代表。杨洁篪表示，9月10日，习近平主席应约同拜登总统通电话，两国元首就中美关系等重要问题进行了坦诚、深入、广泛的战略性沟通和交流。我们希望美国政府纠正一段时期以来的错误对华政策，同中方相向而行，共同采取积极行动，落实好两国元首重要共识，推动中美关系尽快回到稳定发展的正确轨道。中美政党对话对增进彼此了解、深化对话合作十分有益。希望美国两党和各界有识之士继续为两国关系发展发挥积极作用。美方代表表示，本届美中政党对话交流坦诚、深入。美中关系是世界上最重要的双边关系，美中两国人民和世界各国长期以来受益于美中交流合作，应对气候变化、抗击疫情、复苏经济等全球性挑战更需要美中合作。双方应努力深化沟通，持续扩大经贸、人文等领域合作，共同推动美中关系积极发展。

2021年9月15日 针对美国总统国家安全事务助理沙利文日前在和立陶宛总理通话时，在涉及中国主权的问题上渲染所谓"中国胁迫"一事，中国外交部发言人赵立坚表示，中国文化主张己所不欲、勿施于人。中国外交从无霸权基因、扩张冲动，从不胁迫任何国家。面对损害中国主权和安全利益的行径，中方采取的是合理合法反制，捍卫的是国家正当权益，维护的是国际公平正义。胁迫的帽子扣不到中国头上。美方应立即停止在国际上拉帮结伙、肆意对中国诬蔑抹黑，停止煽风点火、制造矛盾对立的把戏。中方不吃那一套。

2021年9月16日 北京市委书记蔡奇以视频形式会见美国康卡斯特集团董事长兼首席执行官布莱恩·罗伯兹。

2021年9月16日 针对美国、英国与澳大利亚开展核潜艇合作一事，中国外交部发言人赵立坚表示，美国、英国与澳大利亚开展核潜艇合作，严重破坏地区和平稳定，加剧军备竞赛，损害国际核不扩散努力。美、英向澳大利亚出口高度敏感的核潜艇技术，再次证明他们将核出口作为地缘政治博弈的工具，采取"双重标准"，这是极其不负责任的行径。澳大利亚作为《不扩散核武器条约》的无核武器缔约国和《南太平洋无核区条约》的缔约国，引进具有战略军事价值的核潜艇技术，包括周边国家在内的国际社会有理由质疑澳方恪守核不扩散承诺的诚意。中方将密切关注相关事态发展。

2021年9月17日 针对美国和澳大利亚外长和防长"2+2"会议发表联合声明中包含南海、新疆、香港、台湾等涉华内容一事，中国外交部发言人赵立坚表示，中方在南海、台湾、涉港、涉疆等问题上的立场是一贯的、明确的。美澳两国沆瀣一气，为一己地缘政治私利蓄意抹黑中方，干涉中国内政，挑拨地区国家关系。中方对此表示强烈不满、坚决反对。

2021年9月22日 中国驻美大使秦刚应邀出席卡特中心和乔治·布什美中关系基金会联合举办的对话会并发表演讲。

2021年9月22日 中国驻芝加哥总领事赵建出席了河南省与堪萨斯州建立友好省州关系40周年线上庆祝活动。河南省省长王凯、副省长何金平、堪萨斯州州长凯莉、副州长兼商务厅厅长大卫·托兰德、美国驻武汉总领馆代总领事崔天宁以及两省州友好人士近60人参加了此次活动。

2021年9月23日 河南省与美国堪萨斯州举行结好40周年线上纪念活动。河南省省长王凯、堪萨斯州州长劳拉·凯莉出席并致辞。河南省政府与堪萨斯州政府签署了双方建立友好省州关系40周年谅解备忘录。

2021年9月23日 中国驻芝加哥总领事赵建同卡特彼勒公司全球事务高级副总裁凯瑟琳·卡罗尔举行了视频会见。

2021年9月23日 中国外交部发言人赵立坚在例行记者上对美国贩卖人口、强迫劳动问题表示关切。他说，美国在历史上实行奴隶制和奴隶贸易，对印第安人进行种族灭绝。当前，美国依旧是贩卖人口和强迫劳动的重灾区。过去5年，每年被贩卖到美国从事强迫劳动的人口多达10万，其中一半是被卖到"血汗工厂"或遭受家庭奴役。美国至今约有50万名从事农业劳作的童工，很多孩子还不到10岁，每周工作时间长达72小时。美国有24万—32.5万妇女和儿童遭受性奴役，儿童遭遇性贩运后平均仅能存活7年。美国贩卖人口、强迫劳动问题一再发酵，与美国政府的故意无视与毫不作为密切相关。美国是世界上唯一未批准联合国《儿童权利公约》的国家。美国也没有批准《消除对妇女一切形式歧视公约》。美国应立即采取行动，批准相关的人权公约，大力打击贩卖人口、强迫劳动的犯罪行为，解救那些无辜的妇女和儿童，并将肇事者绳之以法。国际社会将继续对美国贩卖人口、强迫劳动问题提出关切。联合国人权理事会等机制应继续对此关注，并采取必要行动。

2021年9月24日 中国外交部公布了美国干预香港事务、支持反中乱港势力事实清单，具体如下：

一、炮制涉港法案，抹黑中方对港政策，插手香港内部事务，大肆干涉中国内政。

1. 2019年11月27日，时任美国总统特朗普为显示对反中乱港势力支持、阻挠中国中央和香港特别行政区政府止暴制乱、恢复秩序的努力，签署美国国会炮制的"香港人权与民主法案"和"禁止向香港警方出口相关弹药物项法案"。有关法案污蔑中国中央政府破坏香港高度自治，授权美总统对中方相关官员采取拒绝入境、冻结在美资产等制裁措施，并要求美国国务卿每年提交香港事务报告，禁止美国向香港出口催泪瓦斯、胡椒喷雾、橡胶弹和电击枪等警用装备。

2. 2020年7月14日，时任美国总统特朗普签署"香港自治法案"。该"法案"要求制裁所谓与中方违反涉港义务有关的外国个人或实体，以及同相关个人或实体进行重要交易的外国金融机构，并支持所谓受"迫害"香港居民入境美国。同日，特朗普签署第13936号"关于香港正常化的总统行政令"，认定香港局势对美国的国家安全、外交政策和经济构成威胁，并据此宣布国家紧急状态，包括暂停和取消给予香港的特殊优惠待遇、授权对香港实体和个人实施制裁等。

3. 2021年2月18日，美国国会众议院外交委员会主席米克斯提出所谓"谴责中国和香港特别行政区继续侵犯香港民众权利自由的决议案"，污蔑抹黑中国中央政府和香港特别行政区政府维护法治和社会秩序稳定、保护香港居民人身财产安全的努力，该案于4月19日获众议院全会审议通过。

4. 美国国会正在审议数项涉港消极法案，包括：2021年1月25日和2月8日，美共和党联邦众议员柯蒂斯和联邦参议员鲁比欧分别在众议院、参议院提出"香港安全港法案"，要求美政府给参与香港暴乱的"港独"分子提供难民身份；2021年3月18日，共和党联邦参议员鲁比欧提出所谓"谴责中国政府和中国共产党在香港实施镇压，包括拘捕民主派人士、一再违反《中英联合声明》和香港基本法的决议案"；2021年6月24日，共和党联邦参议员萨斯提出"香港民主国会金质奖章法案"，鼓噪向黎智英、罗伟光、张剑虹、周达权、陈沛敏、张志伟、杨清奇等香港《苹果日报》高管及该报所有工作人员颁发美国会金质奖章；2021年6月30日，民主党联邦众议员马利诺夫斯基提出"2021年香港人民自由与选择法案"，要求为反中乱港分子、违法犯罪人员提供庇护，为他们提供赴美便捷通道；2021年6月30日，共和党联邦众议员佩里提出"香港自由法案"，要求授权美总统承认香港特区是"独立国家"。

二、悍然实施制裁，妄图阻挠香港国安法和中国全国人大有关决定在香港顺利实施。

1. 2020年5月29日，时任美国总统特朗普宣布取消香港特殊地位和香港商业优惠措施。

2. 2020年6月29日，时任美国国务卿蓬佩奥宣布，即日起禁止美国防卫装备出口香港，并限制美国国防、军民两用技术出口香港。

3. 2020年6月29日，时任美国商务部长罗斯发表声明，正式取消对香港的特殊贸易待遇，禁止向香港出售军民两用高科技装备，并将继续评估取消香港其他特别待遇。

4. 2020年6月30日，美国商务部宣布终止香港出口许可例外待遇，禁止向香港出口国防设备和敏感技术。

5. 2020年8月7日，美国政府以实施香港国安法、破坏香港高度自治为由，宣布制裁11名中国中央政府和香港特区政府官员。

6. 2020年8月11日，美国国土安全部宣布，自9月25日起，香港出口美国商品必须注明来源地为"中国"，禁止使用"香港制造"标签。

7. 2020年8月19日，美国国务院宣布暂停或终止同香港签署的移交逃犯、移交被判刑人员、豁免国际船运利得税等三项双边协议。

8. 2020年10月14日，美国国务院根据"香港自治法"要求向美国国会提交首份涉港报告，将10名中国中央政府和香港特区政府官员列为所谓破坏香港自治人员，威胁对与上述人员有关的金融机构实施制裁。

9. 2020年11月9日，美国国务院以所谓威胁香港和平、安全和高度自治为由，宣布制裁4名中国中央政府和香港特区政府官员。

10. 2020年12月7日，美国国务院以中国全国人大常委会制定香港国安法、取消4名香港立法会反对派议员资格等为由，对14名中国全国人大常委会副委员长实施制裁。

11. 2021年1月15日，时任美国国务卿蓬佩奥发表声明，以香港警方拘捕55名所谓民主派人士为由，对6名中国中央政府和香港特区政府官员实施制裁。

12. 2021年3月16日，美国国务院更新"香港自治法"报告，以中国全国人大通过完善香港选举制度的有关决定和实施香港国安法等为由，宣布更新涉港制裁人员名单和追加金融制裁措施。

13. 2021年7月7日，美国白宫发布所谓《与香港有关国家紧急状态继续实施的通知》，宣布延长所谓"针对香港局势宣布的国家紧急状态"，延长美国对港制裁措施一年。

14. 2021年7月16日，美国国务院、商务部、国土安全部和财政部以特区实施香港国安法、《苹果日报》停刊等为由，炮制所谓"香港商业警告"，抹黑香港营商环境，唱衰香港发展和"一国两制"前景，并宣布制裁7名香港中联办官员。美国国务卿布林肯并发表所谓香港国安法实施一周年声明，诋毁国安法，攻击中国政府对港政策。

三、污蔑诋毁特区事务，妄议香港警方执法行动，破坏香港繁荣稳定。

1. 2019年2月25日，时任美国驻港总领事唐伟康在接受采访时公开表达对特区政府拟推动修订《逃犯条例》的担忧，声称修例可能影响美国和香港的双边协议实施。

2. 2019年3月21日，美国国务院发表"2019年香港政策法报告"，妄称香港言论自由被侵蚀，中国政府加大干预香港事务，在多方面对香港造成损害。

3. 2019年5月7日，美国国会"美中经济与安全评估委员会"发表报告，污蔑香港特别行政区政府修订《逃犯条例》"侵蚀香港的自治"，对美国国家安全和美国在港经济利益构成严重风险。

4. 2019年5月16日，美国国务院发表声明，诬称香港特别行政区政府修订《逃犯条例》威胁香港法治，对此感到担忧。

5. 2019年6月19日，美国国会众议长佩洛西在《基督教科学箴言报》早餐会发言时，无视反中乱港分子的各种极端暴行，声称"有200万人上街反对修订《逃犯条例》，那不是一道美丽的风景线吗？"，公然纵容和鼓励反中乱港分子采取违法暴力手段同中央和特区政府对抗。

6. 2019年7月26日，时任美国国会众议院外委会主席恩格尔诬称香港警方在处理示威中使用暴力，令香港在管治和司法方面的国际声誉受损。

7. 2019年9月17日，美国"国会—行政部门中国委员会"举行香港局势听证会，美化反修例暴力示威游行，抹黑特区政府与香港警察有关处置，诬称其破坏"一国两制"和香港自治。

8. 2019年9月28日，美国"国会—行政部门中国委员会"就香港"占中"五周年发表声明，抹黑"一国两制"和中央对港政策。

9. 2019年10月7日，时任美国总统特朗普表示，希望香港抗议问题人道解决，香港民众很伟大，他们挥舞美国国旗，有超过200万人参与抗议，以前从来没有这样的事情。

10. 2019年10月24日，时任美国副总统彭斯在华盛顿智库威尔逊中心发表反华演讲，多次提及香港"修例风波"，妄称"香港是一个活生生的例子，表明中国如果拥抱自由将会发生什么"。

11. 2019年11月21日，美国国会众议长佩洛西在"香港人权与民主法案"通过审议后发表公开讲话，妄称"中国对香港完全自治的承诺已被打破"，刻意歪曲"一国两制"、混淆是非。

12. 2019年12月10日，美国驻港总领事史墨客在香港《明报》撰文，扬言"美国对香港人权承诺始终如一"，妄称"美制定'香港人权与民主法案'表明美对普世价值的承诺，反映美关注北京侵蚀香港自治"。

13. 2020年5月22日，时任美国国务卿蓬佩奥就中国全国人大通过《关于建立健全香港特别行政区维护国家安全的法律制度和执行机制的决定》发表声明，将香港国安法污蔑为"强加"，"破坏香港高度自治"。

14. 2020年5月27日，时任美国国务卿蓬佩奥再次就中国全国人大即将审议通过香港国安法发表声明，妄言美国希望香港作为"自由堡垒"能够成为"专制"中国的榜样，并向美国国会"证实"香港不应再享有1997年7月前美国法律赋予其的待遇。

15. 2020年5月28日，美国国务院向国会提交"2020年香港政策法报告"，证实香港不能继续享有美国法律规定的特殊待遇。

16. 2020年6月30日，时任美国国务卿蓬佩奥发表声明，诬称实施香港国安法破坏"一国两制"，违反《中英联合声明》和香港基本法所作承诺。

17. 2020年7月1日，美国国会众议长佩洛西在美国国会众议院通过"香港自治法案"后诬称，香港国安法对香港是"残酷和全面的镇压，破坏香港自由，标志'一国两制'的死亡"。

18. 2020年7月6日，美国驻港总领事史墨客接受采访时诬称香港国安法侵蚀香港人基本人权自由，营造自我审查氛围，是香港的悲剧。

19. 2020年7月14日，时任美国国务卿蓬佩奥发表声明，支持香港反对派非法举行的所谓"初选"。

20. 2020年7月23日，时任美国国务卿蓬佩奥发表所谓"共产党中国与自由世界的未来"反华演讲，恶意攻击中国共产党领导和中国政治制度，散播"中国威胁论"，污蔑所谓中国共产党加强对香港的控制，将罗冠聪等反中乱港分子美化为"民主斗士"。

21. 2020年7月31日，时任美国白宫发言人麦克纳尼表示，美方反对香港特区政府取消反对派候选人资格。

22. 2020年8月7日，美国驻港总领馆发表声明，诬称"香港国安法的目的不是营造安全，而是要迫使民主派人士噤声"，公然抹黑攻击香港国安法。

23. 2020年9月11日，时任美国国务卿蓬佩奥就"12港人偷渡案"发表声明，对案件指手画脚，干预中国司法主权。

24. 2020年11月11日，时任美国总统国家安全事务助理奥布莱恩声称，中方剥夺香港立法会反对派议员资格的行为违反了《中英联合声明》，美方将确认并制裁剥夺香港自由的责任人。

25. 2020年11月12日，时任美国国务卿蓬佩奥就4名反对派议员资格被取消发表声明，将中国全国人大的合法决定污蔑为"对香港自由的猛烈攻击"，叫嚣将"追究侵蚀香港自治与自由的官员责任"。

26. 2021年1月6日，时任美国国务卿蓬佩奥就香港警方依法逮捕涉嫌违反香港国安法的53名香港反对派人士发表声明，叫嚣要求中方"立即无条件释放有关人员"，并扬言威胁采取进一步制裁措施。

27. 2021年1月14日，美国"国会—行政部门中国委员会"发表所谓"2020年度报告"，诬称"一国两制"框架已被摧毁，扬言通过本国法律庇护香港违法犯罪分子，对特区政府依法施政蛮横施压。

28. 2021年3月11日，美国国务院发言人妄议中国全国人大通过《关于完善香港特别行政区选举制度的决定》，诬称中国持续攻击香港民主制度，打击香港民主进程。

29. 2021年3月11日，美国国务卿布林肯就中国全国人大通过《关于完善香港特别行政区选举制度的决定》发表声明，妄称这是"对香港自治、自由和民主进程的直接攻击"。

30. 2021年3月30日，美国国务院发表所谓"2020年度国别人权报告"，污蔑香港国安法，抹黑特区政府依法施政和警方严正执法。

31. 2021年3月31日，美国国务院发表"2021年香港政策法报告"，诬称中方破坏香港自治，削弱港人权利和自由，声称香港不再享有美国法律此前给予的特殊待遇。

32. 2021年4月1日，美国驻港总领事史墨客接受媒体采访并在《南华早报》《明报》等媒体发文，公然污蔑中方完善香港特区选举制度和制定实施香港国安法的重大举措，诬称修改香港选举制度将使香港选举结果不再有意义，并以所谓制裁相威胁，极力为反中乱港分子撑腰打气。

33. 2021年4月16日，美国国会众议长佩洛西推特发文，诬称逮捕李柱铭等反中乱港分子是"北京攻击法治的又一迹象"并"感到悲伤和不安"。

34. 2021年4月17日，美国国务卿布林肯推特发文，诬称以政治动机判刑"不可接受"，呼吁"释放"反中乱港分子。

35. 2021年5月7日，美国国务卿布林肯推特发文，妄言"美国与香港人民站在一起"并拒绝判决，呼吁"立即释放"反中乱港分子。

36. 2021年5月27日，美国国务卿布林肯在国务院网站发表声明，诬称中国政府破坏香港民主制度，呼吁释放所有根据香港国安法被逮捕的人并撤销指控。

37. 2021年6月3日，美国国务卿布林肯在国务院网站发表声明，声称要与要求中国政府尊重所谓"普世人权"的中国人士"站在一起"，并称反中乱港分子为"勇敢的活动家"。

38. 2021年6月4日，美国驻港总领馆在该馆办公室窗内点亮电子烛光，呼应反中乱港势力搞所谓"烛光纪念"。

39. 2021年6月5日，美国国务卿布林肯推特发文，公然声称被反中乱港势力鼓舞，无理要求"立即释放被逮捕香港人士"。

40. 2021年6月11日，美国驻港总领事史墨客接受路透社采访，污蔑国安法的实施在香港创造了一种"强制气氛"，威胁到香港的自由及其作为国际商业中心的地位。

41. 2021年6月21日，美国国务院发言人在记者会上打着"新闻自由"的幌子，抹黑香港特区政府以香港国安法压迫独立媒体、扼杀言论自由。

42. 2021年6月24日，美国总统拜登在白宫网站发表声明，以新闻自由为借口，诬称《苹果日报》停刊"对媒体自由来说是悲伤的一天"，标志着"北京正在加强镇压力度"。

43. 2021年6月29日，美国"国会—行政部门中国委员会"举办关于香港国安法实施一周年圆桌会议，妄议香港人权、法治。

44. 2021年6月30日，美国驻港总领馆罔顾事实，在香港国安法实施一周年之际，诬称香港国安法破坏香港言论自由，公然诋毁香港国安法。

45. 2021年7月1日，美国国务院发表所谓"2021年度人口贩运问题国别报告"，其中涉华内容诋毁贬损特区打击人口贩运的努力和成效，妖魔化香港国安法。

46. 2021年7月13日，美国国务院发言人诬称中国持续削弱香港自治，破坏香港营商环境，呼吁国际社会关注。

47. 2021年7月21日，美国国务院发布所谓投资环境报告，其中涉及香港内容再次炒作所谓香港国安法风险，抹黑香港营商环境。

48. 2021年8月2日，美国驻港总领馆网站刊登所谓香港国安法"见证清单"，列出所有依法被处理的反中乱港分子姓名、被逮捕时间、被指控时间、被指控罪名、判刑结果等信息。

四、包庇支持反中乱港分子，为其兜售"港独"主张、散播政治谎言提供平台，是非不分、颠倒黑白为违法分子说项。

1. 2019年3月17日，美国驻港总领馆安排美国国会众议院"美中工作小组"代表团访港期间同陈方安生、李柱铭、黄之锋等座谈。上述人员在会见后向媒体表示，他们同美方讨论了特区政府取消反对派立法会议员候选人参选资格、拟修订《逃犯条例》、香港政制发展等议题。

2. 2019年3月19—26日，陈方安生、郭荣铿、莫乃光等赴美窜访，时任美国副总统彭斯、国会众议长佩洛西、时任国务卿高级政策顾问余茂春、国防部印太安全事务助理部长薛瑞福等官员，以及美国务院打击人口贩运办公室、美"国会—行政部门中国委员会"、国会"美中经济与安全评估委员会"等机构人员分别会见。陈方安生等人请求美国政府制裁香港，乞求美国支持香港反对派组织反修例运动。美方并安排上述人员在亚利桑那州立大学麦凯恩研究所、传统基金会等机构演讲，为他们兜售"港独"主张、散播政治谎言提供平台和支持。

3. 2019年5月13—17日，李柱铭、李卓人、麦燕庭、吴霭仪、涂谨申、罗冠聪6人赴美窜访。美国国会众议长佩洛西、时任国务卿蓬佩奥、白宫国安会亚洲事务高级主任波廷杰等会见。美"国会—行政部门中国委员会"组织安排上述人员参加所谓香港问题听证会，敦促特区政府撤回《逃犯条例》修订草案。

4. 2019年5月14日，"美国国家民主基金会"就香港特区政府修订《逃犯条例》举行所谓"对香港公民社会和法治的新威胁"主题研讨会，并组织李柱铭等反中乱港分子参会，与会者呼吁立即采取行动，制止"恶法"。

5. 2019年7月7—11日，反中乱港分子黎智英赴美窜访，时任美国副总统彭斯、国务卿蓬佩奥、总统国家安全事务助理博尔顿、助理国务卿史达伟等官员会见。黎智英极力推动美国插手干预香港事务，同美方讨论特区修例事态发展及香港所谓"自治地位"，并获得美方积极回应。

6. 2019年8月6日，香港媒体报道，"港独"组织"香港众志"头目黄之锋、罗冠聪等人同美国驻港总领馆官员会面，呼吁美尽快制订"香港人权和民主法案"、对港进行制裁。

7. 2019年9月17日，美国"国会—行政部门中国委员会"组织安排黄之锋、何韵诗、罗冠聪、张崑阳等参加所谓"香港抗争之夏"及美方政策听证会，为上述人员兜售"港独"主张、散播政治谎言、抹黑中央和特区政府等提供平台和支持。

8. 2019年9月17日，美国联邦参议员托德·扬在国会山参加"港独"组织"香港民主委员会"成立记者会。

9. 2019年10月12—13日，美国联邦参议员克鲁兹访港，会见黎智英、陈方安生、郭荣铿、莫乃光、梁颖敏等反中乱港头目，并公然身穿黑衣出现在示威现场，对媒体称"没有看到暴力"，污蔑克制执法的香港警队是"暴力镇压"。

10. 2019年10月22—26日，反中乱港分子黎智英、李柱铭等赴美窜访，美国国会众议长佩洛西、时任助理国务卿史达伟、"国会—行政部门中国委员会"主席麦戈文以及多名美国国会议员会见。

11. 2020年2月4日，美国联邦参议员斯科特邀请反中乱港分子罗冠聪参加总统国情咨文演说。

12. 2020年3月5日，时任美国国务院东亚局助理国务卿帮办费德玮和美驻港总领事史墨客会见莫乃光等反中乱港分子。

13. 2020年3月21日，美国驻港总领事史墨客会见黄之锋、张崑阳、梁晃维等，接受黄之锋递交的所谓"请愿信"。黄之锋乞求美国通过"香港人权与民主法案"制裁特区政府官员和警员。

14. 2020年4月18日，时任美国国务卿蓬佩奥发表声明，对香港警方拘捕反中乱港分子妄加指责。

15. 2020年5月27日，美国联邦参议员霍利会见黄之锋等反中乱港分子。

16. 2020年7月1日，美国国会参议院外委会举办听证会，安排反中乱港分子罗冠聪、李卓人等通过视频方式参会，为其抹黑香港国安法和中央对港政策提供平台。

17. 2020年7月21日，时任美国国务卿蓬佩奥在伦敦单独会见潜逃英国的"港独"分子罗冠聪，为其撑腰打气。罗冠聪大肆抹黑中央和特区政府，呼吁美加大对华施压。

18. 2020年8月10日，时任美国总统国家安全事务助理奥布莱恩发表声明称，美方对黎智英等"民主人士"被捕深感不安，呼吁中方废除香港国安法。

19. 2020年12月16日，美国国会参议院司法委员会安排"港独"分子罗冠聪以视频形式参加听证会，罗冠聪声称香港国安法限制港人言论及示威自由，呼吁美国给予更多港人庇护。

20. 2021年1月6日，时任美国国务卿蓬佩奥发表声明，对50多名反中乱港分子被捕表达所谓关切。

21. 2021年1月15日，时任美国国务卿蓬佩奥再次发表声明，对香港特区政府依法逮捕包括1名美国律师在内的反中乱港分子说三道四，要求中方立即释放被香港国安法制裁的个人，并撤销有关指控。

22. 2021年1月31日，麦戈文、鲁比欧、默克利等9名美国联邦参、众议员联名致信诺贝尔和平奖委员会，提名所谓"香港民主运动"参评2021年诺贝尔和平奖。

23. 2021年2月28日，美国国务卿布林肯发推特谴责香港特区政府对香港"亲民主派"候选人的拘押和指控。

24. 2021年4月16日，美国国务卿布林肯发表声明，就李柱铭、黎智英等反中乱港分子被判刑事对中方进行无端指责抹黑。

25. 2021年7月8日，美国驻港总领馆政治经济处处长何朝华旁听特区法院依法审理涉嫌非法策划、组织、实施所谓"35+"和"揽炒十部曲"的相关人员，现场接受媒体采访时诬称香港国安法打压港人自由，为有关反中乱港分子美化开脱。

五、多边串联施压，纠集盟友联手干涉香港事务，通过发表联合声明等方式对香港事务说三道四、指手画脚。

1. 2020年5月27日，美国常驻联合国代表团发表声明，公开要求联合国安理会讨论香港问题，妄称香港问题"具有全球紧迫性，牵涉到国际和平与安全"。

2. 2020年5月28日，美国纠集英国、澳大利亚、加拿大等四国外长发表涉港联合声明，就中国全国人大涉香港国安立法说三道四，妄加指责。

3. 2020年6月17日，美国等七国集团外长、欧盟高级代表发表涉港联合声明，鼓吹所谓香港国安法可能破坏"一国两制"和香港高度自治，敦促中国政府重新考虑有关决定，妄图对中方施压。

4. 2020年8月9日，美国联合"五眼联盟"国家外长发表涉港问题联合声明，要求中国全国人大撤回取消4名香港反对派议员资格的决定，无端诋毁中央对港政策。

5. 2020年11月18日，美国联合"五眼联盟"国家外长发表涉港联合声明，诋毁全国人大常委会关于香港特区立法会议员资格问题的决定，抹黑中方对港政策。

6. 2021年1月9日，美国纠集英国、澳大利亚、加拿大等四国外长发表涉港联合声明，就香港警方依法逮捕55名反中乱港分子表达所谓严重关切，妄称香港国安法严重违反《中英联合声明》，破坏"一国两制"框架，限制港人权利与自由。

7. 2021年3月12日，美国等七国集团外长和欧盟外交与安全政策高级代表发表涉港联合声明，妄称中国政府修改香港选举制度旨在消灭香港异见声音，破坏香港高度自治。

8. 2021年5月5日，美国等七国集团外长会发表联合声明，抹黑中国中央政府对港政策，歪曲"一国两制"，妄评特区内部事务，为反中乱港分子撑腰打气。美国还在此次会议上推动成立所谓"香港之友"的国际组织，拉拢西方国家干预插手香港事务。

9. 2021年6月13日，七国集团峰会发表新闻公报，妄议香港局势，要求中国"尊重香港的人权和基本自由，保障《中英联合声明》和基本法赋予香港的高度自治"。

10. 2021年6月21日至7月14日，联合国人权理事会第47届会议期间，美国与43个国家联署加拿大发起的反华联合发言，对香港"践踏人权"的行为表示"关切"。7月1日，美国还组织香港国安法实施一年主题边会，拉拢20个国家政府和9个非政府组织参加，再次污蔑诋毁香港国安法和特区法治。

11. 2021年7月10日，美国国务院网站发表美欧等21国所谓"媒体自由联盟"成员联合声明，对《苹果日报》停刊、逮捕反中乱港分子表达强烈关切，并无理指责特区依法办案，抹黑香港国安法，诋毁中央对港政策。

2021年9月24日 中国人民对外友好协会会长林松添在北京会见了中国美国商会主席葛国瑞及辉瑞、卡特彼勒、埃克森美孚等在华美企高管。

2021年9月27日 针对美国、日本、澳大利亚和印度"四边机制"领导人昨天首次召开线下峰会一事，中国外交部发言人华春莹表示，我们关注美日印澳举行"四边机制"领导人峰会情况。一段时间来，这几个国家热衷于以所谓"基于规则的秩序"影射中国，渲染煽动所谓"中国威胁"，挑拨地区国家同中国关系。中方对此坚决反对。第一，事实早已证明，中国是世界和平的建设者、全球发展的贡献者、国际秩序的维护者、公共产品的提供者。中国的发展是世界和平力量的增长，是地区繁荣发展的福音。什么"胁迫""破坏规则""破坏秩序"的帽子是扣不到中国头上的。第二，世界上绝大多数国家公认和接受的是以联合国为核心的国际体系、以国际法为基础的国际秩序、以《联合国宪章》宗旨和原则为基础的国际关系基本准则，而不是一个或几个国家单方面定义的所谓"秩序"。无数事实表明，美方想要的秩序，是美国肆意污蔑、胁迫、干涉其他国家，而不必付出任何代价的秩序；是美国霸权、霸凌、霸道大行其道，而全世界都对美卑躬屈膝的秩序。这种"秩序"逆和平、发展、合作的时代潮流，违背世界各国人民的共同愿望，不受欢迎，也绝对不可能得逞。第三，中方一贯认为，任何多边机制都应顺应和平与发展的时代潮流，有助于增进各国互信与合作，不应针对第三方或损害第三方利益。有关国家应摒弃陈旧过时的冷战零和思维和意识形态偏见，停止搞封闭、排他的"小圈子",多做有利于地区国家团结合作和地区和平稳定的事。

2021年9月28日 中国驻美大使馆及驻纽约、旧金山、洛杉矶、芝加哥总领馆共同举办庆祝中华人民共和国成立72周年线上招待会。中国驻美大使秦刚发表了致辞。美国国务院亚太事务助卿康达,美中关系全国委员会董事会主席、美国前财政部长雅各布·卢,美中贸易全国委员会会长克雷格·艾伦,方李邦琴基金会主席方李邦琴等嘉宾发表了贺辞。

2021年9月28日 针对美国白宫发言人普萨基昨天声称,中美两国元首在9月上旬通电话时提到了孟晚舟一事,中国外交部发言人华春莹表示,中国党和政府一直高度重视保护每一位中国公民的正当合法权益。自2018年12月初孟晚舟女士被无理拘押以来,习近平主席亲自关心,中国政府在各个层级、各种场合全力开展工作,向孟女士提供领事保护和协助,向美加提出严正交涉,要求撤销对孟的错误指控,尽快让她平安回国。在不久前举行的中美天津会谈中,中方向美方提出了两份清单,一份是美方必须停止的错误言行清单,另一份是中方关注的重点个案清单。两份清单都明确要求美方取消对孟的错误指控,尽快让她平安回国。中美两国元首通电话时,就中美关系和双方关心的有关问题进行了坦诚、深入、广泛的战略性沟通和交流。习近平主席明确就孟晚舟事件做工作,阐明中方立场,要求美方尽快妥善解决。孟晚舟事件得以妥善解决具有积极意义。有媒体评论说,孟晚舟事件的解决拔出了深深插在中美关系中的一根刺。但是,由于一段时间以来美方执行错误的对华政策,中美双边关系中还有很多大大小小其他的刺。我们希望美方高度重视并采取切实行动,让这两个清单能够清零。

2021年9月29日 中国人民对外友好协会和中国美国商会共同组织商会会员企业参访北京首钢园区。参访企业听取了北京2022年冬奥会和冬残奥会组织委员会情况介绍,并参观了园区内奥运场馆。

2021年9月29日 针对近期以来发生的中国留学生被美国执法人员无理盘查并遣返之事,中国外交部发言人华春莹表示,近期以来发生了一些中国留学生被美国执法人员无理盘查并遣返的事件。近日,一名已获得美国政府签发的合法签证的中国赴美留学生在入境时遭到美方无理盘查滋扰,在一处狭小空间内被限制人身自由长达50多个小时,其间正常饮食和休息都无法保障,最终被美方以莫须有的理由经第三国遣返。美方这一举动严重侵犯了中国赴美留学人员的合法权益,导致受害人及其父母身心受到严重伤害。近期还有好几起,比如不久前,有一名中国留学生在离美回国前,在旧金山机场被美方无端盘查近1小时,险些耽误了回国行程。而且,继8月三名中国留学生在入境美国时遭无端盘查并遣返后,短短一个月时间里,又陆续出现了好几起其他案例。美方的无理举动非常不公平、不合法、不道德。中方针对每一起事件,都在第一时间向美方提出了严正交涉,要求他们立即改正错误。美国这届政府口口声声说欢迎中国留学生,但实际上却仍然延续上届政府的错误做法,限制打压中国学生赴美学习或研究。近期还变本加厉,打着执法的幌子,滥找借口滋扰、盘查甚至遣返中国留学生。据我们了解,在盘查过程中,美方甚至屡次盘问留学生是否是共产党员、是否为中国政府服务,强行掺杂意识形态因素,将人文和学术交流与政治挂钩，甚至有些时候他们事后也承认没有足够证据支持遣返。也就是说，美方的有关行动是典型的政治操弄、政治迫害、政治讹诈，是在人为制造对立和对抗。联想到美方有人"捏造"罪名、指责中方怎么样对待在华外国人，这些足以再次显示出美方的虚伪和霸道。人文交流是中美关系的社会根基，中国赴美留学生为促进中美之间相互了解和友谊发挥了积极作用，正常的教育、文化合作是符合双方共同利益的。我们敦促美方将欢迎中国留学生的表态落到实处，立即停止泛化国家安全概念，停止遣返、盘查、滋扰中国赴美留学人员，停止侵犯中国公民合法权益，确保此类事件不再发生。中方将继续支持中国留学人员依法维护他们的正当合法权益，而且提醒中国赴美留学人员提高安全意识，加强防范。此外，针对美联邦通信委员会27日声称，将启动一项价值19亿美元计划以补偿美农村电信运营商移除华为等中国公司网络设备费用一事，中国外交部发言人华春莹表示，在当前美国国内疫情和经济形势都非常严峻的形势下，这19亿美元其实本可以用在更急需的地方。美国不断诋毁抹黑华为和其他中国企业，但从来没有拿出任何真凭实据来。所谓"国家安全"不过是美国对中国高技术企业实施"国家霸凌"、实施贸易保护主义的拙劣借口。美方自己在国内怎么折腾，我们不在意，美方应当纠正错误，停止滥用国家力量、编造莫须有罪名、不择手段打压中国企业。中国政府将继续坚定维护中国企业的合法权益。

2021年9月29日 针对美国联邦众议院日前通过"2022财年国防授权法"，包含邀请台湾参加2022年美"环太平洋军演"等涉台消极内容之事，中国国务院台湾事务办公室发言人朱凤莲应询表示，我们坚决反对美国国会推动、审议含有涉台内容的议案，台湾是中国的一部分，台湾问题是中国的内政，美国政府和美国国会无权干涉。民进党当局切勿误判形势，任何企图倚靠外部势力谋"独"的行径终将失败。我们遏制"台独"，遏制台美勾连的决心绝不是嘴上说说的。

2021年9月30日 针对美国商务部长雷蒙多日前接受采访时声称，美国不希望中国制定规则，美若想迟滞中国创新速度，就需与欧洲盟友合作，共同制定人工智能、网络等技术领域规则之事，中国外交部发言人华春莹表示，美方官员有关表态，再次暴露了美方千方百计、不择手段遏制和打压中国发展的真实意图。这是典型的专制和霸权。

2021年9月30日 就美国防部助理部长帮办前不久同中央军委国际军事合作办公室领导通话一事，中国国防部新闻发言人吴谦表示，中美两军关系是两国关系的重要组成部分。由于美方不断对华挑衅遏压，致使中美两军关系面临着不少困难和挑战，但两军之间始终保持着沟通。8月19日，中央军委国际军事合作办公室领导与美国防部助理部长帮办视频通话。9月28—29日，中央军委国际军事合作办公室领导与美国防部助理部长帮办以视频方式共同主持第十六次中美国防部工作会晤。在上述两次交往活动中，双方就两国两军关系和共同关心的问题交换了意见。我们发展两军关系是有原则的，那就是中方的主权、尊严和核心利益不容侵犯。在两军关系上，我们欢迎沟通、乐见合作、直面分歧、反对胁迫。反观美方，在自我认知、对华认知、对当今世界的认知上出现了严重的问题，这是造成当前两国两军关系困难局面的根源所在。我们希望美方拿出勇气，改正错误，与中方一道，答好中美关系如何搞好这道必答题，共同造福于两国人民和世界人民。

此外，针对美国、英国、澳大利亚三国领导人近日举行视频会晤，宣布建立新的安全伙伴关系，美英将向澳方提供核动力潜艇技术一事，吴谦表示，美国、英国、澳大利亚以租借、出口、联合研发等任何形式开展核潜艇合作，都将严重加剧地区军备竞赛，破坏地区和平稳定，损害国际核不扩散努力，危害世界和平与安全。中方同广大国际社会一道，对此予以坚决反对和强烈谴责。美英澳合作具有严重的核扩散风险，违反《不扩散核武器条约》的精神。美英作为核武器国家，向澳大利亚这样的无核武器国家出口高度敏感的核潜艇技术和可转用于核武器的高浓铀，且国际原子能机构保障监督体系无法有效核查，这是赤裸裸的核扩散行为。同时，澳大利亚作为《不扩散核武器条约》的无核武器缔约国和《南太平洋无核武器区条约》的缔约国，引进具有战略军事价值的核潜艇技术和武器级高浓铀，是严重违背其核不扩散国际承诺的，也是极其危险的。中方呼吁国际社会共同行动起来，采取有效措施制止这种危险行径。中方敦促三国摒弃冷战思维和零和博弈观念，撤销开展核潜艇合作的错误决定，多做有利于地区和平稳定和发展的事，而不是相反。

10月

2021年10月6日 中共中央政治局委员、中央外事工作委员会办公室主任杨洁篪同美国总统国家安全事务助理沙利文在瑞士苏黎世举行会晤。双方就中美关系和共同关心的国际与地区问题全面、坦诚、深入交换意见。会晤是建设性的，有益于增进相互了解。双方同意采取行动，落实9月10日两国元首通话精神，加强战略沟通，妥善管控分歧，避免冲突对抗，寻求互利共赢，共同努力推动中美关系重回健康稳定发展的正确轨道。杨洁篪指出，中美能否处理好彼此关系，事关两国和两国人民根本利益，攸关世界前途命运。中美合作，两国和世界都会受益。中美对抗，两国和世界都会遭受严重损害。美方应深刻认识两国关系互利共赢的本质，正确认识中方内外政策和战略意图。中方反对以"竞争"来定义中美关系。杨洁篪表示，中方重视拜登总统近期关于中美关系的积极表态，注意到美方表示无意遏制中国发展，不搞"新冷战"，希望美方采取理性务实的对华政策，同中方一道尊重彼此核心利益和重大关切，走中美相互尊重、和平共处、合作共赢之路。杨洁篪阐述了中方在涉台、涉港、涉疆、涉藏、涉海、人权等问题上的严正立场，要求美方切实尊重中方主权安全发展利益，停止利用上述问题干涉中国内政。美方表示坚持一个中国政策。双方还就气候变化和共同关心的地区问题交换了意见。双方同意就重要问题保持经常性对话和沟通。

2021年10月7日 中国驻纽约总领馆向美国新泽西州非裔社会团体"阿尔法阿尔法兰布达"捐赠医用外科口罩等防疫物资。中国驻纽约总领事黄屏、李仕鹏副总领事及"阿尔法阿尔法兰布达"首席财务官戴维斯、美中公共事务协会会长滕绍骏等出席了交接仪式。

2021年10月8日 "气候变化青年在行动"中美青年对话

活动在清华大学举行。本次活动由清华大学和美国麻省理工学院共同主办，采用线上线下融合模式举行。活动发出了《碳中和目标下应对气候变化与保护生物多样性青年联合倡议书》。

2021年10月8日 针对一位五角大楼官员声称，美国特种作战部队数月来一直在台湾悄悄训练台军部队一事，中国外交部发言人赵立坚表示，一个中国原则是中美关系政治基础。"断交、废约、撤军"三原则是中美建交的前提。美方在《中美建交公报》中明确承诺，美同台保持文化、商务和其他非官方关系。美方应充分认清涉台问题的高度敏感性和有关问题的严重危害性，恪守一个中国原则和中美三个联合公报规定，停止售台武器和美台军事联系，以免严重损害中美关系与台海和平稳定。中方将采取一切必要措施，捍卫主权和领土完整。

2021年10月9日 中共中央政治局委员、国务院副总理、中美全面经济对话中方牵头人刘鹤与美贸易代表戴琪举行视频通话。双方进行了务实、坦诚、建设性的交流，讨论了三个方面的问题：一是中美经贸关系对两国和世界都非常重要，应该加强双边经贸往来与合作。二是双方就中美经贸协议的实施情况交换了意见。三是双方表达了各自的核心关切，同意通过协商解决彼此合理关切。中方就取消加征关税和制裁进行了交涉，就中国经济发展模式、产业政策等问题阐明了立场。双方同意本着平等和相互尊重的态度继续沟通，为两国经贸关系健康发展和世界经济复苏创造良好条件。

2021年10月14日 针对美国总统伊朗问题特使马利13日声称，美将考虑所有选项解决伊核问题并已与中国沟通对伊制裁事宜，中国外交部发言人赵立坚表示，中方始终认为，恢复伊核全面协议完整、有效执行是解决伊核问题的唯一有效途径。事实一再证明，制裁施压没有出路，对话协商才是正道。伊朗已经多次重申致力于维护全面协议，愿意重返恢复履约谈判。有关各方应以实际行动回应伊方合理诉求，推动早日重启谈判，并争取新的进展。作为伊核局势再度紧张的始作俑者，美方应彻底纠正对伊朗"极限施压"的错误政策，全面解除所有对伊非法制裁及对第三方"长臂管辖"措施，不得实施新的涉伊制裁，推动全面协议早日重返正轨。美方对中方反对制裁的立场十分清楚，对中方坚决维护自身合法利益的决心也是心知肚明。

2021年10月14日 针对美国副国务卿费尔南德斯、亚太事务助理国务卿康达会见"台北经济文化代表处"负责人之事，中国国务院台湾事务办公室发言人马晓光14日应询表示，我们敦促美国政府以实际行动恪守一个中国原则和在台湾问题上对中方作出的严肃承诺，不与台进行任何形式的官方往来，不向"台独"势力发出任何错误信号，不给台海形势制造新的麻烦。马晓光说，我们正告民进党当局，企图通过勾结外部势力谋"独"挑衅，只会给台湾带来灾难。

2021年10月15日 中国国防部新闻发言人谭克非就美国防部涉台负面言论答记者问时表示，美方有关表态颠倒黑白、混淆是非，中方对此表示强烈不满和坚决反对。世界上只有一个中国，台湾是中国的一部分，中华人民共和国政府是代表全中国的唯一合法政府。这是国际社会公认的基本事实。一个中国原则是中美关系的政治基础，也是中美三个联合公报的核心内涵。台湾问题纯属中国内政，不容任何外来干涉。一段时间以来，美方顽固抱守"以台制华"战略，在涉台问题上消极言行不断，美升级与台官方往来，加大与台军事勾连，宣布对台出售武器计划，美军舰多次过航台湾海峡，军机抵降台岛等。美方这些挑衅行为严重损害中美两国两军关系，严重破坏台海和平稳定。我们敦促美方切实恪守一个中国原则和中美三个联合公报规定，立即纠正错误，停止任何形式的美台官方往来和军事联系，慎重妥善处理台湾问题，停止为"台独"分裂势力撑腰打气，以实际行动维护中美两国两军关系与台海和平稳定。中国人民解放军将保持全时待战、随时能战的高度戒备状态，坚决挫败一切外部势力干涉和"台独"分裂行径，坚决捍卫国家主权和领土完整。

2021年10月18日 中国人民对外友好协会会长林松添与美国国际姐妹城市协会董事长卡罗尔·洛佩兹进行了视频通话。

2021年10月18日 由中国公共外交协会主办的"Z世代"中美青少年线上交流对话会在云南省文山州麻栗坡县举行。中国驻美大使秦刚线上出席并发表致辞。中国公共外交协会吴海龙会长、美国弗吉尼亚州罗阿诺克市议员、前副市长乔·科布、云南省外办负责人出席了此次活动。

2021年10月18日 中国驻纽约总领事黄屏视频会见了帝国大厦集团董事长兼首席执行官安东尼·马尔金。

2021年10月18日 针对美国"杜威"号导弹驱逐舰和加拿大"温尼伯"号护卫舰15日过航台湾海峡之事，中国外交部发言人赵立坚表示，中国人民解放军东部战区新闻发言人已就此发表谈话。中方密切关注并全程跟监警戒美、加军舰过航台湾海峡的情况。美舰近来多次在台湾海峡炫耀武力、滋事挑衅，还变本加厉拉盟国下水，勾连挑衅、搅局滋事、性质恶劣，这不是对什么自由开放的承诺，而是对地区和平稳定的蓄意干扰和破坏，国际社会看得清清楚楚。中方捍卫国家主权和领土完整的决心坚定不移。中国军队时刻保持高度戒备，坚决反制一切威胁挑衅。美方应改弦更张，纠正错误。加方应从自身利益和中加关系大局出发，不要为他人火中取栗、甘当帮凶。

2021年10月19日 中国教育部部长怀进鹏应美国教育部长卡多纳邀请，以视频方式出席2021年教师专业国际峰会并在部长圆桌会议上讲话。来自中国、美国、英国、加拿大、德国等15个国家的教育部长、官员和教师协会代表共同与会。

2021年10月19日 中国驻纽约总领事黄屏视频会见了肯恩大学校长拉蒙·雷波雷特。

2021年10月19日 针对美国国防部长奥斯汀日前声称，中国开发先进军事能力和武器系统，只会加剧地区紧张局势一事，中国外交部发言人汪文斌表示，中方坚决反对美方不断渲染"中国威胁论"。中国始终是世界和平的建设者、全球发展的贡献者、国际秩序的维护者、公共产品的提供者。中国坚定奉行防御性国防政策，坚持自卫防御核战略，始终将核力量维持在国家安全需要的最低水平，不会与任何国家进行核军备竞赛。中国发展必要军事能力完全是为了维护自身正当的国家安全利益。中国力量的增长是世界和平力量的增长。任何国家只要无意威胁和损害中国主权、安全和领土完整，都不会受到中国国防力量的威胁。美国不仅拥有世界上最庞大、最先进的核武库，而且还要投入上万亿美元升级"三位一体"核力量。美方鼓吹"中国威胁论"，不过是为自身扩充军力、谋求绝对安全优势寻找借口。众所周知，美国退出《反导条约》《中导条约》，持续推进部署全球反导系统,长期独家阻拦《禁止生物武器公约》核查议定书谈判,抵制外空军控谈判进程,向无核武器国家转让核潜艇、加剧核扩散风险。美国作为唯一超级大国,近年来抱守冷战思维,全方位强化军力建设,不断深化军事同盟,拉帮结派打造军事小集团,严重破坏地区和平安全,破坏全球战略稳定。美方声称中国加剧军备竞赛,这纯属倒打一耙、转移视线。

2021年10月19日 针对美国海军"康涅狄格"号潜艇近日在南海海域潜航时撞到不明物体,造成一定程度的损坏和部分人员受伤之事,中国国防部新闻发言人谭克非表示,中方对此次事件表示严重关切,要求美方作出澄清。美方作为当事方,有责任有义务详细说明事件有关情况。美方的上述行为势必影响南海海域的航行安全,引发南海沿岸国家的严重关切和不安,对地区和平稳定构成严重威胁和重大风险。从根源上说,美方应停止对中国南海岛礁邻近海空域抵近侦察和针对中国的军力部署,停止在南海搞所谓"航行自由行动"。我们注意到,美国军方此次刻意拖延和隐瞒了事故详情,10月2日发生碰撞事故后,时隔5天才发表一份语焉不详的简短声明,这种不负责任的做法,缺乏透明度,极易引发误解误判,中国及南海周边国家不得不质疑事件的真相和美方意图。中方要求美方认真对待各方关切,采取负责任态度,尽快对此次事件作出详尽说明,给国际社会和地区国家一个满意的交代。

2021年10月21日 山东省青岛市与美国加利福尼亚州长滩市举办线上交流活动。山东省人民对外友好协会向美国长滩—青岛友城协会荣誉主席玛丽·巴顿博士授予"山东省人民友好使者"荣誉称号。山东省外办副主任、省对外友协常务副会长李荣，玛丽·巴顿博士，长滩—青岛友协现任主席雷德菲尔德，长滩市友城委员会主席维纳布尔等出席。长滩市市长加西亚通过视频表示祝贺。

2021年10月21日 福建省福州市与美国夏威夷州首府檀香山市通过视频方式正式缔结了友城关系。福州市市长吴贤德、檀香山市市长里克·布拉吉亚迪出席视频会并代表两市共同签署了建立友好城市关系协议书。中国驻洛杉矶总领事张平应邀出席视频会并宣读了中国驻美大使秦刚的贺信。

2021年10月21日 由中国教育国际交流协会主办的"中美高等教育交流与合作：挑战与未来对话会"在北京国际会议中心召开。中国教育国际交流协会会长刘利民和美中教育基金会主席张之香分别致辞。中国复旦大学副校长陈志敏、南京大学国际关系学院执行院长朱锋教授、全球化智库创始人兼理事长王辉耀，美国乔治华盛顿大学教授罗伯特·萨特、麻省理工学院华盛顿办公室主任大卫·戈德斯顿、斯坦福大学肖伦斯特亚太研究中心研究员托马斯·芬格等出席了此次活动。中美两国知名院校、教育机构的专家学者600余人通过现场与会或线上视频方式参加了对话会。

2021年10月21日 第二十二届中国国际教育年会—中美省州大学校长研讨会在北京举行。此次会议由中国教育国际交流协会主办，江苏省教育厅支持，中教国际教育交流中心、常熟理工学院和美国州立大学与学院协会共同承办。中国教育部国际合作与交流司副司长徐永吉，中国驻美国使馆教育处公使衔参赞杨新育，中国教育国际交流协会副秘书长安延，美国州立大学与学院协会副主席泰瑞·布朗出席开幕式并致辞。

2021年10月25日　针对"美国在台协会"与"台北经济文化代表处"10月22日以线上方式召开高级别代表会议之事，中国外交部发言人汪文斌表示，联合国是由主权国家组成的政府间国际组织。1971年通过的联大第2758号决议已从政治上、法律上和程序上彻底解决了中华人民共和国在联合国的代表权问题。联合国系统、各专门机构和联合国秘书处任何涉及台湾的事务均应遵循一个中国原则和联大第2758号决议。包括美国在内的联合国广大会员国均承认世界上只有一个中国、台湾是中国领土不可分割的一部分。台湾地区参与国际组织活动必须按照一个中国原则处理。台湾当局企图挟洋自重拓展所谓"国际空间"，实质是谋求扩大"台独"分裂空间，必将以失败告终。中方敦促美方恪守一个中国原则和中美三个联合公报规定，遵守联大第2758号决议，停止与台官方往来，停止发表不负责任的言论，不以任何形式向"台独"势力发出错误信号，不得纵容支持台湾当局扩大"台独"空间，不要做损害中美关系、破坏台海和平稳定的事。

2021年10月26日　中国国家主席习近平夫人彭丽媛向天津茱莉亚学院校园落成典礼致贺信。彭丽媛表示，在中美双方共同努力下，天津音乐学院和美国茱莉亚学院开展了高水平艺术类合作办学，为促进中美人文交流增添新平台。艺术是跨越国界、沟通民心的桥梁。中美双方加强教育合作，有利于培养更多优秀人才，增进文化交流互鉴，传播艺术和友谊。希望中美两国广泛开展人文交流，促进两国人民相知相近，为中美两国人民友好注入动力。

天津音乐学院和美国茱莉亚学院合作设立了天津茱莉亚学院和天津音乐学院茱莉亚研究院，校园落成典礼于当日在天津市举行。

2021年10月26日 中共中央政治局委员、国务院副总理、中美全面经济对话中方牵头人刘鹤应约与美财政部长耶伦举行视频通话。双方就宏观经济形势、多双边领域合作进行了务实、坦诚、建设性的交流。双方认为，世界经济复苏正处于关键时刻，中美加强宏观政策沟通协调十分重要。中方表达了对美国取消加征关税和制裁、公平对待中国企业等问题的关切。双方同意继续保持沟通。

2021年10月26日 天津市委书记李鸿忠，市委副书记、市长廖国勋会见了来津出席天津茱莉亚学院校园落成典礼的美国茱莉亚学院荣誉院长、中国事务首席执行官波利希一行。中国前驻美大使崔天凯、教育部副部长田学军参加了会见。

2021年10月26日 海南省省长冯飞在海口市会见了由中国美国商会总裁毕艾伦率领的中国美国商会代表团一行。

2021年10月26日 安徽省黄山市副市长程红会见了来访的美国驻上海总领事何乐进一行。

2021年10月26日 中美两国疾控中心召开了以"新冠疫苗接种及相关研究进展"为主题的第13期新冠肺炎疫情防控技术交流视频会。中方由免疫规划中心尹遵栋主任率团，美方由全球疫苗组组长托尼·蒙兹博士率团，共计40余名专家参加了交流与讨论。

2021年10月26日 中国驻美大使秦刚应邀出席美国中国总商会芝加哥分会2021年会暨全球制造业峰会并致辞。中国商务部副部长兼国际贸易谈判副代表王受文、美国威斯康星州州长艾弗斯、科罗拉多州州长波利斯、阿肯色州州长哈钦森、俄亥俄州州长德瓦恩、堪萨斯州副州长托兰德以及芝加哥市市长莱特福特也分别向年会发表视频致辞。中国驻芝加哥总领馆代总领事黄黎明、美国中西部地区各州和中国有关省市的政府和工商界人士200余人在线出席了会议。

2021年10月27日 针对美国国务卿布林肯26日发表声明称，台湾有意义地参与联合国体系是务实问题而非政治问题一事，中国外交部发言人赵立坚表示，美方声明严重违反一个中国原则和中美三个联合公报规定，违背自身所作承诺，违反国际关系基本准则，向"台独"势力发出严重错误信号。中方对此强烈不满、坚决反对，已经向美方表明严正立场并提出严正交涉。他强调：

第一，世界上只有一个中国，中华人民共和国政府是代表全中国的唯一合法政府，台湾是中国领土不可分割的一部分。包括美国在内，全世界有180个国家在坚持一个中国原则的基础上与中国建立了外交关系。一个中国原则是国际社会的普遍共识，是公认的国际关系基本准则，不容美方单方面挑战和曲解。美方在中美三个联合公报中明确承认中华人民共和国政府是中国的唯一合法政府；在此范围内，美国人民将同台湾人民保持文化、商务和其他非官方关系。

第二，台湾地区参与国际组织活动必须按照一个中国原则处理。联大第2758号决议已经从政治上、法律上和程序上彻底解决了中国在联合国的代表权问题。联合国系统、各专门机构和联合国秘书处任何涉及台湾的事务，均应遵循一个中国原则和联大第2758号决议。美方吹捧、粉饰台湾所谓民主和贡献，为台说项，企图偷换概念、混淆视听，但国际社会对美国的动机意图都看得一清二楚。50年前，美国妄图在联合国制造"一中一台"或"两个中国"，遭到挫败。今天，美国如果还想要开历史的倒车，就是站在14亿中国人民和世界绝大多数国家的对立面，注定将再次失败。

第三，台湾当局顽固坚持"台独"分裂立场，拒不承认"九二共识"，极力拓展所谓"国际空间"，在"台独"分裂的道路上越走越远，这是对台海和平与稳定最大的现实威胁，也是造成台湾近年来参与国际民航组织、世界卫生组织等多边机构活动屡屡碰壁的症结所在。事实上，台湾地区获得国际民航组织信息的渠道是畅通的，与世界多个城市通航便利。在符合一个中国原则前提下，台湾地区医疗卫生专家可以参与世界卫生组织相关技术会议。台湾获取包括新冠肺炎疫情在内的公共卫生健康信息渠道是畅通的。美方拿台湾参与国际民航组织和世界卫生组织说事、骗取同情，打错了算盘，没有市场。

第四，一个中国原则和中美三个联合公报是中美关系的政治基础。美方单方面炮制的所谓"与台湾关系法"和"对台六项保证"，严重违反国际法和国际关系基本准则，违反一个中国原则，中方从一开始就绝不接受。一段时间以来，美方在台湾问题上错误言行不断，中方都已经作出坚决必要回应。如果美方继续在打"台湾牌"的道路上一条路走到黑，必然会给中美关系造成颠覆性的巨大风险，严重损害台海和平稳定，也必将严重损害美方自身利益。我们敦促美方恪守承诺，切实按照一个中国原则和中美三个联合公报规定，遵守联大第2758号决议，停止发表不负责任的错误言论，停止助台拓展所谓"国际空间"，不向"台独"势力发出错误信号，以实际行动维护中美关系的政治基础。

2021年10月28日 中国驻美公使徐学渊同美国亚拉巴马州州务卿梅瑞尔举行了视频对话，就中美关系、地方交流合作交换了意见。同日，徐学渊公使还同陈纳德航空军事博物馆馆长、陈纳德外孙女嘉兰惠女士进行了视频对话。

2021年10月28日 针对美军参谋长联席会议主席米利日前在接受媒体采访时表示，中方航天器试验是一次高超音速武器系统的试验之事，中国外交部发言人汪文斌表示，我注意到有报道指出，美方有关人士称中国"高超音速武器"测试已非常接近"斯普特尼克时刻"，令人担忧。关于中国的航天器试验，此前我们已经作出过回应。我想说的是，按照美方的逻辑，恐怕美国自己才是全球面临的最大挑战。

2021年10月29日 中国教育部部长怀进鹏会见了来访的美国茱莉亚学院荣誉院长、天津茱莉亚学院理事会主席约瑟夫·波利希一行。

2021年10月29日 中国外交部副部长谢锋会见美国茱莉亚学院荣誉院长、中国事务首席执行官波利希。

2021年10月31日 中国国务委员兼外交部长王毅在罗马会见了美国国务卿布林肯。王毅表示，这几年，由于美方奉行错误的对华政策，致使中美关系遭受全面冲击。美方肆意干涉中国内部事务，本届国会就出台了300多项反华议案。美方将900多个中国实体和个人列入各种单边制裁清单，严重破坏了中美之间的正常交往。美方还在全球范围拼凑打压中国的各类

"小圈子",甚至对很多中小国家施加压力。这些做法不符合两国人民利益,不符合国际社会期待,不符合时代发展潮流,中方对此明确反对。王毅说,两国建交40多年来积累的重要经验就是,中美"合则两利,斗则俱伤"。双方在安克雷奇、天津和苏黎世多次接触所明白的道理就是,两国必须相互尊重、平等相待。中美两国元首在两次通话中达成的重要共识是,双方要重启对话,避免对抗。当务之急是,双方要切实把两国元首的共识落到实处,并为下阶段的交往作好政治准备,提供必要条件。王毅说,我愿同你建立经常性联系,就如何管控双方分歧、妥善解决出现的问题及时、坦诚地交换意见,以增进了解,消除疑虑,避免误判,探索合作。

王毅指出,台湾问题是中美之间最敏感的问题。最近一段时间,台海局势再次紧张,美方多次称这是中国改变现状所造成的。这完全不是事实。王毅强调,台湾问题的真正现状是,中国只有一个,台湾是中国的一部分,大陆和台湾同属一个国家。历史经验已经多次证明,任何对这一现状的改变,都将严重损害台海稳定,甚至制造台海危机。当前台海局势的症结,就是因为台湾当局屡屡试图突破一中框架,而美方对"台独"势力的纵容支持也难辞其咎。制止"台独"倾向的发展,就是在维护台海和平。我们奉劝美方意识到"台独"的严重危害。我们要求美方奉行真正的一中政策,而不是假的一中政策;要求美方履行对中方所作的承诺,而不是背信弃义;要求美方把一中政策真正落实到行动上,而不是说一套做一套。布林肯重申美方将继续坚持一个中国政策。布林肯表示,美方赞同美中应本着相互尊重的精神发展两国关系,愿同中方保持沟通,负责任地管理分歧，避免对抗甚至发生危机。王毅还就美方损害中方正当权益的各类问题表明了中方的严正关切，要求美方改弦更张，推动中美关系重回健康发展轨道。双方还就气候变化、能源供应、伊朗核、朝鲜半岛局势、缅甸、阿富汗等重要议题交换了意见，表示愿就应对各类全球挑战保持对话。

2021年10月31日 针对美国国家情报总监办公室10月29日发布了新冠病毒溯源问题解密版报告一事，中国外交部发言人汪文斌表示，在美国情报部门8月发布这份所谓溯源问题解密版报告摘要时，中方就表明了坚决反对的态度。谎言重复一千遍仍然是谎言。这份报告无论发布多少遍、炮制多少版本，也改变不了其彻头彻尾的政治报告和虚假报告的性质，毫无科学性和可信度。新冠病毒溯源是一个严肃复杂的科学问题，应该也只能由全球科学家合作开展研究。动用情报部门搞溯源，本身就是将溯源问题政治化的铁证。美国情报部门劣迹斑斑，造假、欺骗伎俩世人皆知。近期，80多个国家已经以致函世卫组织总干事、发表声明或照会等方式，明确表明了反对溯源问题政治化，维护中国—世卫组织联合研究报告的立场。100多个国家和地区的300多个政党、社会组织和智库向世卫组织秘书处提交反对溯源政治化的联合声明。这是国际社会的正义声音。但美方置国际公义于不顾，仍执迷于政治操弄和情报溯源，这只能进一步损害全球溯源科学合作，进一步破坏国际抗疫合作，带来更多的生命损失。美国现在应该做的是，停止对外甩锅推责，把精力放在国内抗疫和全球合作上来。停止政治操弄，为全球科学家开展溯源合作创造条件。停止攻击抹黑中国，回应国际社会合理关切，接受世卫专家访问，并开放德特里克堡生物实验室以及生物实验基地。

11月

2021年11月1日 第17届中美电影节、中美电视节、中美影视合作高峰论坛在洛杉矶和北京分设两个会场，以视频连线方式举行。中国驻洛杉矶总领事张平、中华广播影视交流协会副理事长闫成胜、美国鹰龙传媒董事长苏彦韬以及中美两国影视行业协会负责人、业界代表出席。美国国会议员赵美心、金映玉和洛杉矶郡郡政委员巴格分别发表视频贺辞。

2021年11月1日 针对美国司法部2018年出台的"中国行动计划"，美籍华裔科学家日前发布了一份详细的研究报告予以回击一事，中国外交部发言人汪文斌表示，我注意到有关报告。对华裔的歧视迫害早已不是新闻，而是美国社会长期存在、无法抹去的污点。19世纪中叶以来，一代又一代华人远渡重洋来到美国，在远离故土的艰苦环境中勤奋拼搏，为美国经济社会发展作出了重要贡献。然而从压榨迫害修建太平洋铁路的华人劳工，到1871年的洛杉矶华人大屠杀，再到1882年美国国会通过《排华法案》使种族歧视合法化，在美华人的辛苦付出换来的不是人权与平等，而是持续不断的歧视和不公。美国对华裔的歧视现象不仅没有随着经济社会发展得到纠正，反而成为美国社会长期存在的顽疾毒瘤，这与美反华势力大肆散布涉华虚假信息，抹黑攻击中国密不可分。新冠肺炎疫情期间，美国少数政客妄图通过散布针对中国的污名化论调推卸抗疫不力的责任，导致美国社会针对包括华裔在内的亚裔群体的仇恨犯罪案件直线上升。所谓"中国行动计划"先设办案指标，再调查取证，正是美反华势力滥用国家安全概念、对华进行抹黑打压的典型例证。媒体已经曝光，截至2021年3月底，美司法部"中国行动计划"网站公布的所谓"典型案件"当中没有一起涉及知识产权和商业窃密，指控的罪名都是欺诈、不实陈述、隐瞒报税，等等。这当中的政治操弄痕迹可见一斑。这是典型的政治迫害，人为制造对立和对抗，对在美华裔群体造成严重伤害。我们敦促美方认真倾听国内外有识之士的正义呼声，切实采取措施，解决自身种族歧视问题，维护和保障包括华裔群体在内的少数族裔的正当权益。

2021年11月2日 由中央广播电视总台北美总站（CGTN）主办的"全球行动倡议2021——气候变化"气候周特别活动开幕，中国驻美大使秦刚线上出席开幕式，与中美青年一代对话，就当下备受关注的应对气候变化问题回答了来自美国纽约、旧金山、华盛顿特区和中国清华大学、浙江大学、北京师范大学等中美学生的提问。

2021年11月2日 针对美国总统国家安全事务助理沙利文称，中国在应对气候变化问题上"不合群"一事，中国外交部发言人汪文斌表示，习近平主席在二十国集团领导人第十六次峰会上指出，中国一直主动承担与国情相符的国际责任，积极推进经济绿色转型，不断自主提高应对气候变化行动力度，将践信守诺，力争2030年前实现碳达峰、2060年前实现碳中和。中国言必信，行必果，为此付出了艰苦卓绝的努力，取得了显著成效。2020年中国碳排放强度比2005年下降48.4%，超额完成到2020年下降40%—45%的目标，累计少排放二氧化碳约58

亿吨。中国努力推进能源绿色低碳转型。2020年，中国非化石能源发电量占全社会用电量的比例达到三分之一以上；光伏和风电装机容量较2005年分别增加了3000多倍和200多倍。中国连续8年成为全球最大新增光伏市场，风电、光伏发电设备的技术水平和制造规模均位居世界前列。近期，中国集中组织开工了一批大型风电光伏项目，总规模近3000万千瓦，拉开第一批装机容量约1亿千瓦项目开工的序幕。中国提出的碳中和目标完全符合《巴黎协定》提出的"将全球温升控制在工业化前水平以上低于2摄氏度以内，并且努力控制在1.5摄氏度之内"的目标，也完全展现了同中国发展阶段和国情相匹配的气候雄心与全球领导力。气候变化是全人类的共同挑战，关乎人类前途命运，需要国际社会共同努力。发达国家过去200多年间一直向大气排放大量温室气体，对气候变化负有不可推卸的历史责任，尤其是美国作为历史排放大国，气候政策不断反复和倒退，自身排放最近几年才实现达峰并开始下降。我们期待美国政府尽快提出具体的减排政策措施。发达国家应切实遵循共同但有区别的责任原则，率先承担大幅减排义务，在资金、技术、能力建设等方面切实帮助发展中国家提高应对气候挑战的能力。不能一方面要求中方减煤，一方面又制裁中国光伏企业。

2021年11月3日 中国外交部副部长马朝旭应约同美国总统伊朗事务特使马利通电话，就伊朗核问题交换了意见。马朝旭表示，当前伊核局势正处关键节点。有关各方应共同努力，回应伊方的正当合理关切，采取积极务实的态度，推动谈判重启并沿着正确轨道取得进展。马利介绍了美方对伊核形势的看法及立场，希望与中方保持沟通，推动伊核谈判尽早重启并取得成果。双方同意继续就相关问题保持沟通。

2021年11月3日 针对近期发生了多起赴美留学、访学人员被遣返的事件,中国外交部发言人汪文斌表示,近期,中国赴美留学、访学人员被美方无理滋扰打压的事件频繁发生。就在近日,一名持美政府签发的合法签证的中国访问学者又在入境时遭美方无理盘查后被遣返。据不完全统计,仅2021年8月以来就有近30名中国赴美留学、访学人员遭受此类不公正待遇,还有许多人被美方以粗暴方式滋扰盘查。上述人员大多被问及本人或其父母是否为共产党员、赴美前是否接到中国政府布置的任务之类的问题。有的被遣返理由令人匪夷所思,比如因个人手机存有大学军训照片而被怀疑有军方背景,等等。这些盘查远远超过了美方声称的"正常执法"范围。美方一方面声称欢迎中国留学生,另一方面又"继承"上届政府遗毒。美方一些执法部门和人员继续大肆泛化"国家安全"概念,无理滋扰中国学生学者,试图在中国赴美留学人员当中制造寒蝉效应。这种与中美人文交流互利共赢本质背道而驰的做法,严重伤害两国人民感情,冲击两国互信与合作,对中美关系稳定健康发展有百害无一益,也违背美方领导人所讲的无意同中国进行"新冷战"的表态。我们敦促美方停止这种损人不利己的做法,为中美人文交流与教育合作营造良好氛围,提供必要条件。中方将坚定维护中国赴美留学人员的正当合法权益。

2021年11月4日 中国气候变化事务特使解振华,中国《联合国气候变化框架公约》第二十六次缔约方大会(COP26)代表团团长、生态环境部副部长赵英民,同美国总统气候问题特使约翰·克里在《联合国气候变化框架公约》第二十六次缔约方大会期间，就中美应对气候变化继续开展了对话交流。

2021年11月4日 中国驻纽约总领事黄屏与美国国际谅解商务委员会总裁提察恩斯基、高级副总裁桑迪洛，标普全球总裁兼首席执行官彼得森及来自雅诗兰黛、大都会保险、戴姆勒、雅培、韦莱韬悦、维蒙特工业、碧迪医疗器械、奥尔布莱特石桥集团和美国考试服务中心的10余位会员企业代表进行了线上视频交流。

2021年11月4日 针对美国国防部近日发布了一份新的有关中国军力的报告一事，中国外交部发言人汪文斌表示，美国国防部发布的这份报告同以往类似报告一样，罔顾事实、充满偏见。美方借报告炒作"中国核威胁论"，纯属操弄话术、混淆视听的把戏，国际社会对此心知肚明。美国才是全球最大的核威胁来源。根据有关国际智库数据，截至2021年年初，美国实际拥有5550枚核弹头。美国拥有世界上最庞大、最先进的核武库，却还要投入上万亿美元升级"三位一体"核力量，发展低当量核武器，降低核武器使用门槛。不仅如此，美国陆续退出《反导条约》《中导条约》等军控法律文书，持续推进部署全球反导系统，恢复陆基中导研发试验并谋求在欧洲和亚太地区部署，通过美英澳核潜艇合作构建极具冷战色彩的"小圈子"。美方此类举动严重损害全球战略稳定，破坏国际和平与安全。中方敦促美方切实承担起核裁军特殊优先责任，继续以可核查、不可逆和有法律约束力的方式，进一步大幅、实质削减核武库，维护全球战略平衡与稳定。中国始终坚定奉行自卫防御的核战略，积极主张最终全面禁止和彻底销毁核武器，并一直将核力量规模限制在国家安全所需的最低水平。中国恪守在任何时候和任何情况下都不首先使用核武器的政策，明确承诺无条件不对无核武器国家和无核武器区使用或威胁使用核武器。任何国家只要不对中国使用核武器，都不会受到中国核武器的威胁。

2021年11月5日 美国中国人民友好协会第28届全国大会以线上方式举办。中国人民对外友好协会会长林松添应邀以视频形式在大会上作主旨发言。

美国中国人民友协成立于1974年，系美国历史最悠久的对华民间友好组织之一，其宗旨是通过开展文化、教育等领域交流活动，促进美中两国人民之间的了解和友谊。该组织总部在明尼苏达州，现任主席为戴安娜·格里尔。

2021年11月5日 第17届中美电影节和中美电视节在加利福尼亚州洛杉矶郡圣盖博市拉开帷幕。中国驻洛杉矶总领事张平，中美电影节和中美电视节主席、美国鹰龙传媒公司董事长苏彦韬等出席开幕式并致辞，数百名中美影视界人士及政府官员等通过线上线下结合方式参加了开幕式暨"金天使奖"颁奖典礼。

2021年11月5日 中国国防部新闻发言人吴谦就美方发表2021年《中国军事与安全发展报告》发表谈话指出，北京时间11月4日，美国国防部发布2021年《中国军事与安全发展报告》，报告罔顾事实、充斥偏见，妄议中国国防政策和军事战略，捏造所谓"中国军事威胁"，无端指责中方在核领域的力量建设，在台湾等问题上干涉中国内政，中方对此表示强烈不满和坚决反对，并向美方提出严正交涉。中国坚定奉行防御性国防政策和积极防御的军事战略，中国的军力发展完全是为了维护国家主权、安全和发展利益，为了粉碎任何危害地区和平稳定、繁荣的图谋，不针对任何国家，也不会对任何国家构成威胁。近年来，中国军队积极服务构建人类命运共同体，积极向国际社会提供维和、护航、抗疫、人道主义救援等公共安全产品，彰显大国军队的责任担当，为世界和平与地区稳定注入了强大正能量。历史和现实都证明，中国军队的发展给世界带来的是安全而不是威胁，是机遇而不是挑战。国虽大，好战必亡。美方近年来加快发展核、太空、网络作战、高超音速技术等领域的军事力量，肆无忌惮地退出《中导条约》和《反导条约》，与英国、澳大利亚建立三方安全伙伴关系，开展核潜艇合作，人为制造核扩散的严重风险，对国际核不扩散体系造成巨大冲击。众所周知，美国拥有世界上最大的核武库，却仍在升级核力量，降低核门槛，美国才是全球核威胁的最大制造者。

此外，美方多年来独家阻挠《禁止生物武器公约》核查议定书谈判，在境外部署200多个生物实验室，迄今没有完成库存化学武器销毁，美方行径对世界和平与安全构成重大威胁。尤其要指出的是，在美军核潜艇水下碰撞事故问题上，美方还欠国际社会一个清清楚楚的交代。在领土主权和海洋权益争端问题上，中方的立场清晰明确，钓鱼岛及其附属岛屿是中国领土不可分割的一部分，中国对南海岛礁及其附近海域拥有无可争辩的主权。中方始终主张通过谈判磋商和平解决争议，但坚决反对域外国家干涉介入。世界上只有一个中国，台湾自古以来就是中国领土神圣不可分割的一部分。一段时间以来，民进党当局在外部势力的纵容下，不断谋"独"挑衅，这是破坏台海和平稳定、升高台海局势风险的根本原因。我们坚决反对美方打"台湾牌"搞"以台制华"，坚决反对任何外部势力介入台湾事务，坚决反对民进党当局"挟美自重"搞"以武拒统"。中华民族具有反对分裂、维护统一的光荣传统。对于台湾当局任何分裂祖国的行径，对于任何挑动台海紧张局势、蓄意制造地区危机的外部势力，中国人民解放军都将用坚强的决心、坚定的意志、强大的能力予以迎头痛击。20多年来，美方一意孤行，年复一年蓄意炮制所谓"中国军事与安全发展报告"，是赤裸裸的霸权行径。在此，我们必须正告美方，任何试图干涉中国内政，对中国进行霸凌的企图与行径，都将在中国人民解放军这座钢铁长城面前碰得头破血流。

2021年11月8日 中国疾控中心主任高福院士与美国盖茨基金会北京代表处新任首席代表郑志杰教授率双方团队，通过网络视频形式召开了2021年度双边主任年会。

2021年11月8—10日 中国驻美大使秦刚先后访问哥伦比亚大学和纽约大学，其间分别会见两校校长布林格、汉密尔顿并看望中国留学生及上海纽约大学国际学生代表。中国驻纽约总领馆黄屏总领事参加了会见。

2021年11月9日 美中关系全国委员会在纽约举行2021年度晚宴。中国国家主席习近平和美国总统拜登分别致贺信，由中国驻美大使秦刚和美中关系全国委员会董事会主席雅各布·卢分别宣读。

2021年11月9日 中国国防部新闻发言人谭克非就美国国会议员窜访台湾发表谈话指出，美国国会议员11月9日乘坐军机窜访台湾，我们对此表示坚决反对和强烈谴责。台湾是中国领土神圣而不可分割的一部分，美方行动粗暴干涉中国内政，严重损害中国领土主权，严重威胁台海地区和平稳定。我们正告美方立即停止挑衅行径，立即停止一切导致台海局势紧张升级的破坏性行动，不向"台独"分裂势力释放错误信号。我们警告民进党当局不要误判形势、铤而走险，否则只会把台湾带入深重灾难。中国必须统一，也必然统一。任何人都不要低估中国人民捍卫国家主权和领土完整的坚强决心、坚定意志、强大能力。中国人民解放军将始终保持高度戒备状态，采取一切必要措施，坚决粉碎任何外部势力干涉和"台独"分裂图谋。

2021年11月10日 中国和美国在联合国气候变化格拉斯哥大会期间达成并发布《中美关于在21世纪20年代强化气候行动的格拉斯哥联合宣言》。

2021年11月10日 美国国务卿布林肯主持召开新冠疫情视频外长会，多国外长和国际组织负责人参会，讨论疫苗公平分配、全球卫生安全等问题。中国驻美大使秦刚作为王毅国务委员兼外交部长代表出席会议并在会上致辞。秦大使指出，习近平主席多次表示疫苗应作为全球公共产品，提出全球疫苗合作行动倡议，呼吁推动疫苗公平分配，公平对待各种疫苗，根据世卫组织紧急使用清单推进疫苗互认。目前，中国累计向100多个国家提供17亿剂疫苗和原液，2021年全年将超过20亿剂。中国已向"新冠疫苗实施计划"（COVAX）供应超过7000万剂疫苗，并捐赠1亿美元。我们应发挥捐赠、商业采购、联合生产等各种方式的积极作用，以实现提供疫苗数量的最大化。秦大使强调，中国坚定支持发展中国家抗疫，提供大量医疗物资，对外提供的疫苗99%以上运抵发展中国家。习近平主席2021年9月宣布，中方年底前将再向发展中国家捐赠1亿剂疫苗。中国还同30个国家发起"一带一路"疫苗合作伙伴关系倡议，同19

个发展中国家开展疫苗联合生产。秦大使表示，团结合作是战胜疫情的最有力武器。各国应采取科学态度，反对污名化、政治化。大国要切实扛起责任，带头加快向中低收入国家提供疫苗，并帮助其培植产能。

2021年11月10日　针对数名美国国会议员搭乘美方飞机访台一事，中国外交部发言人汪文斌表示，美国会有关议员访台，严重违反一个中国原则和中美三个联合公报规定，中方对此坚决反对，已向美方提出严正交涉，要求美方立即停止与台开展任何形式的官方往来，不向"台独"分裂势力发出任何错误信号，以免严重损害中美关系与台海和平稳定。

2021年11月10日　针对美国务院、国防部发言人日前声称，美方的一个中国政策不同于中方的一个中国原则之事，中国国务院台湾事务办公室发言人朱凤莲应询表示，世界上只有一个中国，台湾是中国的一部分。台湾地区在国际上活动，包括与我建交国往来，参与国际组织及其活动等问题，都必须按照一个中国原则处理。一个中国原则是中美关系的政治基础。中美三个联合公报明确规定，"美方承认中华人民共和国是中国的唯一合法政府，美国人民将同台湾人民保持文化、商务和其他非官方关系"，"美国承认中国立场，即只有一个中国，台湾是中国的一部分"。美方所谓"与台湾关系法"及"六项保证"违背中美三个联合公报，粗暴干涉中国内政，是完全错误、非法、无效的，中方从一开始就坚决反对。我们敦促美方恪守一个中国原则和中美三个联合公报规定，慎重妥善处理台湾问题，不要给台海和平稳定带来进一步损害。此外，针对美联邦参议员科尼恩等人乘军机抵台一事，朱凤莲应询表示，我们坚决反对美国同中国台湾地区进行任何形式的官方往来和军事联系。我们敦促美国一些国会议员恪守一个中国原则和中美三个联合公报有关规定，不向"台独"势力发出错误信号，否则只会给台海和平稳定带来进一步损害。民进党当局"倚美谋独"注定失败。任何人都不要低估中国人民捍卫国家主权和领土完整的坚强决心、坚定意志、强大能力！

2021年11月11日 中国、美国、俄罗斯、巴基斯坦四方代表在伊斯兰堡举行阿富汗问题"中美俄+"磋商机制扩大会议，就阿富汗最新形势等交换意见。中国外交部阿富汗事务特使岳晓勇率团参会。中方介绍了涉阿政策立场，强调阿富汗正处在由乱及治的关键阶段，面临政治、经济、反恐和人道"四重挑战"。各方应在尊重阿主权、独立、领土完整的前提下，继续以建设性方式同阿方开展对话。中方愿同各方共同努力，推动阿局势稳步向好。会后，四方发表联合声明，重申尊重阿主权、独立和领土完整，同意继续与阿临时政府保持务实接触，呼吁国际社会向阿提供紧急人道主义和经济援助，支持联合国在帮助阿维稳防乱、紧急施援等方面发挥协调作用，谴责近期在阿国内发生的恐怖袭击事件。四方代表还集体会见了阿富汗临时政府代理外长穆塔基。阿方介绍了在包容建政、保护妇女儿童权益、反恐等方面的举措和进展。四方代表表示，愿继续向阿提供紧急人道主义援助，同阿方加强反恐和安全合作。

2021年11月11日 针对美国国务卿布林肯接受采访时声称，美国对确保台湾有自卫能力作出过承诺一事，中国外交部发言人汪文斌表示，美方有关言论罔顾事实，也违背国际法理。一个中国原则和中美三个联合公报是中美实现建交和两国关系健康发展的基础。美国单方面制定的"与台湾关系法"违背美方在中美三个联合公报中所作承诺,将美国内法凌驾于国际义务之上,是非法的、无效的。中方绝不允许美方以任何理由借口侵犯中国主权、干涉中国内政。美方应以实际行动恪守一个中国原则和中美三个联合公报规定,谨言慎行,停止向"台独"势力发出任何错误信号。

2021年11月11日 针对美国国务卿布林肯日前被美国媒体问及台湾问题时声称,美国承诺过"确保台湾有能力自卫"一事,中国国务院台湾事务办公室发言人朱凤莲应询表示,美方一些人近来一而再,再而三在台湾问题上散布错误言论。必须指出,美国政府在台湾问题上对中方是作过严肃承诺的。中美三个联合公报是美国政府必须以实际行动恪守的原则。我们敦促美方停止在台湾问题上的错误言行,停止向"台独"势力发出错误信号,不要给台海和平稳定带来进一步损害。我们正告民进党当局,任何勾连外部势力谋"独"挑衅的行径只会以失败告终。

2021年11月12日 针对美国总统国家安全事务助理沙利文11日在讲话中表示,美国将在经济和技术等多个方面同中国进行有力竞争,美中竞争没有理由变成冲突或对抗一事,中国外交部发言人汪文斌表示,国际关系当中存在一定竞争,但应该是在遵守国际关系基本准则基础上的良性竞争。我们反对把自家规则当国际规则、强迫别国遵守的不公平竞争,反对以竞争为名损害别国主权、干涉他国内政的不正当竞争,反对打着竞争旗号限制别国发展、剥夺他国正当权益的不道德竞争。中美既有分歧,也存在广泛共同利益。以竞争定义中美关系,既不符合两国关系实际，也同美对华政策自相矛盾。美方应该正确看待中美关系互利共赢的本质，采取理性务实的对华政策，同中方一道加强对话沟通，深化互利合作，妥善管控分歧，走相互尊重、和平共处、合作共赢之路。

2021年11月13日 中国国务委员兼外交部长王毅应约同美国国务卿布林肯通电话。王毅说，习近平主席同拜登总统将于11月16日举行视频会晤。这次举世瞩目的会晤不仅是中美关系的一件大事，也是国际关系的一件大事。两国人民和国际社会都希望会晤取得对两国和世界都有利的结果。两国元首对中美关系发挥着把舵引航的关键作用。双方要相向而行，为会晤作好准备，确保这次重要会晤顺利、成功，推动中美关系回到健康稳定发展的轨道。布林肯表示，世界高度关注此次美中元首视频会晤，双方已为此进行充分准备，取得积极进展。美方期待在会晤中本着相互尊重的精神与中方分享对双边关系的看法，共同向世界发出强有力的信号。针对美方近日在台湾问题上采取的错误言行，王毅进一步表明中方严正立场。王毅表示，历史和现实已充分证明，"台独"是台海和平稳定的最大威胁，任何对"台独"势力的纵容和支持，都是对台海和平的破坏，最终都将自食其果。王毅说，如果美方真想维护台海和平，就应当明确、坚定地反对任何"台独"行径，就应当信守在中美三个联合公报中作出的郑重承诺，就应当把一个中国政策落实到行动上，不再向"台独"势力发出错误信号。双方还就能源安全、气候变化、伊朗核等问题交换了意见，同意就应对各类全球挑战保持对话。

2021年11月13日 中国对外文化集团有限公司旗下品牌

"中华风韵"携手纽约城市芭蕾舞团交响乐团、在美华人艺术家和美本土艺术家在大卫·寇克剧院举办了"东西之间"交响音乐会。中国驻纽约总领事黄屏专门向音乐会发去贺词。1400多名观众观看了此次演出。

2021年11月15日 针对美国国务卿布林肯14日发推特声称,美国"关注"台海和平稳定一事,中国外交部发言人赵立坚表示,我们对美方的错误言行表示坚决反对。第一,美方40多年来在台湾问题上的表述已经走样、走味、倒退,背离了中美建交时美方与中方达成的共识。美方应该遵守的是一个中国原则和中美三个联合公报,这是中美两国的重要政治共识,也是中美关系的政治基础。所谓"与台湾关系法"也好,所谓对台"六项保证"也罢,它们纯粹是美国内一些势力炮制出来的,都与中美三个联合公报背道而驰,实质是将美国内法凌驾于国际义务之上,是非法、无效的。第二,一段时间以来,民进党当局和"台独"分裂势力推行"去中国化",搞"一中一台""两个中国",勾连外部势力大搞谋"独"挑衅活动,这是台海和平稳定的最大威胁,也是当前台海局势紧张的根源。中国统一是不可阻挡的历史潮流,坚持一中原则是国际社会普遍共识。一切为"台独"撑腰打气的行径都是对中国内政的干涉,都不利于维护台海和平与稳定。美方应恪守一个中国原则和中美三个联合公报规定,慎重妥善处理台湾问题,以免损害中美关系和台海和平稳定。

2021年11月16日 中国国家主席习近平在北京同美国总统拜登举行视频会晤。双方就事关中美关系发展的战略性、全局性、根本性问题以及共同关心的重要问题进行了充分、深入的沟通和交流。

习近平介绍了中国发展道路和战略意图。习近平指出，我们刚刚召开了中共第十九届六中全会，总结了中国共产党百年奋斗重大成就和历史经验。一百年来，中国共产党的初心和使命就是为中国人民谋幸福、为中华民族谋复兴。中国人民对美好生活的向往，是中国发展最大内生动力，是一个必然的历史趋势，谁想阻挡这个历史趋势，中国人民不会答应，也根本阻挡不了。作为中国领导人，我能够为14亿中国人民服务，同他们一起创造美好生活，是一个重大的挑战，也是一个重大的责任。我的态度是"我将无我，不负人民"。

习近平指出，中国人民历来爱好和平，主张和为贵。新中国成立以来，我们没有主动发起过一场战争或冲突，没有侵占过别国一寸土地。中国无意满世界推销自己的道路。

习近平强调，对外开放是中国的基本国策和鲜明标识。中国扩大高水平开放的决心不会变，同世界分享发展机遇的决心不会变，推动经济全球化朝着更加开放、包容、普惠、平衡、共赢方向发展的决心也不会变。我们提出构建新发展格局，是要扩充国内市场，在更大范围、更大规模上形成国内国际双循环，打造更加市场化、法治化、国际化的营商环境。这必将给各国提供更大市场、创造更多机遇。

习近平强调，中国倡导和平、发展、公平、正义、民主、自由的全人类共同价值。冷战的恶果殷鉴不远。希望美方把不打"新冷战"表态落到实处。

习近平阐述了中方在台湾问题上的原则立场。习近平强调，台海局势面临新一轮紧张，原因是台湾当局一再企图"倚美谋独",而美方一些人有意搞"以台制华"。这一趋势十分危险,是在玩火,而玩火者必自焚。一个中国原则和中美三个联合公报是中美关系的政治基础。历届美国政府对此都有明确承诺。台湾问题的真正现状和一个中国的核心内容是:世界上只有一个中国,台湾是中国的一部分,中华人民共和国政府是代表中国的唯一合法政府。中国实现完全统一,是全体中华儿女的共同愿望。我们是有耐心的,愿以最大诚意、尽最大努力争取和平统一的前景,但如果"台独"分裂势力挑衅逼迫,甚至突破红线,我们将不得不采取断然措施。

习近平强调,文明是丰富多彩的,民主也是丰富多彩的。一个国家民主不民主,要由这个国家的人民自己来评判。如果因为实现民主的形式不同就加以排斥,这本身就是不民主的行为。我们愿在相互尊重基础上就人权问题开展对话,但我们不赞成借人权问题干涉别国内政。

习近平指出,中美应该维护以联合国为核心的国际体系,以国际法为基础的国际秩序,以《联合国宪章》宗旨和原则为基础的国际关系基本准则。如果没有中美合作,多边主义是不完整的。

关于中美经贸关系,习近平指出,中美经贸关系本质是互利双赢,在商言商,不要把中美经贸问题政治化。双方要做大合作"蛋糕"。中方重视美国工商界人士希望中方提供来华便利的诉求,已同意实施升级版的"快捷通道",相信这将进一步促进中美经贸往来、助力两国经济复苏。美方应该停止滥用和泛化国家安全概念打压中国企业。中美有必要保持宏观经济政策沟通,支持世界经济复苏和防范经济金融风险。美方应该重视国内宏观政策外溢效应，采取负责任的宏观经济政策。

关于能源安全问题，习近平指出，中美应该倡导国际社会共同维护全球能源安全，加强天然气和新能源领域合作，同国际社会一道，维护全球产业链供应链安全稳定。

关于气候变化问题，习近平指出，中美曾携手促成应对气候变化《巴黎协定》，现在两国都在向绿色低碳经济转型，气候变化完全可以成为中美新的合作亮点。我提出绿水青山就是金山银山，要像保护眼睛一样保护生态环境，像对待生命一样对待生态环境。现在，生态文明的理念在中国已家喻户晓，成为社会共识。中国将用历史上最短的时间完成全球最高的碳排放强度降幅，需要付出十分艰苦的努力。中国讲究言必信、行必果。中国仍然是世界上最大的发展中国家，发展不平衡不充分的问题十分突出。各国要坚持共同但有区别的责任原则，兼顾应对气候变化和保障民生。发达国家应该认真履行历史责任和应尽义务，而且要保持政策的稳定性。

关于公共卫生安全问题，习近平指出，新冠肺炎疫情再次证明，人类社会是命运共同体。没有比人的生命更优先的考量。团结合作是国际社会战胜疫情最有力武器。对待重大疫情，需要的是科学态度，把疾病问题政治化有百害而无一利。全球抗疫的当务之急是破解疫苗赤字，消除"疫苗鸿沟"。我在去年疫情暴发初期就提出新冠疫苗应该作为全球公共产品，并在不久前提出全球疫苗合作行动倡议。中国率先向有需要的发展中国家提供疫苗，累计超过17亿剂疫苗和原液。我们还会考虑发展中国家的需求，增加新的捐赠。新冠肺炎疫情不会是人类面临的最后一次公共卫生危机。中美应该倡导建立全球公共卫生及传染病防控合作机制，推动开展国际交流合作。

拜登表示，美中关系是世界上最重要的双边关系。美中作为两个世界大国，对美中两国和世界人民都负有责任。双方应通过开诚布公和坦率对话，增进对彼此意图的了解，确保两国竞争是公平、健康的，而不会演变成为冲突。我赞同习近平主席所讲，历史是公正的，美中关系只能搞好，不能搞砸。中国在5000多年前就已经是一个大国。我愿明确重申，美方不寻求改变中国的体制，不寻求通过强化同盟关系反对中国，无意同中国发生冲突。美国政府致力于奉行长期一贯的一个中国政策，不支持"台独"，希望台海地区保持和平稳定。美方愿同中方相互尊重、和平共处，加强沟通，减少误解，以建设性方式妥处分歧，在美中两国利益一致的领域加强合作，共同应对新冠肺炎、气候变化等全球性挑战，让两国人民都能过上更美好的生活。应该鼓励我们的年轻一代更多接触，了解彼此文化，从而使这个世界变得更加美好。

双方还就阿富汗、伊朗核和朝鲜半岛局势等其他共同关心的国际和地区问题交换了意见。两国元首都认为，此次会晤是坦率、建设性、实质性和富有成效的，有利于增进双方相互了解，增加国际社会对中美关系的正面预期，向中美两国和世界发出了强有力信号。双方同意继续通过各种方式保持密切联系，推动中美关系重回健康稳定发展的正确轨道，造福中美两国人民和世界各国人民。丁薛祥、刘鹤、杨洁篪、王毅等参加会晤。

2021年11月16日 由中国人民对外友好协会主办的纪念美国飞虎队来华抗战80周年视频会在北京举行。十三届全国政协副主席郑建邦出席并发表主旨演讲。中国人民对外友好协会会长林松添、美国驻华使馆代理公使齐伯平、陈纳德将军女儿陈美丽、飞虎队老兵彼得森和摩尔，以及美中航空遗产基金会、美国飞虎队历史委员会、美华友好协会等组织负责人在视频会上分别讲话。中国驻美大使秦刚，美国联邦众议员赵美心、刘云平，陈纳德将军外孙女嘉兰惠，以及美国杜立特突袭者子女协会负责人专门为会议发来视频致辞。中国驻美国公使徐学渊、美国驻华使馆外交官及中美相关研究机构、博物馆、媒体和友好组织代表约200人线上出席会议。

2021年11月16日 中国外交部发言人赵立坚就当日上午中美元首刚刚举行视频会晤在例行记者会上表示，今天上午，习近平主席同拜登总统举行视频会晤。外交部副部长谢锋在会晤后接受了采访。这是中美关系史上两国元首首次视频会晤，也是中美关系和国际关系中的一件大事。会晤从北京时间上午8∶45开始，到12∶25结束，持续了3个半小时，超过原定时间。双方围绕中美关系战略性、全局性、根本性问题，各自发展议程与内外政策，以及共同关心的国际地区问题等广泛交换了意见。

这次会晤的主要内容可以概括为"1234"，也就是：一是习近平主席就"一个重要问题"深入做了美方工作，二是两国领导人达成了"两个原则共识"，三和四是习近平主席就发展中美关系提出了"三点原则"和"四个方面的优先事项"。

"一个重要问题"是台湾问题。台湾问题始终是中美关系中最重要最敏感的问题，也是两国元首每次交往必谈的问题。习近平主席在此次会晤中明确指出，一个中国原则和中美三个联合公报是中美关系的政治基础，强调中国实现完全统一，是全体中华儿女的共同愿望。我们愿以最大诚意、尽最大努力争取和平统一的前景。但是,如果"台独"分裂势力挑衅逼迫,甚至突破红线,我们将不得不采取断然措施。在这个关系中国主权和领土完整的问题上,中国没有妥协的空间。拜登总统在会晤中再次重申,美方坚持一个中国政策,不支持"台独"。

关于两项原则共识,一是两国元首都强调中美关系的重要性。习近平主席表示,推动中美各自发展,维护和平稳定的国际环境,都需要一个健康稳定的中美关系。双方应该加强沟通与合作,既办好各自国内的事情,又承担起应尽的国际责任,引领中美关系积极向前发展,共同推进人类和平与发展的崇高事业。这是造福两国人民的需要,也是国际社会的共同期待。拜登总统表示,中美关系不仅事关两国,也攸关世界。我们不仅应对两国负责,也应为世界负责。他赞同中美关系不能搞砸。美方的目标绝不是改变中国的体制。双方应该相互尊重,和平共处。当务之急是双方就中美关系中广泛的实质议题进行坦诚对话,确保竞争是健康的,不会导致冲突对抗。第二个共识是,两国元首都表示反对打"新冷战"。中方一贯反对任何形式的"新冷战"。拜登总统也明确表示美方不寻求"新冷战"。实际上,各国包括美国盟友,都不愿意再走冷战老路,也不愿意在中美间选边站队。习近平主席在会晤中指出,搞意识形态划线、阵营分割、集团对抗,结局必然是世界遭殃。中方要求美方把不打"新冷战"表态落到实处,希望美方在亚太地区发挥建设性、有利于团结的作用。

关于三点原则,习近平主席在会晤中指明了新时期中美相处之道,即三点原则:一是相互尊重。尊重彼此社会制度和发展道路，尊重对方核心利益和重大关切，尊重各自发展权利，平等相待，管控分歧，求同存异。二是和平共处。不冲突不对抗是双方必须坚守的底线。三是合作共赢。中美利益深度交融。地球足够大，容得下中美各自和共同发展。要坚持互利共赢，不玩零和博弈，不搞你输我赢。

关于四个方面的优先事项。习近平主席在会晤中表示，中美当前要着力推动四个方面的优先事项：一是展现大国担当，引领国际社会合作应对突出挑战，包括气变和全球公共卫生、能源、产业链供应链安全，等等。中美合作也许不是万能的，但没有中美合作是万万不能的。中方提出的全球性倡议对美国都开放，希望美方也能如此。二是本着平等互利精神，推进各领域各层级交往，为中美关系注入更多正能量。两国元首通过多种方式保持密切联系，为中美关系指明方向、注入动力。中美在经济、能源、两军、执法、教育、科技、网络、环保、地方等诸多领域有着广泛共同利益，应该互通有无、取长补短，做大合作"蛋糕"。中美可以利用两国外交安全、经贸财金、气候变化团队的对话渠道和机制，推动务实合作，解决具体问题。三是以建设性方式管控分歧和敏感问题，防止中美关系脱轨失控。中美存在分歧很自然，关键是要建设性管控，避免激化和扩大化。中方维护自身主权、安全、发展利益坚定不移。美方务必要谨慎处理好相关问题。四是加大在重大国际和地区热点问题上的协调与合作，为世界提供更多公共产品。天下并不太平。中美应该同国际社会一道，共同捍卫世界和平，促进全球发展，维护公正合理的国际秩序。

两国元首都认为，此次会晤是坦率、建设性、实质性和富有成效的，有利于增进双方相互了解，增加国际社会对中美关系的正面预期，向中美两国和世界发出了强有力信号。双方同意继续通过各种方式保持密切联系，推动中美关系重回健康稳定发展的正确轨道，造福中美两国人民和世界各国人民。

2021年11月17日 中国外交部发言人赵立坚就中美将放松对方国家记者的入境限制一事在例行记者会上表示，中方高度重视媒体问题，一直尽最大努力为包括美国在内的外国记者在华依法依规报道提供协助、便利和服务。与此同时，对美方对中国驻美媒体的歧视性作法予以明确反对。经过多轮磋商，近日，双方本着相互尊重、对等互惠的原则达成三项共识：一是双方相互保障在对方国家工作的现任常驻记者在严格遵守防疫政策和领事规定前提下可正常进出对方国家。二是双方同意为对方国家记者颁发一年多次入境签证。美方承诺将立即启动国内程序解决中国记者签证停留期问题，中方则承诺在美方政策措施到位后，给予驻华美媒记者同等待遇。三是双方将依法依规为符合申请要求的新任常驻记者对等审批签证。这一成果来之不易，符合双方媒体利益，值得珍惜。希望美方信守承诺，尽快将有关措施政策落实到位，同中方共同努力，为两国媒体在对方国家工作生活持续创造有利条件。

2021年11月18日 中国驻美大使秦刚与布鲁金斯学会董事会进行视频交流并发表了演讲。

2021年11月18日 中国驻芝加哥总领事赵建就中国留学生郑少雄无辜遭暴徒枪杀身亡事同芝加哥大学校长阿利维萨托斯教授进行了电话沟通。

2021年11月19日 中国外交部副部长马朝旭同俄罗斯副

外长里亚布科夫、美国总统伊朗事务特使马利举行电话会议，就伊朗核问题交换意见。马朝旭表示，伊核全面协议是业经安理会决议核可的多边外交重要成果，也是国际核不扩散体系的关键支柱，对维护中东地区和平稳定至关重要。全面协议恢复履约谈判即将在维也纳重启。有关各方采取灵活务实态度，尊重彼此利益，营造良好氛围，推动协议早日重返正轨。中俄美同意继续保持沟通，共同推进伊核问题政治外交解决进程。

2021年11月19日 河北省外事办公室主任王立忠与美国艾奥瓦州经济发展局局长丁黛博举行了视频会议。

2021年11月19日 中国驻美大使秦刚会见了美国国务院亚太事务助理国务卿康达。双方一致同意共同努力落实两国元首视频会晤精神和共识。

2021年11月19日 中国黄山（纽约）文化旅游云推介活动在线上举办。该活动设立了纽约、黄山两个分会场。中国驻纽约总领事黄屏，黄山市委书记凌云、市长孙勇及数百位政府、旅游、文化、媒体等领域代表出席了此次活动。美国纽约州州长霍楚、纽约市市长白思豪等嘉宾为活动发来了贺信。

2021年11月19日 针对美国总统拜登确认正考虑外交抵制2022年举行的北京冬奥会一事，中国外交部发言人赵立坚表示，新疆事务纯属中国内政，绝不容许任何外部势力以任何名义、任何方式干涉。美方抹黑新疆存在"种族灭绝""强迫劳动"，对中国人民来说，这简直就是笑话。美方还就其他人权问题对中国进行指责，更是不符合事实，完全站不住脚。北京2022年冬奥会和冬残奥会是世界各国冬奥运动员的舞台，他们才是真正的主角。将体育运动政治化有违奥林匹克精神，损害的是各国运动员的利益。中方坚信，在奥林匹克精神的指引下，在各方共同努力下，我们一定能为世界呈现一届简约、安全、精彩的奥运盛会，共同推动国际体育事业的健康发展。

2021年11月22日 四川省副省长李云泽在成都会见了美国富兰克林邓普顿基金集团亚太区主席孟宇一行。

2021年11月22日 就一名在美国芝加哥大学求学的中国留学生遭暴徒抢劫枪击身亡一事，中国外交部发言人赵立坚在例行记者会上表示，我们对中国留学生不幸遇害深感震惊，对一个年轻生命无辜逝去感到痛心，向其父母表示深切哀悼和诚挚慰问。我们强烈谴责暴徒的凶残行径。中国政府和中国驻外使领馆一直高度重视广大海外中国留学生的安全。我们敦促美方采取切实措施彻查案件，伸张正义，告慰逝者。中国驻美使领馆正在采取措施，为当事人家属提供领事协助。今年以来，芝加哥大学已经连续发生三起学生遭枪击身亡的恶性事件，三名受害者中有两名是中国留学生。一再发生这样的悲剧，与美国长期泛滥的枪支暴力现象脱不了干系。美国枪支暴力档案网站公布的最新数据显示，截至11月21日，2021年全美枪支暴力致死数量达39892人，大概率将成为20年以来美国枪支暴力犯罪最严重的一年，其中更是包括1345名未成年人。据报道，有关案件发生后，数百名芝加哥大学学生举行游行，高喊"我们是来学习的，不是来送死的"。不知一贯标榜所谓"自由""人权"的美国政府官员是否听到了这些撕心裂肺的呼声？不知他们将作何回应？中方要求美国政府采取负责任的措施，保护好包括中国留学生在内的所有在美中国公民的人身安全，使他们免受恶性暴力犯罪和仇亚反华行为的侵害。

2021年11月23日 由美中关系全国委员会、美国乒协和中国乒协联合举办的"续写友好情谊、开创美好未来——中美'乒乓外交'50周年纪念活动"在美国休斯敦举行。中国驻美大使秦刚、美国前国务卿基辛格、中国国家体育总局局长兼中国奥委会主席苟仲文、美国奥委会主席利昂斯分别发表视频致辞，美国联邦众议员杰克逊·李、休斯敦市长特纳以及中美两国乒协负责人及各界来宾150余人出席了此次活动。

2021年11月23日 中国外交部发言人赵立坚就国际乒联今天宣布，中美两国乒乓球运动员将联合组队参加休斯敦世乒赛一事在例行记者会上表示，中美再续"乒乓外交"佳话，这对中美两国乒乓球运动爱好者、体育界乃至支持中美友好的两国人民来说，都是一件值得高兴的事。50年前，尽管中美政治制度和历史文化有很大差异，两国运动员并没有因此而相互隔膜、敌视。他们互赠礼物、热情拥抱，体现了发自内心的真诚和友善。中美两国运动员在名古屋世乒赛期间的友好交往轰动了世界，感动了两国人民，成功促使两国关系逐步打破坚冰，迎来春暖花开。在当年中美两国老一辈领导人以"超越分歧、求同存异"的政治智慧和外交艺术指引下，小球转动了大球，中美关系开启了正常化进程。这说明中美两国人民之间的友好感情是任何政治障碍都阻挡不了的。过去50年，国际关系中一个最重要的事件就是中美关系恢复和发展，这造福了两国和世界人民。未来50年，国际关系中最重要的事情是中美必须找到正确的相处之道。回顾中美"乒乓外交"这段历史，最重要的启示就是：只要坚持相互尊重、平等相待，不同历史背景和社会制度的国家完全可以实现和平共处、合作共赢。"乒乓外交2.0"，这对美方一些人是一个很好的提醒。那就是不能任由冷战思维主导今天的中美关系，不能再搞意识形态划线、集团对抗那一套。一个健康稳定的中美关系，需要顺应两国人民愿望、符合时代潮流的"外交思维2.0"。美方应把不打"新冷战"的表态落到实处。

2021年11月23日 针对美国国务院发言人声称，台湾当局在立陶宛设立"代表处"是台扩大国际空间的重要一步，美方重申对立方的支持一事，中国外交部发言人赵立坚表示，一个中国原则是公认的国际关系准则和国际社会普遍共识，是中国同建交国发展关系的政治基础。面对损害中国国家主权和安全利益的行径，中方作出合理合法反应，捍卫的是自身正当权益，维护的是国际公平正义。美方的有关言论恰恰是不打自招，进一步证明立陶宛批准设立所谓"驻立陶宛台湾代表处"是在国际上公然制造"一中一台"，是同"台独"分裂势力沆瀣一气。同时，我们也能由此清楚地看到，到底是谁在背后捣鬼。美方应恪守一个中国原则和中美三个联合公报规定，恪守同中国建交时所作庄严政治承诺，停止煽风点火、制造矛盾对立的把戏，停止向"台独"分裂势力释放错误信号。我们也告诫立陶宛，为某些大国火中取栗，最终只会引火烧身。

此外，针对一艘美国军舰今天通过台湾海峡一事，赵立坚表示，东部战区新闻发言人已经就此发声。中方密切关注并全程掌握美舰过航台湾海峡的情况。美舰近来多次打着"航行自由"的幌子，在台湾海峡炫耀武力、滋事挑衅。这不是对什么自由开放的承诺，而是对地区和平稳定的蓄意干扰和破坏。国际社会看得清清楚楚。中方捍卫国家主权和领土完整的决心坚定不移。美方应立即纠正错误，停止寻衅滋事、"越线"、"玩火"，多为地区和平与稳定发挥建设性作用。

2021年11月24日 针对美国国务院网站公布名单显示，拜登总统已邀请台湾当局在内的约110个国家和地区参加"领导人民主峰会"一事，中国外交部发言人赵立坚表示，中方坚决反对美方邀请台湾当局参加所谓"领导人民主峰会"。世界上只有一个中国。中华人民共和国政府是代表全中国的唯一合法政府，台湾是中国领土不可分割的一部分。一个中国原则是公认的国际关系准则。台湾除了作为中国的一部分，没有别的国际法地位。我们严正敦促美方恪守一个中国原则和中美三个联合公报规定，停止向"台独"势力提供任何讲台，停止为"台独"势力张目。为"台独"势力搭台，只会让自己下不来台。与"台独"一起玩火，终将引火烧身。至于"领导人民主峰会"，我们已多次表明立场。民主是全人类共同价值，不是少数国家的专利。美方所作所为恰恰证明，所谓民主只不过是一个幌子，是美方拿来推进其地缘战略目标、打压他国、分裂世界、服务自身维霸私利的工具。美方披着民主外衣推行集团政治、挑动阵营对抗之举，是冷战思维的再现，受到国际社会有识之士的普遍质疑和反对。

此外，针对美国副国务卿费尔南德斯22日线上出席第二届"美台经济繁荣伙伴关系对话"一事，赵立坚表示，中方对此表示强烈不满和坚决反对。中方一贯坚决反对建交国以任何借口、任何形式同台湾当局开展官方往来。美方应切实恪守一个中国原则和中美三个联合公报规定，立即停止提升美台实质关系，停止与台进行任何形式的官方交往与接触，停止向"台独"势力发出任何错误信号。我们也要正告台湾当局,任何挟洋自重、"倚美谋独"、破坏两岸关系的图谋注定不会得逞。

2021年11月25日 海南省省长冯飞在海口会见了美国通用电气公司全球副总裁、中国区总裁兼首席执行官向伟明。

2021年11月25日 针对美国商务部工业与安全局宣布将27个实体和个人列入所谓"实体清单",其中包括12家中国企业一事,中国外交部发言人赵立坚表示,美方屡屡泛化国家安全概念,滥用国家力量无理打压中国企业。这严重损害中国企业利益,肆意破坏国际经贸秩序和自由贸易规则,严重威胁全球产业链供应链。美国可谓已经到了歇斯底里、不择手段的地步。中方坚决反对美方有关举措,要求美方立即纠正错误。中方保留对美采取必要反制措施的权利,将采取一切必要措施,坚决维护中国企业的合法权益。

2021年11月26日 针对5名美国国会跨党派众议员赴台湾访问一事,中国外交部发言人赵立坚表示,美国个别议员窜访台湾,严重违反一个中国原则和中美三个联合公报规定,对外发出支持"台独"分裂势力的严重错误信号。中方对此强烈不满、坚决反对,已向美方提出严正交涉。

2021年11月26日 针对5名美联邦众议员乘美军用行政专机访台一事,中国国务院台湾事务办公室发言人朱凤莲应询表示,我们坚决反对美国同中国台湾地区进行任何形式的官方往来和军事联系。一些美国国会议员访台,严重违背一个中国原则和中美三个联合公报有关规定,向"台独"势力发出严重错误信号。我们敦促美国会一些人慎重处理台湾问题,停止怂恿、支持"台独"分裂活动,停止打"台湾牌"和煽风点火,否则只会给台海和平稳定造成进一步损害。民进党当局任何"倚美谋独"、搞所谓"议会外交"拉拢渗透的伎俩不会有好下场，注定失败。

2021年11月30日 中国外交部副部长谢锋在北京与美国工商界和地方州市代表举行视频交流。中国美国商会、上海美国商会、美中贸易全国委员会、美国各州驻华协会代表等美方人士参加。

2021年11月30日 美国华盛顿州林肯高中举办庆祝中美"乒乓外交"50周年活动。中国驻美大使秦刚和中国驻旧金山总领事王东华线上出席并致辞。中国乒协主席刘国梁和中国国家乒乓球队队长马龙发来视频贺辞，四川省外事办公室代表连线交流。华盛顿州联邦众议员基尔默书面致贺，塔科马市长伍达兹和斯泰拉昆市长穆里现场出席并致辞。林肯高中校长埃尔文率百余名师生参加了此次活动。

2021年11月30日 安徽省与美国马里兰州采取网络视频连线方式举办两省州结好40周年经贸合作活动。中国驻美大使馆公使徐学渊、安徽省外事办公室主任雍成瀚、马里兰州州务卿约翰·沃本史密斯出席活动并致辞。活动期间，安徽省马术运动协会、安徽省砀山县人民政府和马里兰州马业协会共同签署了《战略合作框架协议》。

2021年11月30日 针对美国国家过敏症和传染病研究所所长福奇近日接受采访时声称，中国在2019年11月或更早之前就出现了新冠疫情一事，中国外交部发言人赵立坚表示，我们对福奇先生的有关表态表示遗憾。环境消杀是疫情防控的重要手段，能有效清除和阻断病毒的传播，是被世界各国广泛采用的科学、专业做法。面对未知的病毒和突如其来的疫情，中国政府坚持人民至上、生命至上，采取正常的防控措施无可非议。尤其需要强调的是，中方的防控措施和防控经验为世界守住了疫情防控的关键防线，为各国争取了应对疫情的宝贵时间。新冠疫情发生后，中方始终秉持科学、透明、负责任的态度参与全球溯源科学合作。中方第一时间向国内外发布疫情信息，第一时间向世卫组织和国际社会通报疫情，第一时间确定并公布病毒全基因序列。中方还率先同世卫组织开展联合研究，两次邀请世卫组织专家来华开展实地考察，取得重要积极成果。中方所做工作为全球科学溯源奠定了良好基础，经得起历史的检验。尊重事实、讲求科学是病毒溯源工作乃至一切科学研究的基本要求。在这一问题上预设结论，尤其是无端臆测，只会干扰全球科学溯源，破坏国际抗疫合作。

12月

2021年12月1日 针对美国国家安全委员会印太事务协调员坎贝尔声称中方试图通过一系列近乎"经济战"的制裁令澳大利亚屈服一事，中国外交部发言人汪文斌表示，一段时间以来，澳大利亚某些政客渲染"中国威胁"，对华无端指责攻击，挑起紧张，制造对立，唯恐天下不乱。我们希望美方有关人士不要混淆是非。

2021年12月2日 中国驻美大使秦刚应邀出席美中贸易委员会年度晚宴并发表了题为《坚定信心，携手共进》的致辞。秦刚在致辞中表示，今年晚宴的主题是"未来之路"，而通向未来之路，需要坚定信心。我们要对中国的高质量发展保持信心，要对中国的高水平开放增强信心，还要对中美关系重树信心。秦刚强调，经贸合作一直是中美关系的"压舱石"和"推进器"。中美经贸关系的本质是互利共赢，希望美方保持开放和包容，尽快取消加征关税，在言语上和行动上摒弃冷战思维。秦刚鼓励中美工商界共同坚定信心，拿出勇气，挺过寒冬，去迎接春天的到来。美国前国务卿基辛格、前驻华大使芮效俭、副国务卿费尔南德斯等嘉宾也分别向年会发表致辞。晚宴由美中贸委会董事会主席兰博文和会长艾伦共同主持，美政府、国会、中美工商界人士600余人现场或在线出席了本次活动。

2021年12月3日 中国驻纽约总领馆发言人就个别人士和媒体诬蔑中美地方友好交往的错误言论发表谈话指出，近日，个别人士和媒体在没有任何事实根据的情况下，妄称中国驻纽约总领馆对纽约州立法机构施加影响，推动有关中美友好合作决议案的提出和审议。有关言论完全是造谣诬蔑，企图离间中美地方合作，居心恶毒，我们对此坚决反对。中国驻纽约总领馆一贯致力于深化中国与领区各地的友好交流和务实合作，助力中美关系稳定发展。我们一贯遵照相关国际法和国际惯例与领区各界开展正常交往，不存在任何干涉美地方内部事务的问题。有关决议表达的是纽约州各界对发展中美友好和互利合作的普遍期待，以及对保持中美关系稳定发展的强烈愿望。

2021年12月3日 针对美常务副国务卿舍曼、欧盟对外行动署秘书长桑尼诺2日在华盛顿主持"美欧涉华对话"第二次会议并发表声明称，美欧将在可能的领域同中国合作，并负责任地管控竞争与制度性对手关系，双方将继续在多边机制中关注中国人权问题之事，中国外交部发言人赵立坚表示，中美欧都是对世界和平稳定有重要影响的力量，都对人类的前途命运负有重要责任。中方坚决反对以意识形态划线，公然挑动对立对抗。国际关系中存在一定竞争，但不能以"竞争"或"对手"来定义国与国关系的全貌，更不能打着竞争旗号损害别国主权、干涉他国内政，甚至公然联手遏制打压特定国家。"冷战"已经结束30年，冷战思维早应摒弃，冷战阴霾早应驱散，各方应顺应世界和平、发展，顺应各国人民追求合作、共赢的共同心愿和时代潮流，坚持开放合作和对话协商，为世界注入更多稳定性和正能量，而不是开历史倒车，复活冷战幽灵。说到人权问题，美国和欧盟一些国家自身存在严重的人权问题。包括系统性种族主义问题痼疾难除，雇佣童工、强迫劳动、枪支暴力、仇恨犯罪等人权劣迹数不胜数，还有在南联盟、阿富汗等海外战场制造的人间惨剧和人权创伤，至今仍未抚平。美国和欧盟如果真的关心人权，他们最应该做的是反省自身问题，还清历史欠账，而不是打着人权的幌子，散布虚假信息，对他国攻击抹黑、指手画脚。

2021年12月5日 中国外交部网站发布了《美国民主情况》报告，目录如下：

序言
一、何为民主
二、美国民主的异化及三重弊害
（一）制度痼疾积重难返
1. 美式民主沦为"金钱政治"

2. 名为"一人一票",实为"少数精英统治"
3. 权力制衡变成"否决政治"
4. 选举规则缺陷损害公平正义
5. 民主制度失灵引发信任危机

（二）民主实践乱象丛生

1. 国会暴乱震惊全球
2. 种族歧视根深蒂固
3. 疫情失控酿成惨剧
4. 贫富分化不断加剧
5. "言论自由"名不副实

（三）输出所谓民主产生恶果

1. "颜色革命"危害地区和国家稳定
2. 强推所谓民主造成人道悲剧
3. 滥用制裁破坏国际规则
4. "民主灯塔"招致全球批评

结束语

2021年12月6日 为庆祝广州—洛杉矶缔结友好城市关系40周年，广州—洛杉矶友谊花园在广州越秀公园南秀园正式揭幕。广州市副市长王焕清，省、市外事办公室相关负责人，美国驻广州总领事耿欣等出席并共同为花园揭幕。

2021年12月6日 针对美国国务卿布林肯声称，美国将坚定致力于确保台湾拥有自卫手段；美防长奥斯汀近期也称，应确保美国有能力抵抗任何可能危及台湾人民安全的武力行为等情况，中国外交部发言人赵立坚表示，台湾问题是中国的内政。

美方官员有关言论公然挑战一个中国原则，违背中美三个联合公报规定和美方承诺，向"台独"分裂势力释放出严重错误信号。中方对此表示强烈不满和坚决反对。

此外，针对美国财政部《半年度汇率报告》将包括中国在内的12个经济体列入"外汇监控名单"一事，赵立坚表示，我们注意到了美方有关报告。中方在汇率问题上的立场是一贯的、明确的。中国是一个负责任的大国。我们曾多次重申不会搞竞争性货币贬值，没有也不会将汇率作为工具来应对贸易争端等外部扰动。中国将坚定不移地深化汇率市场化改革，继续完善以市场供求为基础、参考一篮子货币进行调节、有管理的浮动汇率制度，保持人民币汇率在合理均衡水平上的基本稳定。

2021年12月6日 针对美国国务卿布林肯、国防部长奥斯汀近日发表涉台错误言论，中国国务院台湾事务办公室发言人马晓光应询指出，美国政府一些人近来一而再，再而三发表涉台错误言论，暴露出美国政府在涉台问题上顽固坚持错误立场，继续打"台湾牌"的图谋。世界上只有一个中国，台湾是中国的一部分。解决台湾问题，完全是中国自己的事，不容任何外来干涉。在涉台问题上玩火十分危险。我们敦促美方恪守一个中国原则和中美三个联合公报规定，停止向"台独"势力发出错误信号，不要给台海和平稳定带来进一步损害。正告民进党当局和"台独"势力，任何勾连外部势力谋"独"挑衅的行径只会以失败告终。

2021年12月7日 由天津市人民政府外事办公室、福建省人民政府外事办公室、中国驻旧金山总领馆、俄勒冈中国理事会举办的中国—俄勒冈州气候变化与可持续性论坛在线上举行。

中国驻美国旧金山总领事王东华，天津市副市长王旭、福建省副省长郭宁宁、美国联邦众议员布鲁门诺尔出席并致辞，中美政商学侨等各界代表80余人参加了此次论坛。

2021年12月7—8日 复旦大学美国研究中心与圣地亚哥加州大学21世纪中国研究中心联合举办第三届"中美大学智库对话"。复旦大学国际问题研究院院长、美国研究中心主任吴心伯教授，美国圣地亚哥加州大学全球政策与战略学院院长卡罗丽娜·弗罗因德教授、圣地亚哥加州大学21世纪中国研究中心学术主任谢淑丽教授分别在开幕式上致辞。来自中国复旦大学、北京大学、清华大学、中国人民大学、南京大学，以及美国圣地亚哥加州大学、普林斯顿大学、耶鲁大学、南加州大学的双方学者参加了此次视频对话会议。

2021年12月7日 针对美方12月6日宣布，由于中国持续在新疆实施"种族灭绝"等侵犯人权行为，拜登政府将不派任何外交或官方代表出席2022年北京冬奥会一事，中国外交部发言人赵立坚表示，美方炮制所谓新疆存在"种族灭绝"的世纪谎言，早已被事实戳穿。美方出于意识形态偏见、基于谎言谣言，试图干扰北京冬奥会，这只会让人看清美方的险恶用心，只会使美方更加丧失道义和信誉。说到"种族灭绝"，美国历史上对印第安原住民犯下的罪行才是真正的"种族灭绝"，这顶帽子美国自己戴最合适不过！美方做法严重违背《奥林匹克宪章》确立的"体育运动政治中立"原则，同"更团结"的奥林匹克格言背道而驰，站在了全世界广大运动员和体育爱好者的对立面。中方对美方表态强烈不满、坚决反对，已向美方提出严正交涉，并将作出坚决反制。冬奥会不是政治作秀和搞政治操弄的舞台。根据奥运规则，各国官员出席奥运会应由本国奥委会邀请。美国政府官员是否出席北京冬奥会、是否来为自己的运动员加油是美方自己的事。在未受到邀请情况下，美方把是否派政府官员出席同所谓新疆人权问题挂钩，这完全是颠倒黑白、错上加错、自欺欺人。美方的政治图谋不得人心，也注定失败。北京冬奥会是全球冬奥运动员和冰雪运动爱好者的盛会，他们才是主角。包括国际奥委会在内的国际社会高度认可中方筹办工作，外国运动员热切期待来华参赛，其中包括数量众多的美国运动员。我们相信，在奥林匹克精神指引下，在各方共同努力下，中国一定能为世界呈现一届简约、安全、精彩的奥运盛会。美方应停止将体育运动政治化，停止干扰破坏北京冬奥会的言行，否则将损害两国在一系列重要领域和国际地区问题上的对话合作。

2021年12月8日 中国外交部副部长马朝旭同俄罗斯副外长里亚布科夫、美国总统伊朗事务特使马利举行电话会，就伊朗核问题交换意见。中俄美同意继续保持沟通，不断推进谈判进程，推动全面协议早日重返正轨。

2021年12月8日 广东省广州市与美国加利福尼亚州洛杉矶市缔结友好城市关系40周年庆祝活动在洛杉矶市举办。美国洛杉矶市市长贾塞提、广州市副市长王焕清发表了视频致辞。中国驻美大使秦刚致信祝贺。中国驻洛杉矶总领事张平、洛杉矶市副市长贺琪珍、市议员德里昂以及洛杉矶—广州友城协会、洛杉矶市友城委员会负责人等出席了此次活动。

2021年12月9日 中国驻美公使徐学渊应邀出席中美研究中心关于"拜登政府时期的中美关系"主题年会，并与前美国国务院代理助卿董云裳进行了主旨对话。

2021年12月10日 中国驻洛杉矶总领事张平应邀出席长滩—青岛友城协会举办的线上年会暨对话交流活动并发表主旨演讲。青岛市副市长薛庆国、长滩市副市长理查森出席并致辞，两市有关港口、企业、高校负责人等参加了此次活动。

2021年12月10日 针对美国国防部助理部长声称，正在寻找新的方法以遏制中国和俄罗斯等国对美国造成的国家安全威胁一事，中国外交部发言人汪文斌表示，我们多次指出，美方一些人反复拿所谓"中国威胁论"说事，这不过是为美国自己扩充军力寻找借口而已。我们敦促美方摒弃过时的冷战思维和意识形态偏见，把不搞"新冷战"的表态落到实处，为维护世界与地区和平稳定多做实事，而不是相反。

2021年12月11日 由美中航空遗产基金会、美华友好协会共同主办的"铭记英雄"纪念飞虎队援华抗日80周年历史图片展开幕式在美国圣地亚哥"中途岛"号航空母舰博物馆举行。中国驻洛杉矶总领事张平应邀出席并致辞。美中航空遗产基金会主席格林，美华友好协会会长冯振发，前美国第14航空队战斗机飞行员莫耶、麦克马伦及部分已故飞虎队老兵的子女、孙辈等约60人参加了此次活动。

2021年12月11日 中国驻纽约总领馆在美国纽约斯坦顿岛温港植物园举办"一起向未来"北京冬奥文化日主题活动。中国驻纽约总领事黄屏、斯坦顿岛温港植物园园长玛莎·内博斯、纽约北京同乡会会长张宝利等出席了此次活动。

2021年12月11日 中国外交部发言人就美国举办"领导人民主峰会"发表谈话指出，近日，美国举办所谓"领导人民主峰会"，以意识形态划线，把民主工具化、武器化，假民主之名行反民主之实，煽动分裂对抗，转移国内矛盾，维护美国世界独霸地位，破坏以联合国为核心的国际体系和以国际法为基础的国际秩序。美方行为逆历史潮流而动，遭到国际社会普遍反对。第一，美国不是什么"民主灯塔"，美式民主已背离民主内核。第二，各国民主道路应由本国人民自主选择，而不应从外部强加。第三，打着民主旗号煽动分裂对抗是开历史倒车，只会给世界带来动荡和灾难。

2021年12月14日 中国国家主席习近平就美国肯塔基、伊利诺伊、阿肯色、密西西比、田纳西、密苏里等中部6州遭遇多场龙卷风袭击并造成重大人员伤亡和财产损失，向美国总统拜登致慰问电，代表中国政府和人民向受灾的美国人民表示深切同情和诚挚慰问。

2021年12月14日 针对美国国务卿布林肯"敦促"中国停止在"印太"地区"咄咄逼人"的行为一事，中国外交部发言人汪文斌表示，我看到媒体有关布林肯国务卿访问亚洲国家期间发表相关言论的报道。美方一方面渲染鼓吹所谓的"中国威胁"，一方面又表示无意同中国冲突。这种自相矛盾的做法同中美元首会晤的精神不符，也难以得到地区国家认同。如果美方真像其所声称的那样，要为亚太地区和平发展发挥建设性作用的话，就应当切实尊重以东盟为中心的区域合作架构，而不是以意识形态划线，拼凑"小圈子"，挑动集团对抗；就应当尊重中国和东盟国家维护南海和平稳定的努力，而不是频繁派舰机到南海炫耀武力、挑衅滋事；就应当做地区对话与合作的促进者，而不是挑拨地区国家关系、破坏地区团结合作的搅局者。

美方挑动分裂隔阂、煽动对立对抗的做法在世界上不受欢迎，在亚太地区更加行不通。

2021年12月15日 中共中央对外联络部以"民主、正义、发展、进步"为主题，通过视频会议方式举行中国共产党—欧美马克思主义政党交流会。中共中央对外联络部部长宋涛出席并发表主旨讲话。英国共产党总书记格里菲斯、美国共产党联合主席康布隆、加拿大共产党领袖罗利、丹麦共产党主席赫丁、意大利共产党全国书记阿尔博雷西、西班牙共产党总书记圣地亚哥等来自20多个欧美马克思主义政党和左翼政治组织的领导人及代表共约100人参会。

2021年12月15—17日 中美两军以视频会议形式举行了2021年度的海上军事安全磋商机制会议。双方就当前中美海空安全形势进行了交流，对《中美海空相遇安全行为准则》执行情况进行了评估，讨论了改进中美海上军事安全问题的措施，并就2022年机制会议有关事宜初步交换了意见。

2021年12月15日 中国驻美公使井泉同美国犹他州参议长亚当斯举行了视频对话，就中美关系、地方交流合作交换了意见。犹他州议会安德雷格参议员、布兰布尔参议员、史蒂文森参议员、约翰逊参议员，以及犹他州戴维斯郡郡长史蒂文森、教育委员会公共教育总监迪克逊等参加了此次对话。

2021年12月15日 针对美国国会众议院14日通过参众两院商定的"维吾尔强迫劳动预防法案"，并拟在参议院审议后即提交总统签署之事，中国外交部发言人赵立坚表示，中方坚决反对美国国会借涉疆问题干涉中国内政。美国一些政客反复借涉疆问题造谣生事，这是打着"人权"旗号搞政治操弄和经济霸凌，企图"以疆制华"，遏制中国发展。他们的险恶图谋绝不会得逞，只会让美国政府和国会在中国的信誉和形象进一步崩塌。强迫劳动的帽子非美国莫属。美国至今约有50万名从事农业劳作的童工，有24万—32.5万名妇女和儿童遭到性奴役。过去5年，每年被贩卖到美国从事强迫劳动的人口多达10万。美方应正视并解决好自身严重的强迫劳动问题。美国政府对印第安人才是真正的种族灭绝。美国印第安人口从15世纪末的500万减少到现在的25万，只有原来的1/20。时至今日，印第安人在美国政治、经济、文化、社会生活等领域处于边缘地位，遭受长期、广泛、系统性歧视。印第安人保留地面积仅占美领土的2.3%，当地印第安人的生存条件极差。一些保留地甚至被美政府当作倾倒有毒或核废料的"垃圾桶"。仅以亚利桑那和新墨西哥两州交界的纳瓦霍族部落为例，该部落约1/4的妇女和婴儿体内含有高浓度放射性物质。新疆存在所谓"种族灭绝"和"强迫劳动"是世纪谎言，但在美国正成为"政治正确"。我们对此深表遗憾。中方捍卫国家安全发展利益的决心坚定不移。如果美方一意孤行推进有关法案，中方必将作出坚决回应。

2021年12月17日 针对美国近期以在新疆"侵犯"人权为由制裁了多家中国企业一事，中国外交部发言人汪文斌表示，美方泛化国家安全概念，捏造各种借口，滥用出口管制措施，无理打压中国机构和企业，已经到了歇斯底里、不择手段的地步。美方行径严重破坏市场经济原则和国际经贸规则，严重损害中国机构和企业的利益，中方对此强烈不满、坚决反对。美方"以疆制华"图谋绝不会得逞。我们敦促美方立即纠正错误。中方将采取一切必要措施，坚决维护中国机构和企业的合法权益。

2021年12月17日 针对美国近期将八家中国科技公司认定为"中国涉军企业",将多家机构和公司列入"实体清单"以及美国会通过涉疆法案,禁止进口中国涉疆产品之事,中国商务部新闻发言人表示,美方泛化国家安全,打着所谓的"人权"旗号,在缺乏事实依据的情况下,凭空捏造理由,动用国家力量,屡次滥用出口管制、投资限制、禁止涉疆产品进口等措施,对中国有关实体进行持续打压,为两国企业间的正常经贸合作设限。对美方这种霸凌做法,中方表示强烈抗议、坚决反对。美方这些政治操弄,破坏市场原则,违背世贸组织规则和经济规律,损害中国企业合法权益,同样也损害美国企业和投资者利益,不利于全球产业链供应链稳定和世界经济复苏。美方还对中国的医学研究机构实施制裁,罔顾科学精神,违反人道主义原则,违反全人类共同价值观。美方应立即停止错误做法,立即停止干扰中美两国企业正常经贸合作,立即停止侵害新疆各族群众的生存权、发展权,回到合作共赢的正确轨道上来。中方将采取必要措施,坚决维护国家主权、安全和中国企业的合法权益。

2021年12月17日 针对美"2022财年国防授权法案"已在美联邦参众两院通过,包含邀台参加2022年"环太军演"、推动美国国民警卫队与台合作等内容一事,中国国务院台湾事务办公室发言人马晓光应询表示,我们要求美国国会停止在涉台问题上的错误言行,停止为"台独"势力撑腰打气,停止给台海和平稳定带来进一步损害,敦促美国政府和相关部门停止与中国台湾地区进行任何形式的军事联系和企图靠军事挺台阻挠中国统一的危险行径。

此外，针对美国国务卿布林肯近日访问印尼期间发表演讲声称，美国决心确保"台海和平稳定"一事，马晓光表示，美方一些人出于"以台制华"的考虑，到处煽风点火，将台海局势紧张的原因罔顾事实归咎于中国大陆，还把台海、南海连在一起说事，企图拉拢一些势力联手阻碍中国的统一和民族复兴。民进党当局顽固"倚美谋独"，妄想靠外部势力分裂国家，导致当前两岸关系紧张动荡。任何谋"独"挑衅必遭坚决挫败。任何人任何势力都不要低估中国人民捍卫国家主权和领土完整的坚强决心、坚定意志、强大能力！

2021年12月21日 美国国务卿布林肯主持召开应对新冠变异病毒奥密克戎视频会议，多国外长和区域组织负责人参会。中国驻美大使秦刚作为王毅国务委员兼外交部长代表出席会议并在会上发言。秦刚表示，当前奥密克戎变异毒株正在全球快速扩散，各国抗击疫情形势十分严峻。保障充足的疫苗供应和公平分配是当务之急。中国一直积极推动将新冠疫苗作为全球公共产品。截至目前，中国已向120多个国家和国际组织提供了近20亿剂疫苗，成为世界上对外提供疫苗最多的国家。发展中国家迄今获得的疫苗大多数来自中国。习近平主席不久前宣布，中方在向"新冠疫苗实施计划"捐赠1亿美元的基础上，再向发展中国家无偿捐赠1亿剂疫苗。中国还将再向非洲提供10亿剂新冠疫苗。目前，全球除中国外，共接种56亿剂疫苗，中国提供了其中的1/3。

同日，中国驻美大使秦刚应邀出席美中政策基金会举办的网上年度纪念活动并发表视频致辞。美国华盛顿州民主党联邦众议员、众院"美中工作小组"共同主席拉森，美助理国务卿帮办华自强，前驻华大使芮效俭等出席了本次活动。

2021年12月21日 针对美国国务院近日任命了新的所谓"西藏事务特别协调员"一事，中国外交部发言人赵立坚表示，西藏事务纯属中国内政，不容任何外国势力干涉。美方设立所谓"西藏事务特别协调员"干涉中国内政，中方坚决反对，从来不予承认。我们敦促美方以实际行动恪守承认西藏是中国一部分、不支持"西藏独立"的承诺，停止利用涉藏问题干涉中国内政。中方将继续采取一切必要措施，坚决捍卫自身主权、安全、发展利益。

2021年12月24日 针对美国总统拜登签署法案，全面禁止进口来自新疆的商品一事，中国外交部发言人赵立坚表示，当地时间12月23日，美方将所谓"维吾尔强迫劳动预防法案"签署成法。该案罔顾事实真相，恶意诋毁中国新疆人权状况，严重违反国际法和国际关系基本准则，粗暴干涉中国内政，中方对此表示强烈愤慨、坚决反对。所谓新疆地区存在"强迫劳动"和"种族灭绝"，完全是反华势力炮制的恶毒谎言。新疆经济发展和社会安定举世公认，各族人民安居乐业有目共睹。美方反复借涉疆问题造谣生事，实质是打着人权的幌子搞政治操弄和经济霸凌，企图破坏新疆繁荣稳定、遏制中国发展。涉疆事务纯属中国内政。中国政府和人民捍卫国家主权、安全和发展利益的决心坚定不移。我们奉劝美方立即纠正错误，停止利用涉疆问题散布谎言、干涉中国内政、遏制中国发展。中方将视形势发展作进一步反应。

2021年12月28日 针对12月27日，美总统拜登签署

7700亿美元2022财年"国防授权法案"（NDAA），此项法案包含多项涉华内容一事，中国外交部发言人赵立坚表示，有关法案在本质上属于美国国内立法，但我们坚决反对美方借有关法案夹带通过涉华消极内容、或进行政治操弄拿中国说事。我们敦促美方摒弃过时的冷战零和思维和意识形态偏见，客观理性看待中国发展和中美关系，不得将有关法案针对中国、损害中方利益的消极内容和条款付诸实施，不得损害中美关系大局和双方在重要领域的合作。

此外，就中国常驻维也纳联合国和其他国际组织代表团12月3日向联合国秘书长致以普通照会，通报了美国太空探索技术公司（SpaceX公司）发射的星链卫星今年先后两次接近中国空间站，对中国空间站上的航天员生命安全构成威胁一事，赵立坚表示，我可以负责任地向大家证实，今年7月和10月，美国太空探索技术公司发射的星链卫星先后两次接近中国空间站。在此期间，中国航天员正在空间站内执行任务。出于安全考虑，中国空间站采取了紧急避碰措施。1967年《外空条约》是公认的当前外空领域国际法基石。该条约规定，航天员是全人类派往外层空间的使节，各国应尊重、保护航天员安全，并将在外空发现的对航天员生命或健康构成危险的现象通知联合国秘书长或其他缔约国；各国还应为其国内私人公司的一切外空活动承担责任。为履行条约义务，维护航天员生命安全，中国政府于12月3日通过中国常驻维也纳代表团向联合国秘书长通报了上述危险情况和中方采取的措施，并请秘书长周知各缔约国。

2021年12月30日 针对美国国务院、财政部近日宣布，根据"香港自治法"对5名香港中联办副主任实施制裁一事，中国外交部发言人赵立坚表示，中方对美方依据美国国内法制裁中方人员、干涉中国内政的行径坚决反对、强烈谴责。2021年7月，美方借发布所谓"香港商业警告"，已经宣布对包括上述5名香港中联办副主任在内的7名中方官员进行制裁。中方根据《反外国制裁法》对美方有关人员进行了对等反制。美方这次重复宣布是翻旧账、炒冷饭，无非是借炒作涉港问题服务遏制中国的政治图谋。这彻底暴露了美方关心香港人权是假，破坏香港繁荣稳定是真。针对美方错误行径，中方决定采取对等反制，根据《反外国制裁法》对美国前商务部长罗斯、美国国会"美中经济与安全评估委员会"主席卡罗琳·巴塞洛缪、"国会—行政部门中国委员会"前办公室主任乔纳森·斯迪沃斯、"美国国际事务民主协会"金度允、"美国国际共和研究所"在港授权代表亚当·金等5名美方人员实施制裁。制裁措施包括禁止上述人员入境（包括香港、澳门）、冻结其在华财产、禁止中国公民及机构与其交易。此前中方针对美国其他涉港错误行径作出的反制决定，包括制裁对象和措施依然有效。我们再次敦促美方撤销对中方人员所谓制裁，停止插手香港事务、干涉中国内政。中方将继续依法采取一切必要措施捍卫国家利益和尊严。